学ぶ人は、
変えて
ゆく人だ。

目の前にある問題はもちろん、
人生の問いや、
社会の課題を自ら見つけ、
挑み続けるために、人は学ぶ。
「学び」で、
少しずつ世界は変えてゆける。
いつでも、どこでも、誰でも、
学ぶことができる世の中へ。

旺文社

基礎からの
ジャンプアップノート

現代文読解
書き込みドリル

改訂版

河合塾 講師
梅澤眞由起 著

旺文社

はじめに

〈ゲンダイブン〉——カタカナで書くとなにやら不思議な生き物のような気がします。もちろん〈ゲンダイブン〉は日本語でみんなが今使っている言葉だから、別に勉強しなくてもわかるよ、と思って教科書の文章やテストの文章とかを見ると、「なんだこりゃ!?」という経験、したことがある人も多いでしょう。それは〈ゲンダイブン〉が、ふつうの話し言葉ではなく、〈書き言葉〉だからです。〈書き言葉〉には話し言葉にはない〈ルール〉があります。

そして〈書き言葉〉は、現代ではなかなか教科書や本以外ではお目にかかれない珍種の生き物になってしまいました。それに書くという行為は、人間の思考を深めます。だから書いている筆者も、書きながら思考を深めているのです。そんな他人の思考を読み取っていこうというのだから、〈ゲンダイブン〉を読むことは大変なことなのです。

ですが、今も書いたように、〈ゲンダイブン〉には〈ルール〉があります。これを自分のものにするのが、この本の目的のひとつです。

そして、もうひとつ、〈ゲンダイブン〉という不思議な世界を自分のものにするために、一番大事なこと。それは〈ゲンダイブン〉を好きになることです。嫌いな人間の話なんか、聞きたくないでしょう。だから〈ゲンダイブン〉が好きになれば、〈ゲンダイブン〉は、今の時代の言葉＝〈現代文〉になって、みんなの世界にすんなり入ってきてくれるはずです。

そして〈現代文〉ができるようになる方法はふたつ。ひとつはたくさん本を読むこと。ふたつ目はたくさん問題を解くこと。だけどその根っこには、やはり「〈現代文〉、けっこう好きだよ」という気持ちがなければなりません。それはスポーツと同じです。好きじゃなければ、練習する気もおきないでしょう。この本が、〈現代文が好きになる〉、そんなきっかけになることを願っています。

二〇二四年　五月

梅澤真由起

もくじ

本書の特長と使いかた

この本は、「現代文の読みかた」を一から丁寧《ていねい》に解説し、現代文を読む力・設問を解く力を、無理なく段階的に身につけられるよう、構成しています。内容は「地固め編」と「実践編」の二段階構成です。

◎地固め編・・・現代文を読む際に必要となる基礎的な内容を11の講に分けて解説しています。

◎実践編・・・実践的な力を養うための問題を12題掲載しています。

地固め編

各講で学習する内容にそって、短い文章と問を用意しました。問に答えるためのチェックとヒントも用意していますので、順番に解いていきましょう。解法・解答で疑問をしっかりと解決してから、次の講に進みましょう。

また語句などを紹介しているもういっちょで語彙力《ごいりょく》などもしっかりと身につけてください。

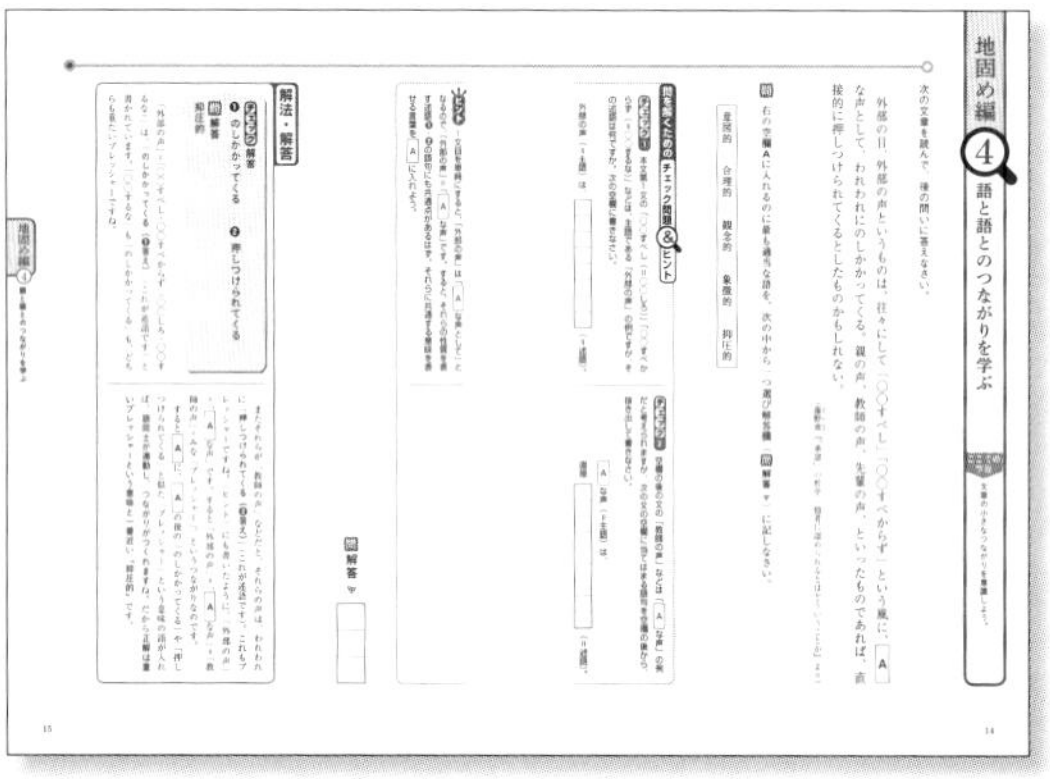

実践編

地固め編で学んだ内容を、12題の実践的な問題で解いていきましょう。本文の下には読解のためのヒントやチェック問題・復習を用意したので、そちらも参考にしてください。別冊の解答・解説はチェック問題の解説・本文の解説・設問の解説の三段階で詳しく解説しています。

本冊（問題）

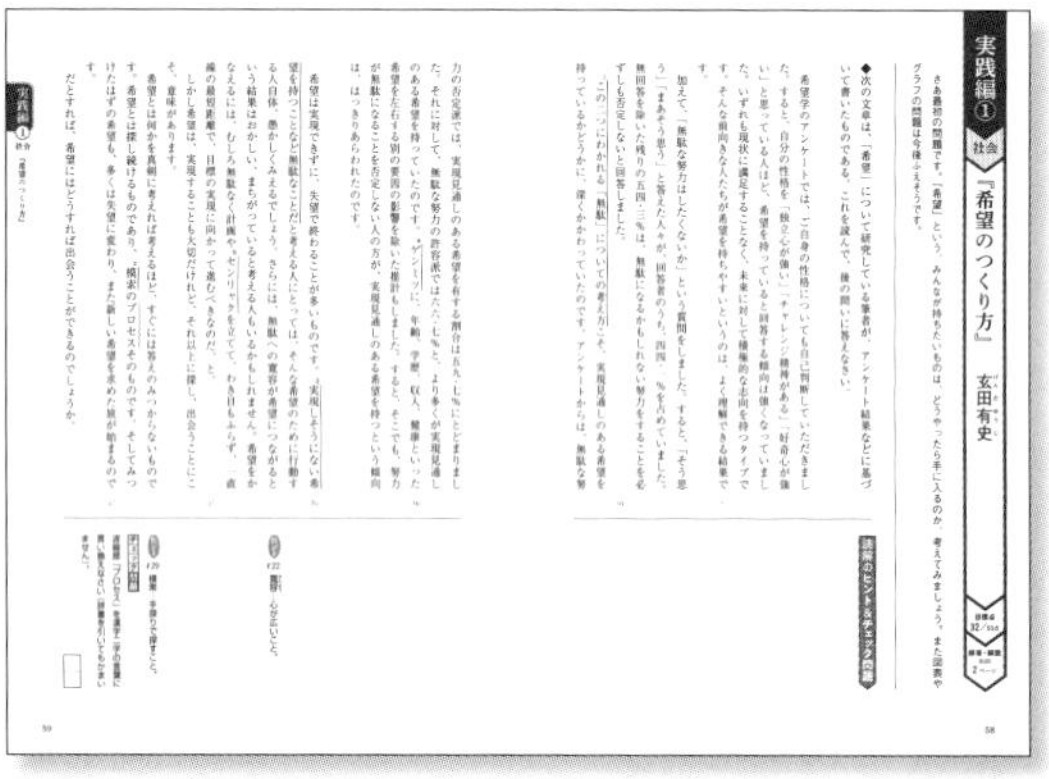

別冊（解答・解説）

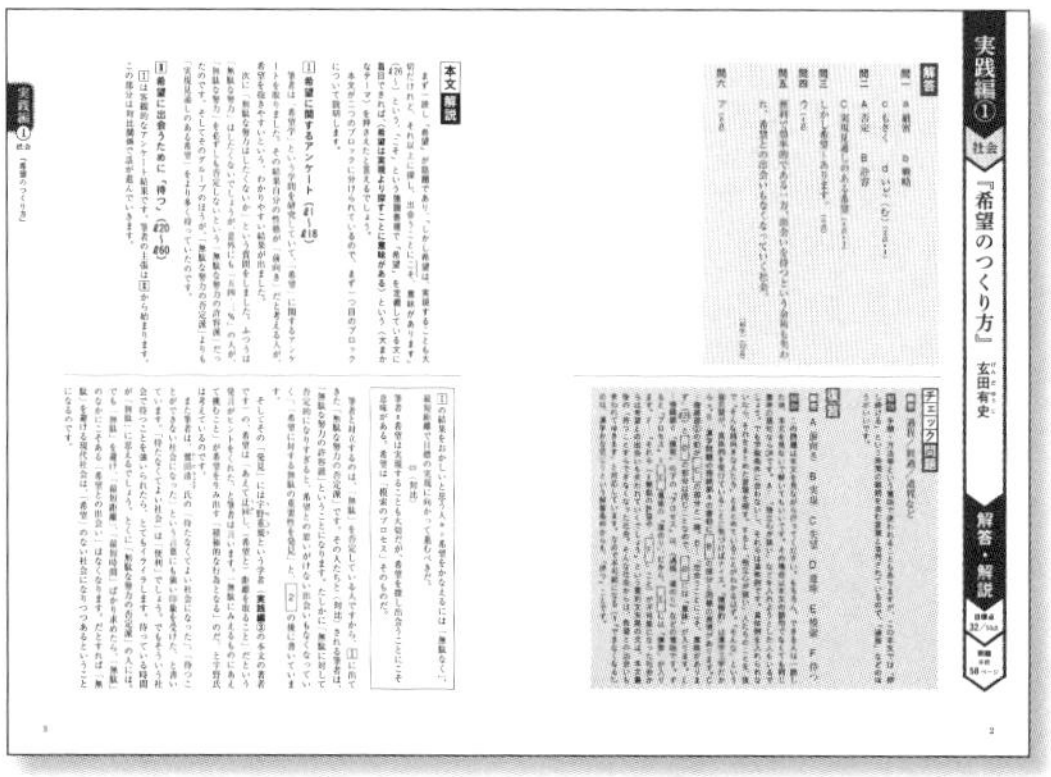

装丁デザイン　（株）ライトパブリシティ　本文デザイン　イイタカデザイン
編集協力　そらみつ企画　校正　加藤陽子／豆原美希

ここでは現代文を読み解くための、土台を作ります。
一つひとつ丁寧《ていねい》に、身につけていってください。

地固め編

地固め編 1 現代文と出会う

僕は中学生まで、全然本など読みませんでした。そんな自分が、少し本を読むようになったのは、次の詩と〈出会った〉せいもあります。「はじめに」にも書いたように、みんなが本を読んだり、〈現代文〉が好きになったりするきっかけになるかもしれないことを願って、僕が〈出会った〉次の詩を紹介します。

その詩は、草野心平《くさのしんぺい》という詩人の詩です。草野さんは、人間の世界が嫌《いや》になったのか、蛙《かえる》の世界を好んで描《えが》きました。その蛙たちは人間と同じように喜び、悲しむ。いや人間以上に純粋に喜び悲しむのです。

次の詩のなかに出てくる「ぶんが（男の子）」と「キリム（女の子）」も蛙です。そしてキリムは病気でもう長くは生きられない。この詩は、そのことを知り、急いでキリムのもとへ向かったぶんがとキリムとの永遠の別れを詠《うた》ったものです。

ここでみんなに考えてほしいことがあります。この詩の最後から二行目には、この詩のカギとなるキリムの、ぶんがに語りかける、死ぬ間際の言葉が入るのです。その言葉は、キリムのぶんがへの愛とふたりの悲しい心のすれ違いを語り、哀切です。みんな詩人、というよりキリムという少女になったつもりで、どんな言葉が入るか考えてください。

キリムのホシ

草野心平

ボクは噂《うわさ》をきいて。
バッシバッシ跳《と》んでいった。
ボクだ。

ボクだよ。
せっかちにボクは言った。
けれどもキリムは眼《め》をつむったままだった。

もう一度お星さん。
と。
ようやくききとれる声でキリムは言った。

(ボクのことなどもう忘れてしまったのだろうか。だからボク。バカアと怒鳴《どな》った。)

お星さん。
と。
かすかにキリムは言った。
ボクは見た。
空はいちめんの雲だった。

もうもうもうの雲よ。
どうか西へでも東へでも動いて下さいとボクはたのんだ。
キリムの最後のねがいを叶《かな》えて下さいとボクはたのんだ。
けれどももうもうの雲は動いてくれない。

アナタ。ダアレ？
小さい声でキリムは言った。
ぶんがだよ。ぶんが。キリム！　ぶんがだよ。
ホシ。
［　　　　　　　　］
さようなら。

（『植物も動物』（筑摩書房）より　＊表記は現代かなづかいに改めた）

どうですか。どんな言葉が入るか、とっても難しいですね。これは、みんなの想像力（＝イメージする力）がものを言うって感じで、その想像力は、まだそんなに長くは生きていないだろうけれど、みんなの人生経験が下敷きになるかもしれないですね。

原文の空欄部分には「**あなたは。ホシだったのよ。あたしの。**」と書かれています。キリムがうわごとのように呟《つぶや》いていた「ホシ」というのは、ぶんがのことだったのです。最後の最後にキリムはぶんがに会いたかった。キリムはぶんがが今、すぐそばにいることにも気がつかないほど、一心に「ホシ」、つまりぶんがに会いたいと願っている。意識を失いそうになりながら。

そして一方ぶんがは、「ホシ」が自分のことだとも知らずに、キリムにホシを見せてやってほしいと一生懸命雲に願うのです。そのときキリムは気がついて、自分の見たかった「ホシ」が「ぶんが」自身のことだったことをぶんがに告げる。そして息を引き取る。残されたぶんがは、そんなにも自分のことを思っていてくれたキリムの気持ちも知らず、今まで会いに来なかった自分を責めたでしょう。でももう、キリムは戻ってこない。ぶんがの無念さ。そしてこの言葉だけ言い残して死んでしまうキリムの孤独。

「**あなたは。ホシだったのよ。あたしの。**」――たったこれだけの言葉でさまざまな思いとドラマを描く、この詩にまだ若かった僕は射抜《いぬ》かれてしまいました。すごいなと思ってしまいました。言葉はこんなにも豊かな世界を描けるんだと思いました。それから少し、言葉の世界に近づきはじめました。

もとの詩とまったく同じ表現で書けたという人は、すでに詩人です。また「こういうことだと思ったんだ、だけど書けなかった」という人もいるでしょう。思っていることを言葉にすることは、とても難しいことなのです。

でもここでみんなは、想像力を使ってキリムの言葉を考えようとしました。だとしたら、難しいけれど何やらおもしろそうな〈現代文〉の世界に〈出会えた〉かもしれない。歌のワンフレーズでもいい、こうして、考えること、想像力を使ってみることが、〈**現代文に出会う**〉ための大きな第一歩なのです。

地固め編 2 筆者と出会う

「**客観的に読みなさい**」という言葉をよく耳にします。「**客観的**」とは他の人の立場に立つ、という意味ですが、この「他の人」とは、現代文では〈筆者〉のことです。筆者の記した言葉とそれを書いた筆者の気持ち、意識を、まるで自分が使った言葉のように、自分の気持ちのように背負い、筆者の分身のように読む、それが「**客観的に読む**」ということです。作文とか小論文とかのように、自分の考えや常識をもち出してはいけません。現代文では自分の勝手な考えを消すのです。徹底的に筆者の立場に立つ！　読み解く手がかりは筆者の言葉だけ、それが〈**筆者と出会う**〉ということです。

だから「**どうしてそう読むの？**」と誰かから聞かれたら、「だってここに筆者がこう書いてるから」と筆者の言葉を指し示して答えられなければなりません。それは自分の読解に〈根拠〉を与えることでもあります。〈**根拠**〉とは〈**本文に書かれている、読解や解法を支える証《あかし》・証拠**〉のことです。しっかり〈根拠〉をもつ＝「**客観的**」、になってください。

本文を、筆者の言葉という〈根拠〉をもって読み解くこと！

また設問を解く場合には、もう一人設問を作った人が「他の人」に加わります。すると**設問を作った人とコミュニケーションをとる、対話をすることが大事**なことになります。設問文を読んで「設問を作った人はどういうことを求めているんだろう？」というふうに、設問を作った人の気持ちを考えることも大切です。

設問を作った人と設問文を通して対話をすることが大切！

そしてもうひとつ、「**論理的に読み解く**」ということ。筆者は自分の文章を相手にわかりやすく伝えるため、書いている事柄を、「こうつなげるとわかりやすいかな」と考えたり、あるいは無意識に、「こういうことを書いたから次はこういうことを書くべきだ」と思ったりして文章を書き進めていきます。そこに言葉の〈**つながり・関係**〉や文章の仕組み＝〈**構造**〉ができあがります。これが〈**論理**〉です。〈**論理**〉とは〈**つながり**〉なのです。現代文は文字が縦書きになっていますね。そして文字は見えます。これを縦糸としましょう。でも現代文の文章には目に見えない横糸＝〈**論理**〉、があるのです。この〈**論理**〉は小さな語と語とのつながりから、文と文、段落と段落、複数の段落が集まったブロックと次のブロック、というふうに長くなって、文章全体を貫《つらぬ》いていきます。文章の大きな論理の仕組み＝〈**構造**〉には、指示語や接続語から始まって、〈**イイカエ・例とまとめ・対比・因果関係**〉などという名前がつきます。そうした見えない横糸を追いかけるのが「**論理的に読み解く**」ことであり、それは筆者の意識を追いかける「**客観的に読み解く**」ことにもつながります。だってその横糸を作ったのも筆者ですから。「**客観的**」に、そして「**論理的**」に読み解くことができれば、筆者の言いたいことの核心に至《いた》ることができるのです。

文章のつながり＝〈論理〉を見抜こう！

そして心にとめておいてほしいのは、〈**論理**〉は読み取るだけではなく、みんなが誰かに〈**話す**〉ときや、現代文の記述問題などを〈**書く**〉ときにも求められるのだということです。論理とは何かについて研究している野矢茂樹《のやしげき》さんという人は「論理力とは…考えをきちんと伝える力であり、伝えられたものをきちんと受け取る力」だと書いています（＊）。「伝えられたものをきちんと受け取る力」とは右に書いたことですが、みんなには「考えをきちんと伝える力」も求められているのです。〈話す・書く〉という場面でも、〈**論理**〉＝つながり、を意識してほしいと思います。

＊『新版　論理トレーニング』（産業図書）より

地固め編 3 具体的な作業、その前に

ではいよいよ、〈現代文〉の基礎づくりをする「**地固め編**」の具体的な内容に入ります。まずは「読解」の仕方について学んでいきましょう。

「**読解**」とは、文字どおり読んで〈理解〉することです。おおまかには、「なんか、同じような内容が出てくるから、これがこの文章の『テーマ（＝主題）』だ」と考えられるところとか、「〜ねばならない」というマストの言いかたをしているところや「○○とは、××である」という定義を述べているところを押さえて、「こういうことが言いたいのだな」とわかればいいとも言えます。また「この格差は資本主義がもたらしたものではないだろうか」というような、**〈では＋ない（だろう）＋か〉という文型は、日本語の強調構文で、評論などで筆者が言いたいことを述べるときに用いられるので、チェックすべきです。**

文章の読解とは、テーマや筆者の主張、強調する部分を、〈ざっくり〉押さえることでもある

これはそんなに難しいことではありませんよね。でも参考書のなかには、「繰り返し出てくる言葉がキーワードだっ！　マルで囲もう！」とか書いてあったりしますが、それじゃあおおざっぱすぎます。だって難しい文章になれば、何が繰り返されているのかさえもわからなくなるし、そもそもほんとに繰り返し出てくる言葉は大事な言葉なのでしょうか？　繰り返されている単語がわかったら文章全体がわかるのでしょうか？

〈ざっくり〉全体をつかむことも大事ですが、先に書いた文章の〈**論理**〉＝つながりをつかめれば、〈ざっくり〉よりも明確なかたちで、みんなは「わかった！」という快感を得られるでしょう。そして〈現代文が好きになる〉！

それに現代文は読むだけではなく、設問に答えなければなりません。設問は細かいところも問うてきますから、〈ざっくり〉わかっただけでは太刀《たち》打《う》ちできないのです。

文章の全体像を〈ざっくり〉理解し大きなつながりを追う、と同時に細かな〈内容〉も理解する、という両面作戦が必要！

次のページから始まる「地固め編」を読み進める手順は次のとおりです。

① 本文を読む。
② 「問」を確認する。
③ 「チェック問題&ヒント」を確認し、解答する。
④ ①〜③の確認を終えたところで、「問 解答▼」に解答を記入する。

また記述問題の解答の表現は一例です。内容が同じであれば表現が違っていてもOKです。
では、始めましょう。

地固め編 4 語と語とのつながりを学ぶ

ここでの学習 文章の小さなつながりを意識しよう。

次の文章を読んで、後の問いに答えなさい。

外部の目、外部の声というものは、往々にして「○○すべし」「○○すべからず」という風に、［A］な声として、われわれにのしかかってくる。親の声、教師の声、先輩の声、といったものであれば、直接的に押しつけられてくるとしたものかもしれない。

（藤野寛《ふじのひろし》『「承認」の哲学　他者に認められるとはどういうことか』より）

問 右の空欄Aに入れるのに最も適当な語を、次の中から一つ選び解答欄（**問 解答**▼）に記しなさい。

意図的　合理的　観念的　象徴的　抑圧的

問を解くためのチェック問題&ヒント

チェック① 本文第1文の「○○すべし（＝○○しろ）」「○○すべからず（＝○○するな）」などは、主語である「外部の声」の例ですが、その述語は何ですか。次の空欄に書きなさい。

外部の声（＝主語）は、［　　　　　　　　］（＝述語）。

チェック② 空欄の後の文の「教師の声」などは「［A］な声」の例だと考えられますが、次の文の空欄に当てはまる語句を空欄の後から抜き出して書きなさい。

［A］な声（＝主語）は、直接［　　　　　　　　］（＝述語）。

ヒント 1文目を単純にすると、「外部の声」は「 A な声として」とつながるので、「外部の声」＝「 A な声」です。すると、それらの性質を表す述語❶・❷の語句にも共通点があるはず。それらに共通する意味を表せる言葉を A に入れよう。

問 解答 ▼

解法・解答

チェック 解答

❶ のしかかってくる　❷ 押しつけられてくる

問 解答

抑圧的

「外部の声」＝「○○すべし・○○すべからず（○○しろ・○○するな）」は、「**のしかかってくる（❶答え）**」（これが述語です）と書かれています。「○○しろ・○○するな」も、「のしかかってくる」も、どれも重たいプレッシャーですね。

またそれらが「教師の声」などだと、それらの声は、われわれに「**押しつけられてくる（❷答え）**」（これが述語です）。これもプレッシャーですね。**ヒント**にも書いたように、「外部の声」＝「 A な声」です。すると「外部の声」＝「 A な声」＝「教師の声」＝みな「プレッシャー」、というつながりなのです。

すると A に、 A の後の「のしかかってくる」や「押しつけられてくる」と似た「プレッシャー」という意味の語が入れば、**語同士が連動し、つながりが作れます**ね。だから**正解は重いプレッシャーという意味と一番近い「抑圧的」**です。

次の文章を読んで、後の問いに答えなさい。

「自己を実現する」というが、それはどういうことなのか。ここには、植物の成長のイメージがはたらいていないだろうか。つまり、一人ひとりの人間の中には、種子のようなものがセットされていて、それが発芽し、成長し、開花する、というイメージだ。ポテンシャル（潜在する能力）が各人に備わっていて、それが［B］されることを待ち受けている、という風にも描き出せるだろう。

（藤野寛『「承認」の哲学　他者に認められるとはどういうことか』より）

問　右の空欄Bに入れるのに最も適当な語を次の中から一つ選び、解答欄（**問** **解答▼**）に記しなさい。

相対化　顕在化　制度化　実用化　透明化

問を解くためのチェック問題＆ヒント

チェック　空欄を含む文の中で、人間の中にセットされているという「種子」を言い換えていると考えられる語句を次の空欄に書きなさい。

［　　　　　　　　　　］

（＝［B］直前の「それ」）

ヒント　「（見えない）種→開花」を、「それが［B］される」とも描き出せる（＝言い換えられる）と筆者は言っていますから、

「（見えない）種　→　開花」
　　　＝　　　　　　＝
「**チェック**解答＝『それ』　→　［B］」

となればいい。ならば、「開花」という喩《たと》えと一致する語が答えだ！

解法・解答

チェック 解答
ポテンシャル（潜在する能力）

問 解答
顕在化

ℓ2～ℓ3の「それ」は、〈人間の中の種子（のようなもの）〉を受けています。それを、「ポテンシャル（潜在する能力）」とも言い換え、これを受けているのが、B直前の「それ」です。なので、**チェック**問題の答えは「**ポテンシャル（潜在する能力）**」です。

なぜこれが波線部と対応するのでしょう？　「ポテンシャル」は「潜在する（＝現れないで、潜んでいる）」と説明されていますから、外からは見えないですね。一人ひとりの人間の中に、「種子」のようなものがセットされているとしたら、それも外からは見えない。だから「種子」の様子と「**ポテンシャル（潜在する能力）**」は似ているのです。そして〈見えない種→開花〉ということを、〈見えなかった「潜在する能力」→Bされる〉とも描くことができると、筆者は言うのです。このふたつが同じイメージを作るためには、見えなかった種から花が咲き、種が形として目に見えるようになったのと同じように、〈見えなかった「潜在する能力」→《現れ、見えるようになった》〉という内容を作ればいい。そうすれば前の文と同様の内容が作られ、つながりができる。だからBには**〈はっきり姿を現す〉という意味の「顕在化」が入ります。**

こんなふうに、言葉には前後の言葉とのつながりがあります。こうした**語と語とが作り出すつながりを文脈と言います。こうした小さなつながりが文章全体を形作っている**のです。この本文にも、冒頭の「自己を実現する」ことが〈種子の開花〉のイメージと結びつけられ、「ポテンシャル」が「顕在化」することだと言い換えられていく、という全体のつながりがあります。だから文章は小さな石が積み重なってできたピラミッドのようなものです。ひとつでもその石＝言葉が欠けたら、ピラミッドは崩れてしまうかもしれません。だから文章の細かい部分も大事にしてください。

語と語とのつながりも大切に！

問 解答
▼

もういっちょ 語句

最初の二題はどうでしたか？　言葉のつながりはわかったけど、選択肢の言葉の意味がわからなくて間違えた…という人もいるかもしれません。みんなは、たくさんの語句を覚えて、選択肢を解読したり、自分で使ったり、あるいは選択肢のなかの言葉が、本文のあの言葉の言い換えだ！　と見破ったりできるようにならなければなりません。**語彙力**《ごいりょく》**（単語力）**は大切です。今回の問いの選択肢のなかで、よく出てくる評論用語を説明しておきますから、きちんと覚えていってください。

　これからも本文や選択肢に出てくる言葉は もういっちょ などで説明していきますから、しっかり語彙力をアップさせましょう！

●**意図的**《いとてき》…意識的に。わざと。

●**合理的**《ごうりてき》…理屈に合っているさま。ムダがないさま。

●**観念的**《かんねんてき》…頭のなかだけで考えているさま。⇔現実的・実際的

●**象徴的**《しょうちょうてき》…**抽象的**（＝現実から離れていて、わかりづらい）なものを**具体的**（＝現実の物事に即していて、わかりやすい・目に見える形をもつ）なものに置き換えて示すさま。

●**相対化**《そうたいか》…他と比較して捉《とら》えること。⇔絶対化…他と比べられないほど、あるものをただひとつのものとして捉えること。

●**制度化**《せいどか》…社会のルールや決まりとなること。

地固め編 5 つながりを作る「指示語」を学ぶ

ここでの学習
文脈というつながりを作る「指示語」の働きに注目しよう。

次の文章を読んで、後の問いに答えなさい。

AIの進化がめざましい。そして進化した高価なAIはそれを買うことのできる、経済的に豊かな人間に幸福な未来を約束するものだとは言えるだろう。たとえばやる気のしない仕事を任せることができるし、文句も言わずに何時間だろうとゲームなどの相手もしてくれるだろう。だがAIに職を奪われてしまう人間はどうだろう。AIが失業した人間の心を闇へと向かわせてしまうことはないか。AIがさまざまな場面で活躍するようになれば、とくに単純な仕事はAIが担うことになり、人間は職を失うが、職業訓練を受けて異なった職業に就《つ》くというのが時代の趨勢《すうせい》（＝物事の進む方向）だとよく言われる。だがそうした職業訓練の制度が整っていない現代において、何らかの理由で単純な仕事に就かざるを得なかった人々が、簡単にスキルを向上させて再就職できる道が開けているとは思えない。

AIはその存在によって、人間に喜びをもたらすと同時に、ネガティブな情動を呼び起こすものにもなり得る。そしてそれは経済的な「格差」としても現れてくるだろう。AIを巡《めぐ》る論調において、こうした問題について語られることが、あまりにも少ないのではないだろうか。

問 傍線部「その存在」とあるが、ここではどういうものだと考えられるか。それを説明した次の文中の［ア］・［イ］に入れるのに最も適当な語句を、傍線部より前の本文からそれぞれ空欄に合う形で抜き出し、解答欄（**問 解答▼**）に記しなさい。ただし**ア・イ**はともに、十五字以上二十字以内の語句とします。

［ア］ものでもありながら、［イ］ものでもある。

問を解くためのチェック問題＆ヒント

チェック① 傍線部の後を見ると、「その存在」は「喜びをもたらす」と書かれています。「喜び」に最も近い意味を表す語句（漢字二字）を、傍線部より前の本文から抜き出して左の解答欄に書きなさい。

チェック② 傍線部の後を見ると、「その存在」は「ネガティブな情動（＝心の動き）を呼び起こす」と書かれています。「ネガティブ」の意味を五字程度で左の解答欄に書きなさい（わからないときは辞書で調べてもよいです）。

ヒント ❷の「情動」と関連のある部分を傍線部の前に探してみよう。

問 解答▼

ア

イ

解法・解答

チェック 解答

❶ 幸福

❷ 〈解答例〉否定的（消極的）［3字］

問 解答

ア 経済的に豊かな人間に幸福な未来を約束する ［20字］

イ 失業した人間の心を闇へと向かわせてしまう ［20字］

本文は冒頭で、AIがめざましい進化を遂《と》げていけば、それは「高価」なものとなるが、それを購入できる、経済的に豊かな人間を退屈な仕事から解放し、文句も言わず人間と付き合ってくれるなど、明るい未来と幸福を約束するものとなるだろう、と述べています。ですが一方で、AIの時代にはとくに単純な仕事に就《つ》いた人間は職を失うだろうと言われています。そういう人たちは職業訓練を受けてスキルアップし、再就職できる道を行くべきだとも言われます。ですが、心身の事情などでそうした労働に就くしかなかったという人も当然いるはずです。そうした人たちにスキルアップを求め再就職を勧《すす》めても、職業訓練や再雇用の仕組みも整《ととの》っているとは言えない現代においては、そういう人たちが、時代から取り残されたような暗い気持ち（＝「闇」）を抱かざるを得ないのではないか、と述べています。つまりAIは明と暗をもたらし、それは「格差」として現れるでしょう。そしてこの文章は、AIのもたらすそうした「暗」について語られることが少ないことを指摘しているのです。

文章自体はやさしかったと思うので、設問とチェック問題の説明に移ります。

今回は「指示語」がテーマです。前の**地固め編④**で「**語と語とが作り出すつながりを文脈**」と言う、と述べましたが、その〈文脈〉は、語と語とのつながりをもとに、文と文とのつながりを作り、取り上げられている話題が続くところまでつながっていきます。そうした〈文脈〉がどのようにつながっているかを示してくれる〈道しるべ＝手がかり〉のひとつが〈指示語〉です。

指示語が何を指しているかを理解することはそれほど難しくはありません。ただ注意しなければいけないことがあります。指示語というとすぐ前を見てしまうのですが、

指示語の内容を決めるときは指示語の後ろの内容を確認

することも大事です。だからまずは指示語の後ろを見る。そしてそこにどんな内容があるか、どんな述語と関係しているか、などを確認し、そのような内容に合う事柄を指示語の前に探しましょう。そのようにして、指示語の前と後ろを結びつけることができれば、みんなは文脈を発見したのです。

では今言ったことを、問を解くことで確認していきましょう。

問題になっているのは、「その存在」という指示語です。「その」が受けているのが直前の「**AI**」であることは、すぐにわかりますね。

するとこの問題は「**AI**」がどのような「**存在**（＝**もの**）」なのかを、傍線部の前から抜き出して答えよ、と言っているのです。

そこで「その存在」という指示語の前ではなく、まず**指示語の後ろの内容を確認**しましょう。

すると「その（＝「AIの」）存在（＝もの）」は「**喜びをもたらす**」と書かれています。ですが一方では「ネガティブ（**否定的／消極的**（**❷答え**））な情動（＝生きることがとてもつらいという思いなど）を呼び起こすものにもなり得る」のです。ということは明と暗、プラスとマイナスの両面がこの「AI」という「存在」にはあるということです。だとしたらそのふたつの面を説明できれば、この設問に答えることになります。

なのでまず「AI」の「喜び」と対応する明るいプラス面を傍線部の前に探しましょう。こういう抜き出し問題では、「**喜び**」**という言葉と同じかほぼ同じ言葉を探し、つなぐ**、というのが基本的な作業です。

同じ表現・類似した表現のあるところはつなぐ

すると、これは**チェック**問題❶でも問われていますが、「**喜び**」は「幸福（感）」をもたらします。ですから「喜び」に最も近い意味を表すのはℓ2にある「**幸福**」（**❶答え**）という語です。そして「幸福」に着目し、「**経済的に豊かな人間に幸福な未来を約束する**」というプラスイメージの部分を抜き出すと、字数条件にも合うし、もともと「もの」につながっていたので、解答欄の「もの」にうまくつながります。「もの」につながるように、解答の末尾を決めて、上にさかのぼりましょう。すると「進化した高価なAIはそれを買うことのできる、」という部分は入れられないとわかりますね。なので**アは「経済的に〜約束する」が正解**。

「やる気のしない仕事を任せることができる」（19字）、「何時間だろうとゲームなどの相手もしてくれる」（21字）という部分は具体例だし、字数条件に合うように切れません（「ゲームなどの相手もしてくれる」も14字）。

では今度は？　「ネガティブな情動」と対応する、マイナスの面を傍線部の前に探せば、「AI」という「存在」のもうひとつの性格を説明できますね。対比的に見ていくと、このマイナスの「情動」は、プラス側の「経済的に豊かな人間」と対《つい》になっている人、つまりAIの出現によって職を失ってしまう人の気持ちだと考えられます。すると「失業した人間の心を闇へと向かわせてしまう」という部分が見つかります。この部分はアの「人間」と対になる人間のことを示しているし、「ネガティブな情動」と「心を闇へと向かわせ」るという表現が、どちらもマイナスの心情を表している点でもマッチしています。これも日本語として、解答欄の下の「もの」に続けても問題ないですね。なので**イは「失業した人間の心を闇へと向かわせてしまう」が正解**。

このように**指示語は前とだけではなく、後ろともつながりをもつ**ものです。**指示語の後ろに続く内容をもとにして、その指示語が何を受けているか、を前に探す**、その習慣を身につけましょう。

こうして、指示語は文脈というつながりを作っているのです。よく、本文に指示語が登場すると○を付けたりする人がいますが、よほど問題を解く手がかりになるという場合以外、やたら○や傍線を付けたりしないようにしましょう。そこでいったん文章の流れから目をそらすわけですから、文章の流れを見失います。そうした○付けよりも、その文脈や話題がどのような形で、どこまで続いていくかを追っていくことのほうが大切ですよ。

もういっちょ 語句

● ℓ6 **趨勢**《すうせい》…①物事の進む方向。②なりゆき。

● ℓ8 **スキル**…技。技術。

● ℓ9 **ネガティブ**…否定的。消極的。

文と文とのつながりを学ぶ

ここでの学習 文脈というつながりを作る「接続語」の働きに注目しよう。

次の文章を読んで、後の問いに答えなさい。

私たちは、よくこんなことを経験する。［ア］、ひとりで森のなかをぼんやり歩いている。そのうち、ふと視界が開け、一本の木立《こだち》の向こうに山の尾根が見える。そんなとき、私たちは、まえにもここへ来たことがある、そして、この地点から、このままの風景を見たことがある、季節も時刻もまったく同じだ、のみならず、それを眺める自分の気持ちも、そんな思いをすることがある。［イ］、だれか友だちと話している。その、ある一瞬の相手の表情やしぐさを見て、まえにもこんなことがあったと思う。周囲の家具調度はもとより、その場の条件も、相手と自分との関係も、すべて同じだと思うのだ。［ウ］、それらの経験は、どう記憶の糸をたぐっても憶《おも》いだせない。いや、じじつ、それははじめての経験なのだ。

（福田恆存《ふくだつねあり》『人間・この劇的なるもの』より）

問 本文中の［ア］～［ウ］に入れるのに最も適当な語を、次の中からそれぞれ一つ選び解答欄（**問 解答**▼）に記しなさい。ただし、同じ選択肢は二度用いないこと。

だから	あるいは	だが	たとえば	なぜなら

問を解くためのチェック問題&ヒント

チェック① ア の前の「こんなこと」とイコールになる内容が、ア の後～ イ までに複数挙げられていますが、そのなかで最初に出てくる事柄を十五字以内で、次の空欄に書きなさい。

□□□□□□□□□□□□□□□ と思うこと

チェック② ウ に入る接続語を、働きのうえから分類すると、何という種類になるでしょう。例を参考にして漢字二字で答えなさい。

（例：順接）

□□

問 解答 ▼

ア □　イ □　ウ □

解法・解答

チェック 解答

❶ まえにもここへ来たことがある ［14字］

❷ 逆接

問 解答

ア たとえば　イ あるいは　ウ だが

接続語というのは、**文と文（語句と語句・語と語）の、つながり（＝論理）を作る**点で、前の講で説明した指示語とならび、大きな役割を果たします。きちんとその役割を理解し、自分でも使えるようにしましょう。

ア…「こんなこと」の前には何も書かれていません。なので「こんなこと」という指示語は、「こんなこと」の後の内容を指していると考えられます。だから筆者が、私たちには「こんなこと」がよくあるよね、と言い出した後＝ ア の後を見てみましょう。そこには、〈森のなかの散歩〉の具体例が挙げられています。そこでは「まえにもここへ来たことがある」、「このままの風景を見たことがある、季節も時刻もまったく同じだ」という感覚を覚えることを並列して述べていきます。そしてℓ4の「そんな思いをする」というのは〈「季節も時刻」も「それ（＝「このままの風景」）を眺める気持ちも、「まえと」「同じだ」と思うこと〉です。これは〈「まえに」「このままの風景」を見たと思う〉ことであり、それはℓ2〜ℓ3の「まえにもここへ来たことがある」と思うのと同じことです。

　つまり「こんなこと」とは、いわゆる〈既視感（＝経験していないはずのことを経験したことがあると感じること＝デジャ・ヴュ）〉のことを言っているのです。

　だから「こんなこと」が示している〈既視感〉に当たる最初の事柄は「**まえにもここへ来たことがある**（**❶答え**）」と思うことです（この答えの前にある、[ア]直後の「ひとりで森のなかをぼんやり歩いている」や「ふと視界が開け、一本の木立《こだち》の向こうに山の尾根が見える」という部分は、誰かがした事実、出来事を書いている部分であり、頭のなかで思っていることではないので、「と思うこと」という解答欄の後についている語句にはつながりません）。

　この書きかたは、「こんなこと」という〈まとめ〉の言いかたを最初にしておき、次にその指示語が指す具体例を挙げるという、ちょっと変わった形ですが、[ア]には例を導く〈例示〉という種類に分類される「**たとえば**」を入れましょう。またこの書きかたは、**地固め編⑨**で説明する〈**例とまとめ**〉という構造であることも覚えておいてください。

　イ…[ア]の後から始まった、森のなかを歩くという具体例は[イ]の前のところで終わっていることをまず確認しましょう。なぜなら[イ]の後では、〈友だちとの会話〉の話になっているからです。場面は変わりました。でも内容はやはり「まえにもこんなことがあったと思う」という〈既視感〉の話です。つまり[ア]から始まった具体例と同じ内容の具体例を挙げているのです。こうした同じ内容だけど違う例や事柄を並べるときには、〈並列〉の接続語を用います。選択肢の「**あるいは**」がそれに当たります。

　ウ…[ウ]の直後には「それらの経験は、どう記憶の糸をたぐっても憶《おも》いだせない」と書かれています。そして[ウ]の直前はというと、「まえにもこんなことがあったと思う。〜すべて同じだと思うのだ」とあります。つまり[ウ]の直前では〈前に同じ経験があったと思う〉と言っているのです。だけど「憶いだせない」。「憶いだせない」ということは、〈前の経験というのは、本当はなかった〉という可能性を含んでいます。ですから[ウ]の前後の関係は〈前にあった〉と〈前になかった〉という、逆のことを述べているとも言えます。こうした関係は〈**逆接**（**❷答え**）〉の関係ですから、「**だが**」を入れればよいでしょう。

　接続語補充問題はなんとなく感覚で入れてしまうことが多いものですが、それではいけません。また適切な接続語をきちんと用いることができると、文章のつながりがよくなり（＝論理的になり）、書く文章のグレードもアップします。接続語補充問題ができるようになるだけでなく、自分で接続語を使えるようになるためにも、ここは前後がどういうつながりなのか、ということを、他人の文章・自分の文章で考えていく習慣をつけましょう。そのためには、接続語の分類を覚えて、「ここは逆接が必要」などと言えるようになることが大切です。前講で学んだ指示語や、今回の**接続語に着目し、その役割を理解すれば、どのように文章が展開されていくのかがわかるようになります。**

指示語と接続語が文章の論理（＝つながり）を作る

次のページに、接続語の分類と用例をまとめておきます。

もういっちょ 語句

語	分類・用法	用例
さて・ところで・また	（話題の）転換	高校を卒業した。**さて**話は大学のことだが…。
だが・しかし・けれども ところが・にもかかわらず しかるに・とはいえ	逆接	高校を卒業した。**だが**卒業したという実感がない。
一方・他方・これに対して	対比	小学校は楽しかった。**一方**中学校は最悪だった。
むしろ	前の内容を否定・修正して比較 「打ち消し＋むしろ」	高校を卒業したとほっとすべきではない。**むしろ**これからが試練なのだ。
だから・したがって ゆえに・とすると・よって	因果関係（原因と結果の結合）	高校を卒業した。**だから**ちょっと遊ぼう。
なぜなら・なんとなれば	因果関係（結果と原因の結合）	ちょっと遊ぼう。**なぜなら**高校を卒業したからだ。
および・〜だけでなく しかも・さらに・のみならず	付け加え（添加）＋強調	高校に入学した。**しかも**最高に楽しい。
ただ・ただし	条件や例外を強調して付け足し	中学を卒業した。**ただ**卒業式には出られなかった。
ちなみに	軽い付け足し（ついでにいえば）	高校を卒業した。**ちなみに**これが小学校以来三度目の卒業だ。
また（は）・あるいは・ そして	並列	高校三年の一学期の成績か、**あるいは**今度の模試の成績で進路を決める。
そして	順接・強調	高校を卒業した。**そして**大学の入学式がすぐにやってきた。
やはり	前の内容を繰り返して強調	高校を卒業した。**やはり**卒業するとほっとする。
すなわち・つまり・要するに	言い換え・まとめ	中学を卒業した。**つまり**義務教育が終わったのだ。
いわば	比喩や簡単な一言で言い換え	高校を卒業した。**いわば**子どもの季節が終わったのだ。
いわゆる	よく言われる言い回しで言い換え	高校を卒業することは、**いわゆる**大人の仲間入りをすることだ。
たとえば・事実・実際	例を示して言い換え	名門大学、**たとえば**早稲田大学を受けてみる。
まるで・あたかも・ちょうど	比喩を導く	大学をたくさん受ける。**あたかも**色々な料理を食べるように。
もちろん・むろん・なるほど・たしかに	確認。逆接を伴えば、前の意見を消極的に肯定する→譲歩の構文に	**もちろん**複数の大学を受けるのはいい。**しかし**量より質だよ。

地固め編 7 段落と段落とのつながりを学ぶ

ここでの学習　今回は少し視野を広げて、段落と段落のつながりに注目しよう。

次の文章を読んで、後の問いに答えなさい。

1 サルたちは自分と仲間との間に優劣を認め合って共存するルールを生み出した。餌《えさ》をはさんで対面したとき、どちらかが手を引けば戦いにはならないからである。それには、どちらが手を引くかとっさに了解し合う、はっきりしたサインが必要となる。これが「サルの笑い」と呼ばれる表情だ。優位なサルが相手をにらむと、劣位なサルが口の両端を大仰《おおぎょう》に引き上げ、歯ぐきをむき出して相手に見せる。声は出さないが、まるで笑っているように見える。この表情を見ると優位なサルの攻撃が抑えられることから、これは相手に自分が劣位であり敵意がないことを示すサインであると考えられている。

2 実は人間があいさつするときに示す微笑も、この「サルの笑い」に由来すると見なされている。人間のあいさつも、謙譲の態度を取り、敵意がないことを示すと考えられているからだ。微笑が声を伴わないことも、楽しさではなく、ある種の緊張をはらむことを示唆している。

（山極寿一《やまぎわじゅいち》「ゴリラが笑うとき」より）

問 2の段落はどのような役割を果たしているか。その説明として最も適当なものを、次の中から一つ選び解答欄（**問解答**▼）に記しなさい。

ア　「サルの笑い」の由来と具体的なありかたを踏まえた上で、人間があいさつの際に示す微笑との共通点を述べ、話題を広げている。

イ　「サルの笑い」の特徴と隠された意味を踏まえた上で、人間があいさつの際に示す微笑との相違点を述べ、論点を変えている。

ウ　「サルの笑い」の由来と歴史的発展を踏まえた上で、人間があいさつの際に示す微笑との共通点を述べ、疑問を提示している。

エ　「サルの笑い」の特徴と集団のありかたを踏まえた上で、人間があいさつの際に示す微笑との相違点を述べ、主張を補強している。

問を解くための チェック問題&ヒント

チェック　1の段落をまとめた次の文章の❶・❷に入る語句を1の段落から抜き出して下の解答欄に書きなさい。❶は五字、❷は四字で、ともに漢字かな交じりの語句です。

　サルたちの世界は、互いが共存するためのルールを❶。それは「サルの笑い」と呼ばれるもので、優位なサルに対して、劣位なサルが口の両端を❷るという大げさな表情で、自分が敵ではないことを示すものだと考えられている。

❶
❷

ヒント　2の段落はサルと人間とが違うと言っているのか、似ていると言っているのかを考えて選択肢を選ぼう。

問　解答

解法・解答

チェック解答
❶ 生み出した
❷ 引き上げ

問解答
ア

段落同士は共通の話題でひとつの大きなブロックを作ったり、また話題が転換されて異なることへと展開していったりします。そうしたつながりや切れ目は、段落冒頭の指示語・接続語で示されることも多いです。ここでも指示語・接続語はちっちゃいのに働き者です。

この1と2の段落の関係も、少しわかりづらいですが、2の冒頭の文のまんなかに「この『サルの笑い』」という指示語があり、1の「サルの笑い」というテーマとのつながりを示しています。これは言い方を変えれば、「サルの笑い」という共通した語句がふたつの段落にあるということです。

段落間に共通の語句や類似の表現があるときは、ひとつのブロックとして考えよう

よく形式段落ごとにまとめたり、段落の役割を考えたりする読みかたをしている人がいますが、日本語の段落というのは、形としては明治以降に現れます。古文には段落がないですよね。だから結構日本語の形式段落は曖昧《あいまい》です。それより、こうした意味や内容でつながっている〈**意味のブロック**〉を意識して、文章のつながりや切れ目を読み取っていく練習をしたほうが、文章の流れを読み取りやすくなります。

さて話を設問に戻しますが、1と2は共通の話題でつながっていることがわかりました。そして2には「人間があいさつするときに示す微笑」（ℓ7）が『サルの笑い』に**由来**する（＝基《もと》づく）と書かれています。すると2は〈サルと人間が違うと言っているのか似ていると言っているのか〉とヒントに書いたことに対しては、〈**似ている**〉（**a**）と答えるべきですね。

また1の段落では、まずサルが共存するための「ルール」として「**生み出した**（**❶答え**）」ものが「サルの笑い」だと説明され、その理由が第二文で示されます。❶に「生み出した」が入るのは、❶の前の「ルール」という語がある本文の箇所（ℓ1）を見ればすぐわかると思いますが、こうした問題を作ったのは、この部分が、「サルの笑い」が生み出された歴史やどうしてそういうものが作られたかを説明している、つまり「**由来**」**を説明している**部分だと理解してほしかったからです。

次に1では、「サルの笑い」がどのような「笑い」なのかを、口の「**引き上げ**（**❷答え**）」かたなどを**具体的に示し**、それが、敵意がないことを示す「サイン」であることが説明されています。

❷も空欄の直前に「口の両端を」とあるので、本文の「口の

両端を大仰に引き上げ」と対応させればすぐわかりますね。これも[Ⅰ]の文章が、サルの様子を**具体的**に描いていることに注意を向けてほしくて作った問題です。

　すると[Ⅰ]では、**「由来」**の説明や**具体的**な「笑い」の説明がされ、[2]ではその内容を受け、人間の笑いも「サルの笑い」に〈**似ている**〉（a）＝「共通点」がある、と続いていくことがわかります。だから[2]の「役割」は、[Ⅰ]との共通の話題を示すという点にあります。なので、**正解はア**になります。「由来」、「具体的なありかた」、「共通点を述べ」るという3ポイントがしっかり入っています。「話題を広げている」というのは、「サル」から「人間」へと話を展開したことを考えれば、[2]の「役割」の説明として合っています。

　まず[Ⅰ]は、[2]と話題が〈**似ている**〉というつながりをもつという点でつかまなければ、「[2]の役割」を答える設問のキモをはずすことになります。だから、「相違点を述べ」としている**イ**と**エ**は本文と食い違う＝×。**イ**は「論点を変えている」も本文と食い違います。

ウは「サルの笑い」の「歴史的発展」がおかしい。どうして「サルの笑い」が生まれたかという**「由来」**は説明されていますが、「サルの笑い」がその後、どう「発展」したかということは本文に書いてはいません。どの選択肢も前半は[Ⅰ]の説明です。

段落同士のつながりは、段落冒頭の指示語・接続語、そして共通語句などによって判断し、共通した内容をもつブロックと、異なった話題に転換する切れ目を見極めることが大切

ひとつの段落の内容を確認したら、次はどんな話になっているか、そうした意識をもって、次の段落に向かう、そんな文章の流れを追う姿勢を身につけてほしいと思います。

　小さなつながりを辿《たど》る練習はここまでです。文章のつながり（＝文脈や論理）を追うことが読解にも設問解法にも大切なんだ、ということを理解してください。

もういっちょ 語句

● ℓ4 **大仰**《おおぎょう》…大げさなさま。

● ℓ7 **由来**《ゆらい》…物事の歴史。物事の起こり。物事が歴史的に何かに基づいていること。

● ℓ8 **謙譲**《けんじょう》…自分を低め、ゆずること。

ここでの学習
今回からはいよいよ一番大事な文章の大きな流れ・つながりを読み取る練習をします。

次の文章を読んで、後の問いに答えなさい。

人が何かに出会い、感動する。その感動の元をたどっていった時、その核のところには、こういった肯定の光景があるのではないだろうか。肯定の感情が世界を覆《おお》う、そのことを感動というのではないだろうか。

（*太田　省吾「感動の光景」）

「感動」とは「肯定の感情が世界を覆う」ことだ。そうに違いない。

感動というだれもが知り、しかしその経験をだれもがもどかしげに語るしかないことを、太田省吾は読む者の心を揺らす明澄《めいちょう》な思考のことばで記している。

引用文の「こういった肯定の光景」とは具体的に何を示すのか？　詩人の佐々木幹郎が一か月におよぶヒマラヤの徒歩旅行をした体験談を聞くところから、太田省吾の思索は始まる。

詩人はアンモナイトの巨大化石を見る目的でヒマラヤの山中を歩いたのだが、標高五〇〇〇メートルの高さの酸素欠乏の状態では、脳に何も思い浮かばずほとんど思考力を欠いてしまう。その下り道でのエピソード。下山しだすと、一歩ごとに酸素が濃くなっていくのが感じられ、身体に沁《し》みてくるのがわかった。それにつれて脳も動きだす。そして四〇〇〇メートルの場所まで下りたとき、詩人は突然ある強い感情に打たれた。

目の前の視界は大きく広がり、遠く八〇〇〇メートル級の山々が聳《そび》えている。人間の姿が見えない。するといきなり「肯定の気持」が溢《あふ》れでてきて、人間がいろいろ思い悩みながら生きていることが、「愛《いと》しく」なり、「抱きしめたいような気持」がふくらんで涙がとまらなくなったという。

詩人は高い標高での酸欠状態が脳に及ぼした影響だと、この原因を「科学的」に語ったのだが、太田省吾はそれを強い感情に襲われたことへの照れからくるものだと察するにとどめ、「肯定感情」を自身の病気による手術の体験に重ねて述べている。全身麻酔《ますい》から醒《さ》めたとき、「なんでもないこと一々に、たとえばある人がそこにいることに、そこにいて手を動かし、話をしていることに感動していた」という。もちろん、この「肯定感」は意味や価値によるものではなく、ただ「生存ということ自体」の新鮮な驚きなのだ。

（中村邦生《なかむらくにお》『いま、きみを励ますことば—感情のレッスン』より）

注　太田省吾……劇作家、演出家。

問　傍線部「肯定の感情」を筆者はどのようなものだと捉《とら》えているか。それを最も端的《たんてき》に（＝簡潔明快に）説明した部分を、本文中から十五字以上二十字以内（句読点等を含む）で抜き出し解答欄に記しなさい。

問を解くための チェック問題＆ヒント

チェック 最後からふたつ目の段落では「肯定の感情」という語が、❶と言い換えられ、その内容が❷だと説明されています。❶・❷に入る語句を本文中から抜き出して記しなさい。❶は五字以内、❷は四十字以上四十五字以内です。

❶

❷

ヒント ❷は傍線部の内容を説明した部分ではあるのですが、残念ながら問の字数条件をクリアできません。❷とほぼ同様のことを、字数条件に合う形で説明している部分を探してみよう。

問 解答

解法・解答

チェック 解答

❶ 肯定の気持 ［5字］

❷ 人間がいろいろ思い悩みながら生きていることが、「愛しく」なり、「抱きしめたいような気持」 ［44字］

問 解答

（ただ）「生存ということ自体」の新鮮な驚き ［17〈19〉字］

この**地固め編⑧**では、本文を大きく見て、大きな流れ・構造を理解するということを練習していきます。そういう大きな流れ・構造を読み取ることで、ざっくりとわかっていた筆者の言いたいことがもっと明確なものになります。ではまず**イイカエ**構造から始めます。

地固め編⑤にも少し書きましたが、よく見ると文章のなかで、同じことが繰り返し言われていることがあります。これを、**イイカエ**と言います（これから「**イイカエ**」とカタカナで書くときは、本文の内容に即して同じことを説明している言葉や部分を指していると思ってください。**「本文に即して」考えるのが大切なことだ**、ということを強調したいためです。そうした、同じことを繰り返し述べている部分を〈**同義**（＝同じ意味）〉の部分と言うこともあります）。

繰り返して言っていることは、筆者が大事だと思っていて強調したいこと

であることが多いですから、そうした内容に着目すれば、**筆者の言いたいことがわかる**はずです。

ではこの本文では、どのようなことが繰り返されているでしょう？　つまりどのような**イイカエ**が行われているでしょうか？

まず太田省吾さんという劇作家が、「感動」とは自分や世界を肯定する「肯定の感情が世界を覆う」ことだと言ったことが引用されています。筆者はその言葉に対して「そうに違いない」と同意します。引用は具体例と同じで、自分の考えを補強したりするために示すのですが、この場合は太田さんの言葉に筆者が共感を寄せています。そして引用した内容に「そうに違いない」と同意しているということは、太田さんの意見を二回繰り返しているのと同じですね。ですからここにも**繰り返しがあります**。

そして太田さんの言う「こういった肯定の光景」とは、実は佐々木幹郎という詩人がヒマラヤの五〇〇〇メートルの山に登り、下山の途中で急に「**人間がいろいろ思い悩みながら生きていることが、『愛しく』なり、『抱きしめたいような気持』（❷答え）**」になったときのことを指しています。そしてそれは「**肯定の気持（❶答え）**」と言われています。

この「肯定の気持」は傍線部の「肯定の感情」と同じ意味です。「感情」を「気持」と**イイカエ**ただけだから**チェック**問題❶はすぐわかりますね。するとその「肯定の気持」を説明した、チェック問題❷の解答部分も見つかるはずですが、この部分は「肯定の気持」を本文の内容に基《もと》づき**イイカエ**た箇所《かしょ》です。

この「肯定の気持」が生じた理由を佐々木さんは「科学的」（ℓ18）に説明したのですが、太田さんは「強い感情（＝肯定の気持）に襲われたことへの照れ」から、そうした説明をしたのではないか、と思います。そしてこの佐々木さんの「肯定感情」を、太田さん自身が手術をした後に、「なんでもないこと」（ℓ20）に「感動」したことと結びつけています。「この『肯定感』」（ℓ22）という表現は、太田さんが病気体験で味わった感動であり、それは「肯定感情」（ℓ19）と重なるものです。そして本文最後でその太田さんの「肯定感」を、筆者は「意味や価値」に関係なく「『生存ということ自体』の新鮮な驚き」（ℓ22〜）だと語っています。

この「肯定感」も「肯定の感情」の**イイカエ**、つまりイコールの表現だとわかりますね。すると次のようなつながりが、本文から浮かび上がってきます。

a　「感動」＝「肯定の感情」

b　＝「肯定の気持」

c　＝人間がいろいろ思い悩みながら生きていることが、「愛しく」なり、「抱きしめたいような気持」

d　＝「肯定感」

e　＝**「生存ということ自体」の新鮮な驚き**

この文章には、こうした**イイカエ**つながりがあるのです。

イイカエを見抜くことができれば、繰り返されている筆者の言いたいことがわかる

この本文の**イイカエ**関係から、繰り返されている筆者の言いたいことは、〈感動とは、生きているということ、ただそれ自体に驚き、愛しさを感じ世界を肯定することだ〉ということがわかります。

同じようなことが言われている箇所には、チェックマークなどを付けていくようにするのもいいでしょう。

そしてこうした関係を辿《たど》れば、設問の字数条件にマッチする**正解箇所がe「『生存ということ自体』の新鮮な驚き」**「17字」だとわかります。解答部分の前にある「ただ」は副詞で、副詞は用言にかかるので、今の場合は「〜なのだ」という文末にかかります。だから文法的にはないほうがよいのですが（次の太字の囲み部分を見てください）、「ただ」を解答に含めても字数条件内ですし、日本語としておかしいとは言い切れないので、「ただ」を含んだ解答もOKです。**c**の「『愛しく』なり、『抱きしめたいような気持』」という部分だけを抜き出した人もいるかもしれませんが、これでは〈何が〉愛しいのかわからないので、内容として中途半端です。

抜き出し問題の解答は、内容としても、文法的にも、まとまっていないといけない

本当はこうして**本文を大きく捉《とら》えるということのほうが、本文全体を見ることを身につける点で大事**なのですが、少し難しいので、最初は細かい語と語とのつながりから扱いました。もちろん**大きく、細かく、という両方ができるようにならないと、現代文が読めるようにはなりません**。ですが、**地固め編⑧**以降で扱う、本文の流れ・構造を大きく捉えることがとくに大切だということはしっかり頭のなかに入れておいてくださいね。

もういっちょ 語句

● ℓ6 **もどかしい**…物事がうまく進まず、はがゆく、イライラするさま。

● ℓ7 **明澄《めいちょう》**…曇《くも》りなく澄《す》んでいること。

ここでの学習
今回はイイカエの変形バージョンである〈例とまとめ〉について学びます。

次の文章を読んで、後の問いに答えなさい。

特定のモノや商品がもつ意味は社会的に構成されているという点も強調しておくべきであろう。すなわち、欲望が欲望として成立するためには、その価値が人びとに承認されていることが必要である。美術品や骨董品《こっとうひん》の値段を「鑑定」するテレビ番組を見ているとわかるように、値段が高いということはそれだけ人びとによって価値を認められているということでもある。それまであまり大事に思われなかったモノが、じつは高価だといわれた瞬間に貴重に思えてきたり、あまりよいと思わなかった芸術作品等が、たとえば海外で高く評価されていると聞いたとたんに輝いて見えたりするのはそのためである。欲望は他者に伝播《でんぱ》したり、模倣《もほう》されていくような何ものかであり、ある種の□性をまとっている。

たとえば、出かけるときに洋服を選ぶ際にはどんなことに気をつかうだろうか。服装や髪形にどの程度気をつかうかは個人差が大きいけれども、これは他者による称賛を求める行為にほかならない。一人で部屋のなかにいるときは気にならなくても、友人や家族といるときには相手にどう思われているのか気になるはずである。服装にはもともと人に見せるもの、という側面があり、体を保護するとか体温を保つといった機能を果《はた》せばそれでよいものではない。私たちが何を望むか、何を欲望するか、といった問題は、まわりの他者にどのように思われているか、どう思われたいか、という問題と切り離して考えるわけにはいかないのである。

（伊《い》藤《とう》賢《けん》一《いち》「ほしいものは何ですか？」より）

問　［　　］に入れるのに最も適当な語を次の中から一つ選び、解答欄（**問 解答▼**）に記しなさい。

固有	社会	時代	人間	機能

問を解くためのチェック問題＆ヒント

チェック　本文の最後の段落の具体例の部分を（　）でくくり、〈まとめ〉の部分に ―― をつけなさい。

ヒント　最終段落の〈まとめ〉の部分は、空欄を含む部分とどのような関係にあるか、を考えよう。

問 解答▼

解法・解答

チェック 解答

例　（たとえば、～よいものではない。）

まとめ　私たちが何を～いかない（のである。）

問 解答

社会

例は自分の考えを補強するために示すものです。これは引用でも同じです。ただ引用の場合には、引用した内容に反論を加えるために引用するときもあるので、そこは例と違います。

ですが、例も引用もなぜそれを示しているかという説明が、例や引用の前後に書かれていることが多いです。そして突然ですがラーメンは「めん類」ですね。そばやうどんなど、他にも「めん類」はあるので、ラーメンは「めん類」のひとつの例です。

例のことを具体例とも言いますが、〈具体〉には、p.18の もういっちょ にも書いたように、〈わかりやすい・目に見える形をもつもの〉という意味があります。〈目に見える形をもつ〉という意味は、「体」という字が「形」という意味であることから生じました。そして形あるものは目に見えるものですが、たとえば同じペットボトルでもよく見るとどこかしら違いますね。こっちはちょっと凹《へこ》んでいるとかキズがあるとか。つまり形あるものにはふたつと同じものがない。だから「具体」という語では〈目に見える形をもつもの〉という意味から、〈ひとつきりのもの〉という意味も生まれます。ラーメンがめん類の具体例だと言えるのは、ラーメンが「めん類」のなかの〈ひとつ〉だからです。そして「めん類」という言葉は、ラーメンやうどんやそばを〈まとめ〉た言葉です。〈具体〉の反対語の〈抽象〉はやはりp.18の もういっちょ に〈わかりづらい〉という意味が書いてありますが、「抽」という字の意味は〈ぬき出すこと〉です。いろいろな物事のなかから、同じ性質をぬき出すと、同じようなものでまとまりますね。つまり「抽象」は〈まとめること〉と同じです。だから〈**例とまとめ**〉は〈具体と抽象〉と言い換えることもできます。

そして話をもどすと、「ラーメンはめん類だ」と言える。これは「ラーメン」は「めん類」に含まれる、ということを表していますが、もっと大まかに言うと、「ラーメン」=「めん類」ということになります。つまり「ラーメン=例」と「めん類=まとめ」はイコールだということです。

これを文章に当てはめれば、例の部分とその前後にある〈まとめ〉は内容としてイコールになる。ということは**地固め編⑧**で学んだ「**イイカエ**」と同じイコール関係を示す、ということです。この講のタイトルの下に〈**例とまとめ**〉が「**イイカエ**の変形」だと書いてあるのは、こういう意味なのです。つまりイコールになる部分が、〈**例とまとめ**〉という関係になっているというタイプの〈**イイカエ**〉なのです。

そうしたことを踏まえ、ではまずチェック問題に関わる最後の段落を見てみましょう。例の始まりは、「たとえば」という例示（=例を示すこと）の接続語があるので、**段落冒頭から**だ、とわかりますね（「出かけるときに」からでもOK）。ではどこまでが例？例はひとつのものを取り上げることが多い。ここでは「洋服（服装）」が取り上げられた例です。だから「洋服（服装）」の話が終わるところが例の終わり。それは「体温を保つ」という「洋服（服装）」の働き（=機能）を書いている、**ℓ12まで**、です。

では〈まとめ〉は？〈まとめ〉は、先の「めん類」の性格を見てもわかるように、いろいろなものをまとめるわけですから、いろいろなものに対応できるように書かれています。すると少し難しい=抽象的な表現になります。例の「洋服（服装）」は「人に見せるもの」（ℓ11）だ、と書かれていますが、それは人に見てもらいたいという「欲望」があるということですね。つまりこの文章では「洋服（服装）」は人間の「欲望」の例なのです。逆に「欲望」という言葉は〈洋服を見せたい〉という気持ちなどをまとめた（=抽象化した）表現です。だから「何を欲望するか、といった問題」（ℓ12〜）を語ろうとして、「洋服（服装）」の例はもち出された。この、「洋服（服装）」=「欲望」という関係を意識して、**最後の一文**

（一文とは、『。』の後から次の『。』までのこと）が〈まとめ〉だと判断し、ここに傍線を引けばよいのです。「洋服（服装）」が例で、「何を欲望するか、といった問題」が〈まとめ〉の中心だとしっかり理解して傍線を引いてくださいよ。

そして筆者は、その「何を欲望するか、といった問題」は「まわりの他者にどのように思われているか、どう思われたいか、という問題と切り離して考えるわけにはいかない」と最終段落の最後で書いています。

実はこのことは、ひとつ目の段落の冒頭に書かれていることと同じなのです。「意味」という語は、わかりづらかったら「価値」と置き換えてみてください。「社会」とは自分と他人とで作られる場ですから、「社会的」は、〈他人と関係するさま〉というぐらいの意味。するとひとつ目の段落冒頭の一文は〈モノや商品の価値は他人との関係のなかで作られていく、ということを強調したい〉という内容になります。それを筆者は「すなわち」という〈言い換え〉の接続語を用いて、「欲望が欲望として成立するためには、その価値が人びとに承認されていることが必要である」と言っています。この〈人びと〉は最後の段落の末尾の一文にあった「まわりの他者」と同じです。すると、ひとつ目の段落冒頭のふたつの文と、最後の段落の末尾の文は〈**欲望は他人との関係と深く結びついている**〉という内容だから、同じことを言っている**イイカエ**の関係になります。このことが読めていたらスゴイ！　自分ではあまりいいと思わなかったのに、「海外で高く評価されていると聞いたとたん」(ℓ6)、そのモノが光り輝いて見えてほしくなったりする。人間の「欲望」はそんなふうに、他人から電気みたいに伝わってくる（＝「伝播《でんぱ》」する）し、他人がもっているとほしくなったりする。それは他人の欲望をまねる（＝「模倣《もほう》」する）ということですね。そうした内容と並列されているのが［　］ですから、［　］には、直前の内容＝a〈**他人との関係で成り立つ**〉「欲望」の「性」質が入るのです。空欄直後の「まとっている」の主語が「欲望」だということはきちんと意識してくださいね。「社会」は先に説明したように〈他人との関係〉という意味がある。だから**正解は「社会」**です。

「固有（＝そのものだけがもつこと）」だと、個人的なもののような意味になるので、「社会」と逆。「欲望」が他人との関係で決まるということが「時代」に関係ある、とは本文に書かれていません。それに今必要なのは「欲望」が〈**他人と関係する**〉という**a**を示すこと。「時代」では、そうした意味を表せません。

「欲望」が「人間」に関係あるのは当然なのですが、今はその人間の「欲望」が〈**他人と関係する**〉ということを言わないといけない。「人間」ではその意味が示せないのでダメです。「機能」は〈働き〉という意味です。これも**a**の内容を表せません。

そして「社会」を入れると、欲望は社会性をもつ＝〈他人と関係する〉のだという空欄を含む文と、「洋服（服装）」は人（＝他人）に見せるもの（人に見せたいもの）だ、という最終段落の例は、〈他人と関係がある欲望〉＝〈人（他人）に見せる・人に見せたい〉という内容でつながっていますから、

> 欲望は［社会］性をもつ＝〈まとめ〉
> ＝
> 最後の段落の「洋服」＝例

という関係が成り立ちます。そして**チェック**問題で確認したように、最後の段落末尾の文が、「洋服（服装）」の例と、やはり**〈例とまとめ〉**の関係になっていましたから、

> ・ひとつ目の段落の［　］を含む文＝〈まとめ〉
> ＝
> ・最後の段落の冒頭部の「洋服」＝例
> ＝
> ・最後の段落の末尾の一文＝〈まとめ〉

という関係が成り立ちます。例をはさんで両サイドに〈まとめ〉があるというサンドイッチ型の**〈例とまとめ〉**の構造です。いつも〈まとめ〉が二回あるわけではありませんが、とにかく

例が出てきたら、その両サイドに〈まとめ〉を探すこと

もういっちょ 語句

- **社会**…自己と他人で作られる集団。
- ℓ1 **社会的**…他者と関係するさま。
- ℓ7 **伝播**《でんぱ》…伝わって広まること。
- ℓ7 **模倣**《もほう》…まねること。
- **固有**…そのものだけがもっていること。もとからもっていること。
- **機能**…働き。

ここでの学習
今回は、問題文によく出てくる対比について学びます。

次の文章を読んで、後の問いに答えなさい。

イスラエルではイエスの足跡を追うような形で旅をしたが、行けども行けども砂漠、砂漠の連続で、しだいに気分が落ちつかなくなった。地上に頼るべきものが何一つ存在しない、そんな実感が胸に迫《せま》ってきた。『聖書』を目で読んでいるときの印象とはまるで違うのである。

ヨルダン川沿いに聖都エルサレムに向かっているときだった。天上のはるか彼方に唯一の価値あるものを求めざるをえなかった砂漠の民の思いが、突然、脳裡《のうり》にひらめいた。地上の砂漠から隔絶《かくぜつ》した彼方《かなた》に、唯一の神の存在を信ずるよりほかなかった砂漠の民の悲願である。それを信ずることなしには一日たりとも生きてはいけない、という切実な認識である。「信ずる宗教」が、こうして誕生することになったと思わないわけにはいかなかったのである。

イスラエルの旅を終え、飛行機が日本列島に近づいたとき、私は目を洗われるような気分になった。眼下に緑なす森林が続き、大海に流れ入る河川と鬱蒼《うっそう》たる樹木に覆われた光景がどこまでも展開していたからだ。

思わず、山の幸《さち》、海の幸の数々が眼前に浮かぶ。清冽《せいれつ》な川の流れがきこえ、四季折々《おりおり》の草花が匂い立つ。万葉歌人たちの感覚が蘇《よみがえ》り、かつての山中修行者たちの胸の鼓動《こどう》までがきこえてくる。この地上こそ、生きとし生ける者たちの安らぎの場所、何も天上の彼方に唯一の価値あるものを追い求める必要はない。森林や山野に神々の気配が満ち、仏たちの声がこだましている。「感ずる宗教」が、こうしてこの日本列島に育《はぐく》まれるようになったのではないか。

（山折哲雄《やまおりてつお》『悪と日本人』より）

問 傍線部と対照的な（＝正反対の）地上の様子を説明している箇所を、本文中から十六字以上二十字以内で抜き出し、解答欄（問 解答▼）に記しなさい。

問を解くためのチェック問題&ヒント

チェック 傍線部に描かれた「地上」の自然から、日本に何が育ったと筆者は述べていますか。それを表した五字の語句を本文中から抜き出しなさい。ただし句読点・カッコは含みません。

ヒント 上段の チェック 問題の解答と正反対の語句を本文に探し、その語句に示されたものが生まれてきた、「地上」の様子を書いた部分を探してみよう。

問 解答▼

チェック 解答
感ずる宗教

問 解答
地上に頼るべきものが何一つ存在しない　［18字］

　ここまでの**地固め編**では、〈**つなぐ**〉ということを強調してきましたが、今回の〈**対比**〉は〈**分ける**〉ことです。**筆者は強調したいこと（a）があると、本文にaと正反対の、あるいは違いの目立つbを示して、aとの違いを際《きわ》立《だ》たせようとします**。白い色を引き立たせるためには、黒を横に置けばいい。それと同じで、**a**を印象づけるために**b**を置く、これが〈**対比**〉という文章の構造＝仕組みを生み出します。
　でも**a**と**b**はただ違うだけとはかぎりません。「今日はそばにしようかな、うどんにしようかな？」と、そばとうどんは違うものとして〈**対比**〉できますが、「今日はうどんを食べようかな、靴にしようかな？」は、かなりヘンです。〈対比〉の「比」はもちろん比べるという意味ですが、比べられるもの同士には、うどんとそばのように、（〈食べ物〉という）共通点がなければなりません。そうした共通点が〈**対比**〉されるものにはある、ということも意識して、〈**対比**〉を考えていってください。
　そしてたとえば**a**が日本、**b**が西欧という形で〈対比〉が進み、**a**→**b**と話が続いたのに、また日本（**a**）の話になる、という流れもよくあります。すると今度は最初の**a**と後の**a**をつないで、日本の話を理解しないといけませんね。
　つまり〈**対比**〉は分けるだけでなく、やはり〈**つなぐ**〉という作業を求められることも多いのです。だからこれからは、**〈つなぐ〉と〈分ける〉の二本立て**で、文章の流れを追っていってください。〈**つなぐ**〉が終わったわけではありませんよ。少しつなぎかたが複雑になるということです。
　では問題に行きましょう。
　筆者はイスラエルに行きました。イエス・キリストが辿《たど》った道を追うように砂漠を旅しました。でもどこまで行っても砂漠、そのうち「地上に頼るべきものが何一つ存在しない」という実感が胸に迫《せま》ってきます。これはかつてのイスラエルの民《たみ》も同じだったのかもしれません。そして聖都エルサレムに向かっているとき、筆者はこうした砂漠に取り囲まれた、やせた自然のなかで、地上から「隔絶した（＝へだたった）」はるか彼方（＝天）に唯一の価値あるもの（＝神）を求めるしかなった「砂漠の民」（ℓ5）が「宗教」を生み出したのだと考えるのです。何かを信じなければ一日も生きていけない、だからとにかく神がいることを信じる——こうして「『信ずる宗教』」（ℓ7）が誕生したと考えたのです。
　これに対し、日本に帰る飛行機のなかから見えた日本列島は、緑の森林、大海に流れ入る河川がどこまでも広がっている。そこには「山の幸、海の幸」が自然から与えられ、四季折々の草花の匂いが人間の感覚を揺さぶる世界がある。万葉集の時代の感覚さえ蘇《よみがえ》ってくるような気がする。すべての生命が安らぐことのできるこの豊かな自然に恵まれた地上、そこではイスラエルのように「唯一の価値あるもの（＝神）」を天上に求める必要はない。地上の自然のなかに神々の気配が満ち、それをただ感じればよい。そうして育まれてきたのが、日本の「『感ずる宗教』」だと言うのです。

イスラエルと日本の、「地上」のありさまの違い、「宗教」の違い、が述べられているのがわかりますね。これが〈**対比**〉です。これらをまとめると次のようになります。

イスラエル		日本
＊地上に頼るべきものが何一つ存在しない ↓ ＊天上の神を信ずる宗教が誕生した	⇔	＊地上の自然は生命の安らぎの場所（＝傍線部）であり、神々の気配が満ちた場所だ ↓ ＊感ずる宗教が育まれた

するとまず傍線部の「地上」のありかたをもとに、何が「育った」かと問うている**チェック**問題の解答は右の図の最後の「**感ずる宗教**」になります。

そして傍線部と対照的な（＝正反対の）内容とはどのようなことですか？　傍線部が日本の「地上」の豊かさを述べているのですから、それと〈正反対〉になるのは、設問文にもあるように、イスラエルの「地上」のありかたです。先にも書いたように、やはり〈**対比**〉されるものには、〈共通点〉があることが多い、ということも意識してください。そこでイスラエルの「地上」の様子を探っていくと、「**地上に頼るべきものが何一つ存在しない**」（ℓ2）という箇所が見つかります。解答箇所は傍線部の「地上」という表現を含んでいますね。**地固め編⑤**に、**同じ表現・類似した表現のあるところはつなぐ**と書きましたが、

> **傍線部問題（抜き出し問題）・空欄補充問題でも、傍線部や空欄前後の語句や表現と同じような語句・表現があるところはつないで、ヒントや解答を探る**

だから解法としては、イスラエルについて書いているところに、「地上」という語句のある箇所を探す、というのもアリです。字数条件が「十六字以上」となっているのは「地上に」を取ってしまうとダメだよ、というサインですが、字数条件だけではなく、傍線部との対応ということから言っても、「地上に」はあったほうがよいです（次の太字の囲み部分を見てください）。

また「行けども行けども砂漠、砂漠の連続」も解答候補になります。ですが、傍線部は日本全体の様子をまとめて説明している部分です。だからそれと「対照的」になる箇所も、イスラエルの

「地上」の様子をまとめて説明している部分のほうが適切です。「行けども行けども砂漠、砂漠の連続」の「砂漠」も「地上」ですが、はっきり「地上」という語が示されている正解箇所のほうが、傍線部と対応しています。**「～とはどういうことか」と問う選択肢の設問などでは、傍線部と内容が一致しているだけではなく、表現も傍線部の表現を直訳したようになっているものがよい**ですが、

抜き出し問題でも、解答が傍線部の内容・表現と合致しているかを確認すること

が大事です。

第2段落は、天上に神を求めるイスラエルの民たちの様子を描いた段落で、ここに「地上」のことは書かれていません。

〈対比〉の構造になりがちな文章としては、「近代」という時代を扱った文章などがあります（これらは実践編で扱います）。

対比はよく出てくるので、しっかり〈分ける〉、ということを意識しよう

あまりいろいろな記号や線を本文に付けるのは勧《すす》めませんが、〈対比〉の区切りになるところに印（たとえば斜線など）を付けるぐらいはしてもよいと思います。

もういっちょ 語句

- ℓ5 **脳裡《のうり》**…頭のなか。
- ℓ9 **目を洗われる**…はっとする。急に何かに気づく。
- ℓ10 **鬱蒼《うっそう》**…樹木が生《お》いしげったさま。
- ℓ12 **清冽《せいれつ》**…水がきれいに澄《す》み冷たいさま。

地固め編 11 文章の大きなつながりを学ぶ ④因果関係

ここでの学習

今回は、つかむのが難しい因果関係というつながりについて学びます。

次の文章を読んで、後の問いに答えなさい。

西洋人には、わかりきったことなのであるが、文化文化とウワ言を言っている日本人には気がつかないことがあります。それは文化とは、単なる観念ではないということだ、むしろそれは物である、人間の精神の努力を印《しる》した「物」だということです。文化活動というのは、より見事な林檎《りんご》を栽培することだ。人間の精神が自然に対して、自然でなくても歴史でもよいのですが、ともかく人間の精神がある現実のはっきりした対象に対決したときに、精神がその対象を材料として何か新しい価値ある形を創《つく》り出《だ》した場合でなければ文化という言葉は意味をなさないのです。文化とは精神による価値ある実物の生産である。だからたとえば私がこうしてお話していることなぞは文化活動とはけっして言えませぬ。なぜかというと、私はこうしてしゃべっていて、何も現実的な形を生産してはおらぬからです。私は文学者であるから、文章によっては、文化生産をしているつもりである、しようと努めている。文学者の文章というものは、林檎と同じことです。いや、いい文章は林檎よりはるかに長持ちする現実の形でありま す。しかしおしゃべりの方は駄目《だめ》だ。私はこうして自分の精神を消費しているだけだ。私はジャーナリズムに屈服《くっぷく》したのであります。

（小林秀雄《こばやしひでお》「文化について」より）

問　傍線部「私がこうしてお話していることなぞは文化活動とはけっして言えませぬ」とあるが、筆者がこのように言うのはなぜか。その理由として最も適当なものを次のうちから選び、解答欄（問解答▼）に記号を記しなさい。

ア　筆者が話していることはただ精神を消費しているだけであり、精神的に努力した結果として何か価値のある実物を生産しているわけではないから。

イ　筆者が話していることは新しい価値をもっているものではあるが、その場で思いついたことで暇《ひま》と忍耐と熟慮《じゅくりょ》をかけて生産したものではないから。

ウ　筆者が話していることはジャーナリズムにおける聞き手の要求にこたえて考えたものであり、自分の精神の求めに応じて形作ったものではないから。

エ　筆者が話していることはたとえ後で記録されたとしても一時的にしか残らないものであり、後世に長く残すことを目的としているものではないから。

問解答▼

問を解くための チェック問題&ヒント

チェック　傍線部の「文化活動」とはどのようなことですか。それを説明した次の空欄に当てはまる語句を本文中から十字以上十五字以内で抜き出して書きなさい（ただし句読点等は含みません）。

□□□□□□□□□□□□□□□を行うこと。

ヒント　〈上段のチェック問題の解答の内容と、自分の話は関係がないから、自分の話は「文化活動」ではない、と筆者は言っている〉と考えて、問の選択肢を見てみよう。

解法・解答

チェック 解答

精神による価値ある実物の生産　［14字］

問 解答

ア

〈理由〉＝原因とそこから生じる結果との関係を因果関係と言います。こうした関係を含んだ文章では、〈結果や判断〉に傍線を引き、その理由や原因を問う理由説明問題が作られることが多いのです。そのことを踏まえて、まずは本文を見ていきましょう。

この文章が「文化」とは何か、というテーマを語っていることはわかりますね。だって**「文化（活動）とは～」、といった定義の形の文がℓ2、ℓ3、チェック 問題の解答部分が含まれる傍線部直前の文など、何度も登場して、**「文化」がどういうものかを繰り返し**イイカエ**ているからです。**繰り返しイイカエていることは、筆者が強調したい大事なこと**でしたね。

付け加えておくと、西洋人にはわかるが、日本人には「文化」の意味がわからない、と筆者が本文冒頭で言っているのは、英語で「文化」は「カルチュア」＝〈栽培〉という意味だと西洋人はわかっているから、「文化」は「林檎《りんご》」のように「物」＝〈目に見える形をした物〉なのだ、とわかるけど、そうした語源がわからない日本人には「文化」がぼやんとした言葉としてしか受け取られない、ということだと考えられます。筆者が「文化」を「林檎」に喩《たと》えているのも、「カルチュア」＝〈物の栽培〉＝「林檎」というイメージのつながりがあるからでしょう。

そのことを踏まえて、本文の**イイカエ**関係を整理すると、次のようになります。

> 文化（活動）
> ・観念（＝頭のなかにある考えやイメージ）ではない
> ＝
> ・物
> ＝
> ・見事な林檎（の栽培）（ℓ3）
> ＝
> ・精神による価値ある実物の生産（ℓ6）

チェック 問題は、この図表の**イイカエ**関係に着目し、字数条件や空欄に合う形を考えると、「**精神による価値ある実物の生産**」［14字］が解答になります。これは「文化」のことですが、解答欄の「行う」が「活動」と対応し、全体で「文化活動」の説明になります。

さて文化は形をもった「物」でなければならない。「文化活動」とは「文化」を創ることですが、それは人間の精神が、自然などの「はっきりした対象」（ℓ5）と対決し、そこで「何か新しい価値ある形を創り出」（ℓ5）さなければ、「文化活動」ではないし、「文化」もそこにはない、と筆者は言っているのです。
そして傍線部では〈自分が話をしていることは「文化活動」ではない〉と言っています。これが**解法・解答**の最初に書いた〈結果・判断〉にあたる傍線部です。ではその〈理由〉は何か？ 傍線部の後には「何も現実的な形を生産してはおらぬ」と書かれています。「現実的な形を生産」することは「実物の生産」＝「文化」と同じです。すると筆者の**「話」は「何も現実的な形を生産してはおらぬ」から「文化」ではない（a）**、というのが、傍線部の〈理由〉です。「おしゃべり」は「自分の精神を消費しているだけ」（ℓ11）で、何も「生産」していないから「文化」にならず「駄目」（ℓ11）だ、と言っているのです。付け加えれば「消費」は「生産」の反対語です。筆者がここで「消費」という言葉を使ったのは、〈「文化」＝「生産」〉と〈「話」＝「消費」〉という**対比**を示したかったのだとも言えるでしょう。

すると**正解はア**です。きちんと**a**の内容や今述べたことを含んでいますね。傍線部の直後に「なぜかというと」と理由を説明していく部分があるので、そこに着目すれば、難しい設問ではなかったと思います。
他の選択肢について見ていきましょう。
イ…筆者の「話」が「新しい価値をもっている」とは本文に書かれていません。後半もナシ（＝本文に書かれていません）。
ウ…本文末尾に「ジャーナリズムに屈服した」とは書かれていますが、「ジャーナリズムにおける聞き手の要求にこたえて考えた」とは書かれていません。それに**a**がないことが致命傷です。
エ…「後世に長く残」ることが「文化」の定義ではないので、傍線部の理由にはなりません。もちろん**a**もナシ。

もういっちょ 語句・文学史

●ℓ2 **観念**《かんねん》…頭のなかにある考えやイメージ。
●ℓ11 **ジャーナリズム**…新聞・放送などを通じて、人びとに情報を提供すること。または新聞・放送自体のこと。

●ℓ12 **屈服**《くっぷく》…相手の力に負けて、相手に従うこと。
●**小林秀雄**《こばやしひでお》…日本を代表する文芸評論家。作品に『様々なる意匠《いしょう》』『無常といふ事』『本居宣長《もとおりのりなが》』などがある（一九〇二～一九八三）。

ところで〈理由〉とは何のことでしょう？　説明しようとすると意外と難しいですね。簡単に言うと、

〈理由〉とは、〈ある結果やできごとが起きたことや、あるものの性質について私たちを納得させてくれるもの〉

だから〈理由〉は〈結果・判断〉とのつながりをもっています。つながりをもっていないものは〈理由〉にはなりません。

先にも書いたように設問では、〈結果・判断〉に傍線が引かれます。たとえば「傍線部『3は奇数だ』とあるが、そう言えるのはなぜか？」と聞かれたらどう答えますか？　これには「3は2で割り切れないから」と答えれば理由を答えたことになりますね。そして〈2で割り切れない〉というのは「奇数」の定義でもあります。

ここでしたことは、「3」という**主語の性質を考える**ということなのですが、それが「3は奇数だ」という傍線部の〈結果・判断〉を示す述語にちゃんとつながっています。つまり、

〈「3」の特徴＝〈2で割り切れない＝理由〉→「奇数だ」〉

というふうに、〈2で割り切れない〉という、主語である「3」の性質と、述語である「奇数」とのつながりを示し、みんなに納得してもらえるということが〈理由〉を示すことなのです。

今回の問題でも「文化活動」と言えない〈理由〉は、傍線部の「文化活動」の中身を考えることで見つかりました。この傍線部では、〈私が話していること〉と〈文化活動〉とのふたつが、主語と言えます。その中身を考えていくことで理由が見つかったのです。つまり、

〈理由〉は、基本的には〈結果・判断〉を示す傍線部の、主語の中身を考えていくと見つかる

ということです。この「主語」というのは、傍線部のなかで文法的に見て主語だと言えるものだけではなく、傍線部の内容を変えずに主語になれるものも含みます。たとえば〈AはBを愛した〉と〈BはAに愛された〉は同じ内容と言えるので、AだけでなくBも主語になれる。だからBの性質を考えることで〈理由〉を見つけることもあるということです。そして、

〈理由〉は必ず〈結果・判断〉とつながりをもっている

それは〈理由〉が傍線部（＝結果・判断）とつながりをもつということですから、

★理由説明問題（選択肢型）の正解の基準…
「〜から」（＝理由）→傍線部（の述語）、という
つながりが明確なものを選ぶ

ということになります。

また**理由説明問題では、「根底にある」「背景には」「所以《ゆえん》（＝物事の根拠）」「契機（＝きっかけ）」「〜から生み出される」「〜も一因である」など、〈理由〉を表す可能性がある、本文の語句や表現にも注意**しましょう。

因果関係の文章とそうした文章で出題される理由説明問題は難しいので、もう少し**因果関係**の話をします。

因果関係の文章の典型的なパターンは、ある社会のできごとなどを本文冒頭で取り上げて、「これはどうしておこったのだろうか」などと疑問形で問題を投げかけ（これを**問題提起**と言います）、その答えを筆者が示そうとする文章です。そして設問は筆者が取り上げているできごとが書かれているところに傍線を引き、「どうしてこうしたことが起こったと筆者は考えているか」という理由（原因）説明問題が作られることが多いのです。

また、こうした文章は、筆者が理由・原因をあれこれ考えて書くので、長くなることが多いです。

たとえば次の問題を解いてみてください。

問 傍線部「我々の常識と、イスラム世界における常識との相違」について、これは何によって生じたと筆者は考えているか。それを最も適切に説明している語句を二十字以内で本文から抜き出し、解答欄（**問 解答**▼）に記しなさい。

我々の常識と、イスラム世界における常識との相違で、非常に大きいものの一つが、結婚に対する考え方である。まず、イスラム聖法は宗派によって相当に異なり、結婚の手続きを規定した部分も例外ではないのだが、ともかく「結婚に際しては商取引と同じく契約が必要である」、という点では一致している。まず、ここが結婚というものをあくまでも情緒の世界でとらえている我々の常識と衝突するであろう。

そして、イスラム世界における正式の結婚儀式は、婚約式の次に契約式、その次がいよいよ結婚式という三段階に分けて行われるのだが、問題は二番目の契約式の内容である。この契約式という儀式では、宗教関係者の立ち会いのもとに、もし離婚するとしたら、いくら慰謝料を払うか、財産分与をどうするかが話し合われ、その合意内容を書類として取りかわすのである！

これは我々だけでなく、欧米人にも理解しがたい風習であろう。キリスト教徒の場合でも、唯一絶対神の前に、永遠の愛を誓って結婚するのが、宗派を問わない原則である。我々の場合でも、どんな宗教で結婚式をやるにせよ、事実上、「世間」に向かって夫婦関係の永続を誓わねばならない。いくら今どきの軽佻《けいちょう》浮薄《ふはく》な男女でも、離婚する場合のことを話し合い、それを公証人に書類化してもらってから結婚するケースは皆無に近いだろう。（中略）

しかし、ペルシア人が反アラブ意識から成立させたシーア派イスラムの宗教法でも、離婚時の条件を定めてから結婚するように決められている。また、宗教法が法律としての機能を無効にされている唯一のイスラム教国トルコでも、今なお離婚の場合を話し合ってからの結婚が少なくない。したがって、この風習の発生には、アラブ民族気質の影響もあろうが、やはり、唯一絶対神と人間の関係が重要な背景になっていると見るべきである。

すなわち、イスラム教の重要な教義である、世の中のすべてのことは神の意志の表れであり、そういう「宿命」に人間は逆らえない、というところが問題の背景なのだ。つまり、未来のことを知っているのは神だけだから、人間が未来のことを断言したり確信したら不敬になってしまう。だから、イスラム教徒は約束であれ計画であれ、未来のことを言う時は、インシァラー（もし神が許したもうならば）という言葉を付け加えるのだ。

したがって、ある男女の結婚生活がうまくいくかどうかは、神のみが決めることであり、その二人の努力とは原則として関係がない。だから、「永遠に愛し合います！」などという誓いそのものが、人間として大変な思い上がりになってしまうのである。そして、いつ神の意志で別れることになるか分からない以上、その時のことを相談しておいて不思議はない。いや、むしろ結婚に対する絶対必要条件であろう。これまた、我々の「常識」では理解できない、イスラム教徒の「常識」の一つである。

そして、この常識の相違を生んだのは、神が中心の社会と人間が中心の社会との相違である。イスラム教徒の精神構造を分析していくと必ず神にぶつかるし、我々の精神構造を分析していくと必ず「人間」にぶつかる。

（大島直政《おおしまなおまさ》『イスラムからの発想』より）

問 解答▼

解法・解答

どうですか？　正解は最後の段落の「神が中心の社会と人間が中心の社会との相違」［20字］、です。**地固め編⑩**でも言ったように、**抜き出し問題では、傍線部やその前後にある語句と同じような表現のあるところと傍線部をつなぐ**、というのが原則でした。だから解答直前の「常識の相違を生んだのは」という表現に着目するべきですね。また解答直前には、先に理由説明問題では注意すべきだと書いた「生み出される」に近い「生んだ」という表現もありますから、目をつけたいところです。設問文に「生じた」と書いてあるのもここを見てほしかったからでしょう。

でも、問題提起に対する筆者の答えや理由が、この問題のように本文の最後に書かれていたりすると、探すのが大変で、なかなか文章のつながりが読み取れない、ということが起こります。**問題提起に対する答えを見失わないために、問題提起の箇所にチェックを入れて（チェックマークを付けたり傍線を引く）、〈これに対する筆者の答えは？〉という意識を強くもって、筆者の答えを探していく読みかたをするとよい**でしょう。

とにかくこうした文章は、本文冒頭と本文最後を結びつけなければならないので、集中して読まないと理解できない、という文章になりがちです。そういう意味からも**因果関係**という構造は手《て》強《ごわ》いです。逆に言えば、**因果関係**を本文に見つけられるようになれば、文章読解の力がバージョンアップしたと言えるのです。しっかりチャレンジしてください。

さて**地固め編⑧〜⑪**で、みんなは**イイカエ・例とまとめ・対比・因果関係**という4つの大きな文章のつながり・構造を見てきました。こうしたつながり・構造を見抜くことが、より明確に筆者の言おうとすることをつかむことにつながるのでしたね。

ただ小林秀雄の文章が**因果関係**と同時に、**イイカエ**関係を含んでいたように、実は**地固め編⑨**の〈**例とまとめ**〉あたりから複数の構造がひとつの文章のなかに入り込んでいたことに気づきましたか？　文章が複雑になればなるほど、4つの構造がたくさん入ってくることになります。そうしたときに、もつれた糸を解きほぐすように、一本ずつの糸＝つながり・構造を明確な形で捕《つか》まえてください。これからはいよいよ実践編に入りますが、**地固め編**で身につけた次の「4本柱」を忘れずに、どの問題にも同じようなやりかたで立ち向かい、「4本柱」をより太いものにして、**地固めしたみんなの土地**に、地震にも負けない、強い〈現代文〉というマイホームを建ててください。

●読解の4本柱●
- **文章のおおまかなテーマを読み取る**
- **指示語・接続語などの細かいつながりに注意**
- **イイカエ・例とまとめ・対比・因果関係という4つの大きな文章の仕組みを探る**
- **語彙力《ごいりょく》（単語力）をつける**

実践編

さあ、ここから実際の入試問題を解いていきます。
最初に、次のページに書いてあることを頭に入れて、
問題に立ち向かってください。

問題を解くうえで守ってほしいこと

本文の読みかたについて

① 基本的には、最初から最後まで、設問を解かずに読み通し、段落冒頭の接続語・指示語や段落間の共通語句をチェックし、話題のつながりを意識して**大まかなテーマをつかむ**。

② その際、**イイカエ関係・具体例とまとめ・対比・因果関係（問題提起とそれに対する筆者の結論）**などを意識する。

③ 次の内容に**チェックマーク**を付けるか、**傍線**（――）を引くこと。

・**具体例をまとめた部分**
　＊「このように（して）〜」など

・**定義の部分**
　＊「○○とは〜である」など

・**強い表現・主張（英語のｍｕｓｔみたいな）をあらわす部分**
　＊「〜ねばならない」「〜しなければならない」など

・**筆者の意見をあらわす部分**
　＊「最も大事なことは〜」
　「〜こそ必要（重要）である」など

・**疑問文の形をした強調表現＝筆者の意見をあらわす部分**
　＊打ち消しを伴う「〜ではない（だろう）か」
　「〜ではあるまいか」など

注意！ 傍線は引きすぎないように。自分が大事だと思う箇所に傍線を引くのではなくて、筆者が大事だということを形で示している、上段で紹介したような箇所にだけ傍線を引く。

設問解法について

・時間は気にしないで、一生懸命考える。

・一度解いたあと（二、三日後でもよい）、徹底的に自分の解答を、他人の立場に立って見て、なぜこう答えたか他人に説明できるように、解答の根拠をチェックする（選択肢のダメなところに傍線を付ける、正解にp.3 ℓ4と○（＝一致する）、とメモを書くなど）。

・答えを書き換えた場合は、色ペンで修正。書き換えがなくなって一回目で正解できるようになれば実力がついた証拠。それを確認するために、もとの答えは残しておくこと。

二段階の学習をすること・客観的な根拠をもって答えること

・**趣旨判定＝内容合致問題**（本文の内容に合致するものを選ぶ問題）は、本文に書いてあるかないかを吟味する消去法で解く。

・**内容合致問題以外の選択肢問題**は自分でヒントや正解の要素をつかみ、それを含んでいる選択肢はどれか、という積極的な方法で選ぶ。手がかりがつかめない場合は消去法に即転換。ただし単に本文に書いてあるから、という理由で○にするのではなく、**傍線部の内容・表現や設問とよりよく対応しているものを選ぶ。**

具体的な手順

①設問をチラ見して、読みかたの方向性を決めてくれる設問があるかないかを確認する。

・傍線部のない設問・「本文の論旨に即して（を踏まえて）」という設問→本文全体の論理を視野に入れる。

・グループ分け・仲間あるいは仲間でない語句を選ぶ設問・違いを説明せよという設問→対比を意識する。

・脱落文挿入・正誤訂正（内容的に誤っている語句を探す問題）などの問題

→設問を頭の中に入れておいて読みに入る。

・漢字問題・接続語補充問題

→余裕ができてきたら初読のときに解いてもよい。

②全体を一読したあと、設問ごとに設問と関係する箇所をチェック。

・**解法の手がかりを得るために、傍線部・空欄前後の接続語と指示語を意識する。**

・**傍線部・空欄部の近くや遠くにある、同じ内容の部分をつなぐことも大事。**

復習

①解説を読んで自分の解答を確認し、考えかたや根拠が正しかったか、どういう考えかたをすべきだったか、などを確認する。本文下段の **復習** を行う。

②文章の流れ（大きなつながり）をもう一度意識し、自分の言葉で細部をかみ砕きながら読む。

③声に出して誰かに説明するかのように、それぞれの設問の解きかたをもう一度確認する。

④本文の流れを図示するのもよい。

⑤読解の方法や守るべきルールを確認して、すぐに次の問題に進む→復習したことを次の問題につなげる。

数学と同じで、同じ公式を違う問題で使えることがポイント。
だから違う文章でも同じルールでやれることが大事！

※本文の下段についている **ヒント** は読解中に、**チェック問題** は本文を読んだ後か、復習のときに行ってください。

※なおこのページは評論・エッセイに関してのことで、小説については**実践編**⑪の解説（別冊）でお話しします。

実践編①　社会

『希望のつくり方』

玄田有史《げんだゆうじ》

目標点 32／50点

目標時間 20分

解答・解説 別冊 2ページ

さあ最初の問題です。「希望」という、みんなが持ちたいものは、どうやったら手に入るのか、考えてみましょう。また図表やグラフの問題は共通テストにも出題されます。

◆次の文章は、「希望」について研究している筆者が、アンケート結果などに基づいて書いたものである。これを読んで、後の問いに答えなさい。

希望学のアンケートでは、ご自身の性格についても自己判断していただきました。すると、自分の性格を「独立心が強い」「チャレンジ精神がある」「好奇心が強い」と思っている人ほど、希望を持っていると回答する傾向は強くなっていました。いずれも現状に満足することなく、未来に対して積極的な志向を持つタイプです。そんな前向きな人たちが希望を持ちやすいというのは、よく理解できる結果です。

加えて、「無駄な努力はしたくないか」という質問をしました。すると、「そう思う」「まあそう思う」と答えた人々が、回答者のうち、四四・一％を占めていました。無回答を除いた残りの五四・三％は、無駄になるかもしれない努力をすることを必ずしも否定しないと回答しました。

①この二つにわかれる「無駄」についての考え方こそ、実現見通しのある希望を持っているかどうかに、深くかかわっていたのです。アンケートからは、無駄な努

読解のヒント＆チェック問題

力の否定派では、実現見通しのある希望を有する割合は五九・七％にとどまりました。それに対して、無駄な努力の許容派では六六・七％と、より多くが実現見通しのある希望を持っていたのです。[a]ゲンミツに、年齢、学歴、収入、健康といった希望を左右する別の要因の影響を除いた推計もしました。すると、そこでも、努力が無駄になることを否定しない人の方が、実現見通しのある希望を持つという傾向は、はっきりあらわれたのです。

　希望は実現できずに、失望で終わることが多いものです。②実現しそうにない希望を持つことなど無駄なことだと考える人にとっては、そんな希望のために行動する人自体、愚かしくみえるでしょう。さらには、無駄への寛容が希望につながるという結果はおかしい、まちがっていると考える人もいるかもしれません。希望をかなえるには、むしろ無駄なく計画や[b]センリャクを立てて、わき目もふらず、一直線の最短距離で、目標の実現に向かって進むべきなのだ、と。

　しかし希望は、実現することも大切だけれど、それ以上に探し、出会うことにこそ、意味があります。

　希望とは何かを真剣に考えれば考えるほど、すぐには答えのみつからないものです。希望とは探し続けるものであり、[c]模索のプロセスそのものです。そしてみつけたはずの希望も、多くは失望に変わり、また新しい希望を求めた旅が始まるのです。

　だとすれば、希望にはどうすれば出会うことができるのでしょうか。

ヒント ℓ22 寛容《かんよう》…心が広いこと。

ヒント ℓ29 模索…手探りで探すこと。

チェック問題
波線部「プロセス」を漢字二字の言葉に言い換えなさい（辞書を引いてもかまいません）。

[1] 最短時間で最短距離を進んでいけば、当初から意図していた計画が早々に実現する確率は高くなるでしょう。しかし、そこでは新しい出会いは起こりにくいものです。[2] 時間をかけて寄り道をするなかでこそ、出会いは生まれます。無駄に対して否定的になりすぎると、希望との思いがけない出会いもなくなっていくのです。

希望に対する無駄の重要性を発見するのには、政治思想史の専門家である宇野重《うのしげ》規《き》さんの発言もヒントになりました。宇野さんは二〇〇七年五月に行われた希望学のセミナーのなかで、希望は「あえて迂回《うかい》し、距離を取ること」によって出会えるもの、と述べました。

つまずいたり、じっと待ってみたり、ときにはあえて遅れてみる。それらの行為は消極的でまどろっこしい行為とみなされがちです。しかし、時代や社会に流されることなく、自分自身もまだ気づいていない「何か」と出会うためには、そんな無駄にみえるものにあえて d挑む ことが、むしろ積極的な行為となるのです。（宇野二〇〇九）

宇野さんはセミナーのなかで、哲学者である鷲田清一《わしだきよかず》さんの『「待つ」ということ』（二〇〇六年）という書物を紹介しました。その本の冒頭には、こんな印象的な二行があります。

③待たなくてよい社会になった。
待つことができない社会になった。

ヒント 問四…[1]の一行後の「しかし」に注意。

ヒント ℓ40 迂回…遠回りすること。

復習 本文を要約した次の文章の空欄A～Fに当てはまる言葉（Aは漢字かな交じり三字、B～Eは漢字二字、Fは漢字かな交じり二字）を、本文から抜き出し、解答欄に書きなさい。

要約文 自分の性格が[A]だと思っている人たちが希望を持ちやすいというアンケート結果は理解しやすいでしょう。ですが、それに加えて、「無駄な努力はしたくないか」という質問に対して、してもよいと答えた人たちの方が[B]する見通しのある希望を持っていたのです。もちろん希望は実現できず、[C]に終わることが多いですが、希望は実現することだけでなく、それを探し、出会うことに[D]があります。つまり希望とは[E]する道のりそのものなのです。とすれば、希望との思いがけない出会い

待たなくてよい社会は、便利で効率的な社会です。しかし待つことができない社会では、イライラばかりが募《つの》り、何かを想像して出会いを待つという余裕も失われます。かつてケータイ電話がなかった時代のデートでは、約束の時間もとっくに過ぎて「待ちぼうけ」をくうことも、山ほどありました。でも、ずっと信じて待ち続けていたことで、実った恋愛もあったのです。

寄り道をすることを許されず、じっと待つことすらできなくなった社会。そんな社会からは、希望との出会いも失われてゆきます。

は、意識的に道を迂回すること、つまり無駄の許容や「F」ことにこそあるのです。それらが不可能になった社会からは希望との出会いも失われていくでしょう。

A

B

C

D

E

F

問一 傍線部a・bのカタカナの部分をそれぞれ漢字で、c・dの漢字の読みをそれぞれひらがなで、書きなさい。（2点×4）

a

b

c

d　む

問二 傍線部①に「この二つにわかれる『無駄』についての考え方」とあるが、このことに関して文章中のアンケート結果を、〈グラフ〉にまとめ、〈説明〉することにした。[　]にあてはまる適当な言葉を、[A]・[B]には二字、[C]には十字で、それぞれ文章中から抜き出して答えなさい。（4点×3）

ただし、ア・イについては、答えなくてよい。

〈グラフ〉

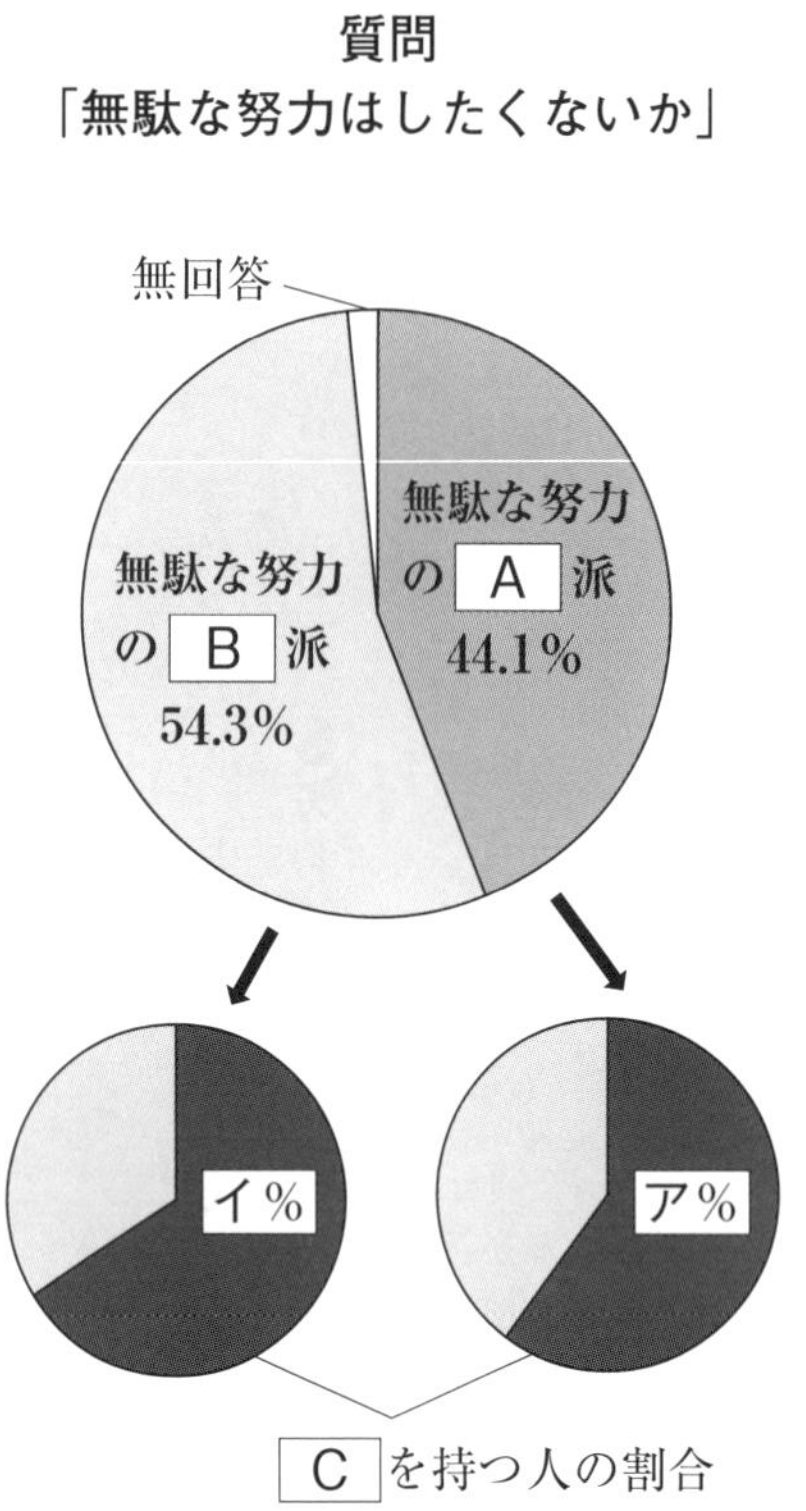

〈説明〉

「無駄な努力の[A]派」のうちのア%が、「無駄な努力の[B]派」のうちのイ%が、[C]を持つ。

つまり[C]を持ちやすいのは、[B]派である。

A

B

C

問三 傍線部②に「実現しそうにない希望を持つことなど無駄なことだ」とあるが、筆者はこの考え方に否定的である。それは筆者が希望についてどのように考えているからか。それを述べた一文を本文から、四十五字以上、五十字以内で抜き出し、その

最初と最後の五字を記しなさい。ただし句読点等も含む。（6点）

〜

問四 文章中の 1 ・ 2 に入れる言葉の組み合わせとして最も適当なものを、次のア〜エの中から一つ選びなさい。（4点）

ア〔1＝もしも　2＝しかし〕　イ〔1＝なぜなら　2＝つまり〕

ウ〔1＝たしかに　2＝むしろ〕　エ〔1＝やがて　2＝したがって〕

問五 筆者は、傍線部③で「待たなくてよい社会になった。待つことができない社会になった。」と引用しているが、現代社会をどのような社会と考えているのか。「希望」という語を用いて四十字以上、五十字以内で答えなさい。（12点）

40

問六 この文章の論の展開を説明したものとして最も適当なものを、次のア〜エの中から一つ選び、記号で答えなさい。（8点）

ア　アンケートの結果をもとに自らの主張を示したうえで、他の学者の考え方も用いて自分の考えを補強している。

イ　アンケートの結果をもとに仮説を立て、他の学者の考え方と対比しながら自分の仮説を検証している。

ウ　アンケートの結果をもとに結論を示し、自分の考え方と他の学者の考え方との共通点と相違点を述べている。

エ　アンケートの結果をもとに自分の考え方と他の学者の考え方との違いを明らかにし、自らの意見を強めている。

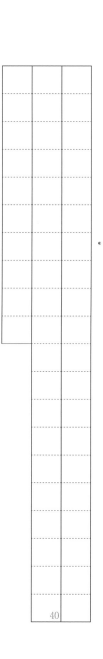

実践編② 文化

『アンドロイドは人間になれるか』

石黒《いしぐろ》 浩《ひろし》

目標点 30／50点

目標時間 25分

解答・解説 別冊 8ページ

技術が進歩するなか、アンドロイドは人間になれるのか!?

◆次の文章を読んで、後の問いに答えなさい。

①ロボットを作る側にとっては、演劇で学ぶことは非常に大きい。認知科学や心理学をいくら勉強しても、人とかかわるロボットが日常のどういった場面、どういった状況、どういった目的において、どう目を動かせばいいのか、どう立ち位置を取ればいいのかは、わからない。状況に応じて人間らしく振る舞う方法は、aセンモンショにも正確に記録されたり、記述されているわけではない。認知科学や心理学、脳科学で行われている「人間らしさ」の研究は、実験室の中で行われ、日常生活のさまざまな条件や環境を一切排除した、bトウセイされた実験のなかで調べられている。それゆえに、日常生活のよく起こりうる場面においてどうアンドロイドをふるまわせると、より人間らしくなるのかに応用するのは、むずかしい。ロボット工学者が実用的なロボットを作るのにほしい知識は、実のところ非常に少ない。

しかしながらロボットを演劇に使ってもらうことで、日常生活の現実的な場面でどう動けばより人間っぽくなるのか、その知識がふんだんに得られることになる。

演劇は映画と違って銀幕のなかではなく、目の前の空間で起こるものである。②演劇は、現実と架空の世界の狭間《はざま》にあるのだ。そこで十分な経験を積ませること

読解のヒント＆チェック問題

ヒント ℓ1 認知科学《にんちかがく》…人間が知的能力によって、どのように世界を認識し、知るのかを探る学問。

ヒント ℓ13 銀幕《ぎんまく》…映画を映すスクリーン。あるいは映画、映画界のこと。

は、ロボットが一般的な社会に出るための準備として、重要なのである。

「③人生は演劇の積み重ねだ」とも言われる。人間はcヨウショウの頃からさまざまな場面でたくさんの人と関わりながら、場面場面で振る舞い方を勉強し、記憶していく。田舎で生まれれば田舎のクセ、田舎の文化が織り込まれていく。都会で生活すれば、都会の文化になじんでいく。われわれは、シーンごとにふさわしいしゃべり方を覚え、いわば小さな演劇をいくつも学ぶことで成長し、他人に失礼なことをせず適切に振る舞えるようになっていく。それが「人は成長する」ということなのであれば、アンドロイド演劇を経験しているアンドロイドも、人間と同じように経験の積み重ねを始めていると考えることもできる。どういった場面で、どういうしゃべりかたをするか――これらのデータを集めていけば、ロボットはより自然に人間と話をすることができるようになる。そうして自然な話ができれば、人はそのロボットに心を感じることになるだろう。

……（中略）……

この演劇に出てくるロボットは、能面のように無表情である。しかし、観た者はロボットが複雑な表情をしているように感じる。もちろんこのロボットはプログラムに合わせ、dキャクホンに合わせ、役者と会話しているかのように見せているだけだ。だが、とても感動的なのである。④この中途半端で人間らしくない身体、人間らしくない表情が、そうであるがゆえに、よけいに人間らしく感じられるのだ。

人は想像によって相手を補って関係する。観客は無表情なアンドロイドの発する声から、彼の心を想像する。すると、本当に泣いたり笑ったりしているように見えてくるのだ。アンドロイドの顔の物理的な特徴はなにひとつ変わっていないにもかかわらず、そう思えるのは、受け手の想像力が勝手に「人間っぽさ」を補完しているからである。アンドロイド演劇は人間の「心とは何か」ということをeシサしている。

演技をするロボットのなかに、心のメカニズムがあるのではない。心とは、他者との関係性のなかで「感じられる」ものだ。心は、見る者の想像のなかにある。見る側の想像をどれだけ豊かにするかが、ロボットに心があると思わせるかどうかを決めるのだ。それが、これからのロボットがひととかかわれるかどうかを左右する。

心に実体はない。実体がないのに「あるように見える」のは、複雑さを感じさせるからである。ロボットにしろ人間にしろ、ある程度以上に機構が複雑になると、なぜそれが動いているのか、いかにしてこんな動きをしているのかがわからなくなる。だから、そこに何かがある、と思いたくなるだけなのだ。

……（中略）……

心がある、と想像できる存在であるために重要な点は、もうひとつある。その存在が、自分の外部にあるものを知覚する感覚器（耳、目、鼻、皮膚など）を持っているかどうか、である。感覚器を一切持たない存在が心を持てるかといえば、持てないだろう。なぜなら感覚器がなければ、相手を観察する方法がないからだ。ここでいう「観察」とは、視覚によるものとは限らない。視覚のない人は、心を持たないか。そんなことはない。人間は視覚以外も含めたさまざまな感覚器を通じて他者を観察し、かかわりながら、相手に複雑なものがあることを認識している。その結

チェック問題

波線部「メカニズム」を日本語に言い換えた場合、同じ意味になる語（漢字二字）を、波線のある段落の次の段落から抜き出しなさい。

復習

本文を要約した次の文章の空欄A～E（Dは二か所あるが、同じ語が入る）に当てはまる言葉（すべて漢字二字）を本文中から抜き出し、解答欄に書きなさい。

要約文

ロボットを演劇で使用することで、［A］生活の場面でどう動けば［B］らしくなるかという知識が得られる。心は［C］との関係性のなかにおける［D］の産物であり、ロボットの振る舞いが見る者の［D］力をかきたてるものであれば、「心」があるように見える

果、感じるものが「心」なのだ。相手を観察するすべがない存在にとっては、自分一人の世界しかこの世にはありえない。そんな存在は心を持たない――そもそも心がどういうものなのかを感じることができないだろう。僕たちは暗黙のうちに、互いにそのことを察している。ゆえに、外部の情報を認識するための感覚器を備えているかどうかも、そのロボットに「心がある」と人々が感じるためには、ひとつ重要な点となる。

のである。さらには外部の［E］を認識するための感覚器を備えているかどうかも、そのロボットに「心がある」と人々が感じるために重要な点となる。

A［　］　B［　］　C［　］
D［　］　E［　］

問一 傍線部a～eのカタカナを漢字に直しなさい。（2点×5）

a［　］　b［　］　c［　］　d［　］　e［　］

問二 傍線部①「ロボットを作る側にとっては、演劇で学ぶことは非常に大きい」とあるが、筆者がそう述べるのはどうしてか。その理由を述べた次の文の空欄に入る内容を、第一段落の言葉を用いて、四十字以内で記しなさい。（10点）

演劇に参加することによって、［　］が得られるから。

問三 傍線部②「演劇は、現実と架空の世界の狭間《はざま》にある」とあるが、これを具体的に説明した文として最も適当なものを、次のア〜オの中から一つ選びなさい。（8点）

ア　演劇は細かな台本に沿って行われる一方、架空の設定が用いられる。
イ　演劇は現実の人間によって行われる一方、実在しないはずのアンドロイドも出ている。
ウ　演劇はシーンによってふさわしいしゃべり方をする一方、そのシーンは強調されている。
エ　演劇は実際に観客の目の前で行われる一方、内容は架空の設定や場面でもある。
オ　演劇は現実のアンドロイドが登場する一方、実際の世界においてアンドロイドはいまだ架空の存在である。

□

問四 傍線部③「人生は演劇の積み重ねだ」とあるが、筆者は人生のどういう点が「演劇の積み重ね」だと考えているか。その説明として最も適当なものを、次のア〜エの中から一つ選びなさい。（7点）

ア　小さな経験を積み重ねることによって、細かな仕草《しぐさ》をできるようになり、結果として人に感動を覚えさせるようになる点。
イ　様々な経験を積み重ね、場面に応じた応答を覚えていくことによって、様々な場面でも適切に振る舞えるようになる点。
ウ　架空の世界にあるロボットが演劇において細かな動きを積み重ねることによって、徐々に現実世界のことを認識できるようになる点。
エ　目の前の空間で起こる現実への対処を積み重ねることによって、認知科学や心理学、脳科学などの知見に沿った知識をひとつひとつ習得できるようになる点。

□

問五 傍線部④「この中途半端で人間らしくない身体、人間らしくない表情が、そうであるがゆえに、よけいに人間らしく感じられるのだ」とあるが、このとき観客の側に起こっていることを具体的に説明したものとして最も適当なものを、次のア～オの中から一つ選びなさい。（7点）

ア　アンドロイドが人間らしい身体や表情をしていることによって、本物の役者との間で行われる演技が上手に見えている。
イ　アンドロイドが精巧に作られていることによって、身体や表情を含めて人間と見間違えるようになっている。
ウ　アンドロイドがぎこちなく動くことによって、アンドロイドに同情し、応援したくなっている。
エ　アンドロイドの表情が人間と微妙に異なることによって、様々な種類の俳優に見えるようになっている。
オ　アンドロイドの表情が変わらず動きがぎこちないことによって、心に関する想像の余地が増している。

□

問六 筆者は人が心を感じるのはどのようなロボットだと考えているか。最も適当なものを、次のア～エの中から一つ選びなさい。（8点）（ヒント 後半ふたつのブロックのまとめをする問題）

ア　プログラムをもとに決まった動きをし、周囲からの刺激にかかわらず無表情なままでいるロボット。
イ　仕組みが分からないと感じる動きと、周辺の様子や音などを受け取る装置が見られるロボット。
ウ　内発性や意志を極限までなくし、見たものの想像力をかき立てるように動くロボット。
エ　多くの人が普通の人間と見間違えるぐらい目や鼻などといった器官が精巧に作り込まれたロボット。

□

実践編③ 近代

『〈私〉時代のデモクラシー』

宇野《うの》重規《しげき》

「近代」という時代に関する文章は入試で頻出。「近代」が多くの問題を抱えており、現代が近代の延長上にあるからです。何が「近代」の問題なのかを探りましょう。

目標点 28／50点

目標時間 20分

解答・解説 別冊14ページ

◆次の文章を読んで、後の問いに答えなさい。

「近代」の目標の一つは、これまで人々を縛りつけてきた伝統の拘束や人間関係から、個人を解放することでした。過去から続いてきた慣習や［ a ］関係は、しばしば個人の自由を束縛《そくばく》し、服従を要求してきます。これに対し、「近代」は、個人の自由を重視し、個人の選択を根本原則として、社会の仕組みやルールをつくりかえようとしました。

一例をあげれば、［ b ］な社会において、「家」の存続こそが、そこに属するメンバーにとっての至上命題でした。これに対し、「近代化」の結果、そのような意味での「家」は解体し、当事者の合意に基づく婚姻《こんいん》によって生み出される「近代家族」がとってかわりました。夫婦とその子供のみから成る、いわゆる「核家族」化も進みました。その意味では、与えられた人間関係を、自分で選んだ関係に置きかえていく過程こそが、「近代化」であったといえます。

そして、いまや「ソーシャル・スキル」の時代です。人間関係は、一人ひとりの個人が「A スキル（　　）」によってつくりだし、維持していかなければならない

読解のヒント&チェック問題

ヒント ℓ7 至上《しじょう》…最も大事なこと。

ヒント ℓ7 命題《めいだい》…ここでは課題・テーマ、という意味。

チェック問題①

波線部A「スキル」の直後の□に入る、「スキル」を言い換えた漢字二字の

とされます。「社会関係資本（ソーシャル・キャピタル）」といういい方もなされるようになりました。今日、人と人とのつながりは、個人にとっての財産であり、資本なのです。逆にいえば、［C］に関係をつくらない限り、人は孤独に陥《おちい》らざるをえません。ここには、「伝統的な人間関係の束縛からいかに個人を解放するか」という、近代のはじめの命題は、見る影もありません。時代は変わったのです。

①「近代」のもう一つの目標は、宗教からの解放でした。伝統的な社会においては、つねに「B聖なるもの」の感覚がありました。人間を超えた「聖なるもの」は、人々の畏《おそ》れるべき対象であると同時に、人々にあるべき姿、進むべき道を示してくれるものでもありました。「近代化」は、この「聖なるもの」の感覚に支えられた宗教から人々を解放し、個人の意志を新たな価値の源泉にしました。人々が選択にあたって指針とするのは、もはや人間を超えたものではありません。人々自身のうちに、あらゆる価値の源が見いだせるというのが、「近代」のスローガンでした。

「聖なるもの」が一つひとつ失われていったのが、「近代」という時代です。ある意味で、〈私《わたし》〉がこのように強調される現代とは、そのような「近代」の行き着いた時代なのかもしれません。なぜなら、あらゆる「聖なるもの」が見失われてしまった現代において、価値とされるものは、もはや〈私〉しかないからです。

現代の社会理論家の代表的な一人であるジーグムント・バウマンは、次のようにいいます。近代においても、最初のころには歴史において実現されるべき目標の理念がありました。「公正で平和な社会」などというのが、それです。このような時代においては、そのような社会の理想を実現するための「革命」という言葉には、

言葉を書きなさい（辞書を引いてもかまいません）。

［　　］

チェック問題②

波線部B「聖なるもの」をイイカエた語句を、左の解答欄に合うように同じ段落から八字（「もの」を含む）で抜き出しなさい。

［　　　　　　もの］

ヒント ℓ24 指針《ししん》…ものごとを進める方向、手引き。

ヒント ℓ31 理念《りねん》…ものごとがどうあるべきかということに関する考え。

独特の魅力がありました。しかしながら、現代の社会理論で強調されるのは、むしろ「個人の差異」や「個人の選択」です。もはや社会的な理想は力をもたず、もっぱら一人ひとりの〈私〉の選択こそが強調されるのが、いまの時代だというのです。つまり、②近代という時代も一つの折り返し点に達したということなのでしょう。バウマンは、私たちの生きる近代は、同じ近代でも、〈個人〉や〈私〉中心の近代だといいます。

いまや、社会関係は、目の前にとうぜんに存在し、人々を拘束《こうそく》するものというより、一人ひとりの〈私〉が自覚的につくっていかなければならないものです。人々がものごとを決めるにあたって、［ d ］な価値基準やモデルとすべき人やものはなくなり、すべてを〈私〉が決めなければなりません。

結果として、現代では「個人」や「平等」といった場合でも、昔とは違った意味合いが強くなっています。「個人」は、それを抑圧するものに対し、高らかに掲《かか》げる理念というより、もはやそれしかない、唯一の価値基準という様相が強くなっています。その分、一人ひとりの〈私〉とは何か、そのアイデンティティが問題とされるようになりました。「平等」もまた、すべての人をただ等しく扱うのではなく、一人ひとりの〈私〉を認め、一人ひとりの〈私〉が特別な存在であること、いわば「オンリーワン」であることを承認することにほかなりません。いまや、人は自分が他人と同じように扱われるだけでは納得できません。自分が他人と同程度には特別な存在として扱われることを求めるのです。

③現代において個人主義は〈私〉の個人主義ですし、平等は〈私〉の平等です。

ヒント ℓ47 アイデンティティ…いつも同じ自分（＝自己同一性）・確かな自分・自分らしさ。

チェック問題③

波線部C「パラドクス（パラドックス）」（ℓ58）の意味を辞書で調べなさい。

1 ［　　　　］

2 相反する事柄が同時に存在すること。

復習

本文を要約した次の文章の空欄A～Eに当てはまる言葉（すべて漢字二字）を本文中から抜き出し、解答欄に書きなさい。

要約文

近代は個人の［ A ］や選択を重視し、束縛のない社会をつくろうとした。そしてその結果、［ B ］も人間関係も自分の選択によって形成されることになった。そうした近代は［ C ］からも人間

価値の唯一の源泉であり、あらゆる社会関係の唯一の起点である〈私〉抜きに、社会を論じることはできなくなっています。そのような〈私〉は、一人ひとりが強い自意識を持ち、自分の固有性にこだわります。しかしながら、そのような一人ひとりの自意識は、社会全体として見ると、どことなく似通っており、誰《だれ》一人特別な存在はいません。④このようなｃパラドクスこそが、〈私〉時代を特徴づけるのです。一人ひとりの個人の〈私〉に着目することなしには、社会の動きを理解することができませんが、さりとてその場合の〈私〉とは、特別なヒーローやヒロインではなく、ごくありふれた存在に過ぎません。そのようなありふれた一人ひとりの個人の〈私〉のなかに、社会の激しい変化が見て取れるのが、〈私〉時代なのです。

を解放し、個人の意志にこそ［ D ］を見いだした。こうして社会のあり方を改変することから、個人のみが強調される時代になったのだが、そのような状況において、〈私〉は［ E ］性を求めつつも皆類似性をもち、そうした平凡な〈私〉のなかに社会の激しい変化が見て取れるという時代が到来している。

A ［　　］　B ［　　］　C ［　　］

D ［　　］　E ［　　］

問一 本文の空欄a〜dに入れるのに、最も適当な語句を次のなかから選び記しなさい。ただし同じものを二度用いてはいけません。（4点×4）

自覚的　伝統的　絶対的　相対的　社会的

a	b	c	d

問二 傍線部①「『近代』のもう一つの目標は、宗教からの解放でした」とあるが、では「近代」の「一つ」目の「目標」とはどういうことか。それを述べた部分を、本文から三十字以上三十五字以内（句読点等を含む）で抜き出し、最初と最後の五字を記しなさい。（6点）

〜

問三 傍線部②「近代という時代も一つの折り返し点に達したということなのでしょう」とあるが、この「折り返し点」の前の段階と後の段階の違いを説明したものとして、最も適当なものを次のうちから選びなさい。（8点）

ア　近代という時代は、「個人の自由」や「社会の理想」を実現させたが、のちには〈私〉中心の価値を脱却し「公正で平和な社会」を実現しようとする時代へと移行してきた。

イ　近代という時代は、伝統や「家」や人間関係によって個人が守られることにより安定していたが、のちにはなによりも〈私〉がすべての価値の源泉である時代へと移行してきた。

ウ　近代という時代は、伝統的な社会形態であった「家」という単位から「近代家族」「核家族」へと変化を遂げてきたが、のちには「聖なるもの」からの解放を重視する時代へと移行してきた。

エ　近代という時代は、古い慣習や家族のありかたなどから人々を自由にし公正な社会を目指したが、のちには個人の選択を重視する〈私〉中心の時代へと移行してきた。

問四 傍線部③「現代において個人主義は〈私〉の個人主義ですし、平等は〈私〉の平等です」とあるが、どういうことか。次の文の空欄に入る内容を、三十五字以内で記しなさい。（10点）

現代では、個人主義は個人を唯一の価値基準として成立し、平等も［　　］ということ。

問五 傍線部④「このようなパラドクスこそが、〈私〉時代を特徴づけるのです」とあるが、「このようなパラドクス」について次のように説明するものとする。［1］［2］に入る適当な言葉を、本文から抜き出しなさい。ただし、1は二十字以内、2は十字以内とすること。（5点×2）

現代では、人は［1］るが、その一人ひとりは実は［2］でしかないということ。

1

2

実践編④ 文学

『ことばの処方箋《しょほうせん》』 高田《たかだ》 宏《ひろし》

目標点 29／50点
目標時間 20分
解答・解説 別冊 20ページ

今回の文章は、「文芸の文章」＝文学とは何かを論じ、それを実用の文章と対比して述べています。その対比の構造を意識しましょう。

◆次の文章を読んで、後の問いに答えなさい。

文章を書くということは、一つの冒険である。どこへ行きつくかは分からない。地図も案内者もなく、お手本もなく、自分ひとりで知らないところへ分け入ってゆく。おそろしいことである。とともに、自由である。安全圏にいたときに自分を[a]シバっていた多くのものから解き放たれている。①書くということは、そのおそろしい自由を内にはらんでいる行為であろう。道具として使用する言葉は社会共有のものであり、言葉を使う上での約束事はある。日本語には日本語の約束ごとがあって、日本語を英語の構文で書くわけにはいかない。まして、書いた本人にしか通じない文字をつくりだすわけにはいかない。しかし、言葉というのは不思議なものである。社会共有のものであると同時に個人のものであるという、ヌエのようなものなのだ。書かれたものは、暗号でないかぎり、その言葉を共有する社会のだれにでも（文字を読める人には）伝えられうる。誤読もふくめて、とにかく[b]諒解されるようになっている。だが、同時に、書くという行為は社会の共通の約束ごとから自分を切りはなすことでもある。四六時中、社会とのつながりのなかで生きていない

読解のヒント＆チェック問題

ヒント ℓ9 ヌエ…得体の知れない人物・ものごとの喩《たと》え。ここでは曖昧《あいまい》なものごと、という意味。

と不安な人にとっては、それは淋《さび》しく、恐ろしいことだろう。

知らないうちに私たちをシバっているものの一つに、事実への盲信というものがある。□は美徳と思わされすぎているのだろうか、なにはともあれ文章には〝嘘《うそ》〟があってはならないと思っている人が多い。小説の〝嘘〟には平気でも、小説以外の文章では、書かれていることが事実であるかどうかにこだわるのである。自分が書くときにも〝嘘〟をおそれてしまう。

事実とは何だろうか。（中略）

事実はゆらぐ。事実というのは確固不動のものではなく、たった一つの事実もさまざまに乱反射する。そのことを無視して、事実であればありがたがるというのは、よほどおめでたいと言うしかない。（中略）

ひとりの人間を調べ出したら、事実はいくらでも出てくる。それが事実だからといって書き並べていったら、無意味で退屈な文字の山ができるだけである。②どれだけ事実を積み上げても、そこには人間は生きてこない。資料として集積するだけのことなら、それでもいいだろうが、それは文章作品ではない。

私たち自身の、たった一日を考えてみてもいい。朝何時何分に目がさめて、そのとき窓の外に見た空はどういう空で、何時何分に朝食をとり、そのcコンダテは何と何、どれがどういう食器に盛られて、食事時間は何分間で、という具合に事実を記録していったらきりがないだろう。一人の人間の一日だけでも、詳細な事実を誌《しる》そうと思ったら、本の一冊や二冊にはすぐなってしまう。それに何の意味があるだろうか。そのうえ、その事実の一つ一つは何ともたよりないものなのである。

ヒント ℓ15 盲信《もうしん》…わけもわからず信じこむこと。

チェック問題

□に入る語（漢字二字）は、空欄を含む文にある語と正反対のイメージをもつ語です。それを考えて書きなさい（「事実」は正解ではありません）。

書く前にあらかじめよく考えるほうがいいのは、③実用の文章である。オムレツの作り方を書くときには、実際にオムレツを作る手順を細部にわたってよく考え、メモをつくり、その上で書くほうがいいにきまっている。それにしたがって、いったん下書きをつくり、それを手直ししてゆくのもいいだろう。書き上がったものを、読む人の身になって、これでほんとうにおいしいオムレツができるかどうか、じゅうぶんに検討する親切さも要《い》るだろう。曖昧な部分はないか、用語は適切か。

実用の文章は、あらかじめよく考えて書き、書いたものはd推敲するのがいいのである。オムレツの作り方にかぎらない。自動車の運転教本でも、会社の上司に提出する営業活動報告でも、市場調査の分析でも、物理実験の報告論文でも、或《あ》る社会の構造を論じるというようなものであっても、また、経済学に関する新しい見方を提出するといった論文であっても、それは変わらない。書く前にすでにあるものを、できるだけ忠実に、正確に、明快に、文章に移しかえるという作業である。設計図があって機械を作るのと同じである。製品は使用目的に最もよく合ったものでなければならない。仕上げも入念でなければならない。予定通りのものができなくてはならない。だから、実用の文章には、そのための文章技術が必要となる。機械製作に技術があるように、である。

文芸の文章は、そうではない。それどころか、実用の文章の技術を持ちこんだら、だめになってしまう。実用の文章も文芸の文章も一見同じ「言葉」を使うものだから、私たちはついついどちらも似たようなものだと思いこんでしまうけれども、ほんとうは似ても似つかないものであり、別の世界のものなのである。実用の文章に

ヒント ℓ40 推敲…書いた文章を手直しすること。

ヒント ℓ69 依存《いぞん》…他のものを頼りにすること。

は技術があるが、文芸の文章には技術はない。実用の文章は予定通りに書かれる。書き手が前もって考えたことが文章という形につくり上げられるだけのことである。そのための技術である。書くということは、ちょっと面倒な〝作業〟にすぎない。上手に書き上げられたら、それでいい。

推敲というのは、しばしば、それを普段の自分に引きもどすことである。言葉の力にうごかされて書いていたときには、世間の常識とか暗黙のルールなどから自由になっていたのに、推敲をするときには④表層の自分のなかにある常識人が頭を持ち上げてくる。ここはこう直すほうがわかりやすいだろうとか、こんなことまで書いてはまずいのじゃないかとか、常識人の配慮がはたらきがちである。とりわけ、文章を書きなれない人の原稿を見ると、推敲によって文章の力が弱められていることが実に多い。（中略）

事実だけでは何ものでもない。想像力が加わったとき、事実が意味を持ってくる。だが事実信仰者は、想像力が介在したとき、その〝嘘〟をおそれ嫌う。小説に対してすら、これは世の中で認められている事実とはちがうといって、eケイカイしてしまうことがある。

事実信仰もまた、⑤素朴な社会依存であろう。事実というものは社会に共有され、誰が見ても同じものである、という安心感の上に座っていたいということであろうか。だが、そこに安住しているかぎり、書くということにはつながらない。書くことには、親の目をぬすんでひとりぼっちで闇夜の冒険に出かけてゆく子供のようなところがある。こわいけれども、わくわくする自由がある。

復習

本文を要約した次の文章の空欄A～Eに当てはまる言葉（Cのみ漢字三字、あとはすべて漢字二字。Bは同じ語が入る）を本文中から抜き出し、解答欄に書きなさい。

要約文

書くという行為は、[A]をその内にはらみ、同時に社会共通の約束事から自分を切りはなすおそろしさも持つ。そして書く際に私たちをしばるものとして[B]への信仰があるが、[B]はゆらぐものであり、たんに[B]を詳細に記録することには意味がない。[B]に[C]が加わるときに、事実は意味を持つのである。そして事実に対する安心感に[D]するかぎり、書くことにはつながらない。書くことには、闇夜の[E]に似た興奮が存在するのである。

A
B
C
D
E

問一 傍線部a〜eのカタカナを漢字に直し、漢字は読みをひらがなで記しなさい。（2点×5）

a		b	c	d	e
	って				

問二 傍線部①「書くということは、そのおそろしい自由を内にはらんでいる行為であろう」とあるが、なぜ「おそろしい」のか。最も適当なものを次の中から選び、記号で答えなさい。（6点）

ア　地図も案内もない世界にひとりで旅に行くのは、無謀な行為だから。

イ　自由であることは、社会の約束ごとから切り離されることでもあるから。

ウ　新しい言葉をつくるためには、大変な苦労があるから。

エ　言葉は個人のものであるという認識を持つべきであるから。

問三 傍線部②「どれだけ事実を積み上げても、そこには人間は生きてこない」とあるが、人間像が浮かんでくるためには、「事実」のほかに何が必要か。最も適当なものを次の中から選び、解答欄に記しなさい。（5点）（ヒント 本文を最後のほうまで見ていこう）

事実の検証	私的な情報	常識	想像力	暗黙のルール

問四 傍線部③「実用の文章」とあるが、「実用の文章」を書くとは、何をどのように書いていく行為か。それを述べている箇所を文中から四十字以上四十五字以内（句読点等も含む）で抜き出し、最初と最後の五字を答えなさい。（5点）

（ヒント 設問文の「行為」という語に注意！）

〜

問五 傍線部④「表層の自分」とは、この文章ではどういうことか。最も適当なものを次の中から選び、記号で答えなさい。（6点）

ア 普段の自由な自分を表現せずに、常識的な評価を気にしている自分のこと。
イ 書くことに嫌気《いやけ》がさして、普段通りの生活を続けている自分のこと。
ウ 自由な自分のありかたは薄まり、社会に合わせて生きている自分のこと。
エ ありのままの自分をさらけだすことをおそれて、うわべだけで人と付き合っている自分のこと。

問六 傍線部⑤「素朴な社会依存」とはどういうことか。最も適当なものを次の中から選び、記号で答えなさい。（6点）

ア 「嘘」はいけないという常識に惑わされて、本当の自分を見つめようとしていないこと。
イ 社会の常識に頼って生きているため、自分から文章を書くことをしようとしないこと。
ウ 社会が共有する価値観のなかに安定をもとめて、自分のなかにある自由への欲求を見て見ぬふりをして生きていること。
エ 社会的に認められていることを疑問なく受け入れて、そうした状態に安住していようとすること。

問七 本文の内容に合致するものを次の中から二つ選び、記号で答えなさい。（6点×2）

ア 事実というものは人によってとらえ方がちがうものなので、小説以外の文章では慎重に扱わなければならない。
イ 実用の文章とちがって文芸の文章は個人のものなので、日本語の約束ごとにとらわれる必要がない。
ウ 実用の文章を書くときは推敲するのもよいが、推敲が文章の魅力を失わせることもある。
エ 文芸の文章も実用の文章と同様に、常識にとらわれない自分独自の技術が必要である。
オ 書くことの面白さは、事実の世界や社会の常識を超えた自由を獲得するところにある。

実践編⑤ メディア

『うわさとは何か』

松田美佐《まつだみさ》

目標点 31／50点
目標時間 20分
解答・解説 別冊28ページ

私たちの生活になくてはならないものになったインターネット。その特徴を知ることは、インターネットに生活を支配されないためにも大事なことです。

◆次の文章を読んで、後の問いに答えなさい。

アメリカの法学者キャス・サンスティーンは、インターネットを中心とした情報通信技術の発達が民主主義の基盤を危うくする可能性について警鐘《けいしょう》を鳴らしている。

民主主義とは単に多数決で物事を決定することではなく、共通の知識や問題関心の上に立って討議することにより合意を生みだしていくことである。そのためには、人びとは時には特別に興味を持っていない話題や視点にも触れる必要があるのだが、インターネット上では自分が興味を持つ情報だけを選別し、接触するフィルタリングの技術が発達してきている。

もちろん、インターネット自体は多くの人にとって視野を広げる機会となり、新しい話題や考えとの出会いを可能とする面も持つ。しかし、それでもインターネットは考えの似た者同士の交流を容易にすることによって、集団分極化へのリスクを高めているというのだ。集団分極化とは［①］を指すのだが、インターネットは同じような考え方の人間を集めやすいため、そのなかでの議論を通じて、人びとはよ

読解のヒント&チェック問題

ヒント ℓ2 警鐘を鳴らす…警告する。

チェック問題
波線部「リスク」を漢字二字の言葉に言い換えなさい（辞書を引いてもかまいません）。

［　　］

り過激な立場をとるようになる。なぜなら、同じような考え方をする人たち同士が気軽に[a]ヒンパンに話し合い、反対意見を聞く機会があまりなくなるためである。

また、その過程には、カスケード（小さな滝、わかれ滝）という現象も関わる。ほとんどの人は重大な事柄について直接的なあるいは確かな情報を持ち合わせていないがゆえに、他人からの情報に頼らざるをえない。よく知らないことであれば、何人がある意見を支持していると聞かされると、支持するようになる。支持者が増えれば、そのことが信頼性を[b]タンポするものとなり、ますます多くの人に受け入れられるようになる。このように情報――正確なものでもよいし、虚偽でもよい――が[c]イッセイに広まっていく過程を、サンスティーンはカスケードとして捉えている（『インターネットは民主主義の敵か』）。

人びとが知らないところで巨大な権力が世界を動かしているといった陰謀論は、このようなインターネット・コミュニケーションの特徴によって流行しているものの一つであろう。陰謀論をもっともらしく思う人にとっては、インターネットでは「事実」に接触でき、同じ「事実」を共有する多くの仲間に出会うことができる。このような状況は日常生活のなかではあまりない。そして、インターネット上の仲間内の議論は、より極端な方向へと展開する。一方、陰謀論を信じない人にとっては、虚偽やうわさ、デマを広める陰謀論のサイトが増殖し、極端になっていくように見える。インターネット上は荒唐《こうとう》無稽《むけい》な話が多いという印象を持つ。

インターネットがうわさの巣窟《そうくつ》とされるのは、単に情報が多いからというわけではなく、また事実関係のあやふやな情報が多いからというわけでもない。それだけ

ヒント ℓ31 荒唐無稽…根拠のないこと。デタラメ。

でなく、むしろ、特定の立場からの「情報」が集まることで増殖するところにある。ただし、サンスティーンが述べる集団分極化やカスケードはインターネット上だけで起こる現象ではない。集団分極化は「リスキーシフト」、あるいはその逆の「コーシャスシフト」として、社会心理学で取り上げられてきたトピックスの一つである。リスキーシフトは一人ひとりの個人より集団による意思決定がより過激なものとなることを指すものであり、たとえば「赤信号みんなで渡れば怖くない」といった言動がこれに当たる。コーシャスシフトはその逆で、集団での意思決定が安全志向になることである。

しかし、集団分極化やカスケードがインターネット上で起こりやすいとするならば、それは②やりとりが保存され、公開されているためであろう。

日常生活のなかでは知り合うことができる人が限られているだけでなく、対面での会話は基本的にその場限りで消えていく。あるテーマについて話をする場合、その場に居合わせる必要がある。

これに対してインターネット上には、多種多様な情報と多種多様な人とコミュニケーションする場が常に開かれている。このため、日常生活では接する機会の少ない意見や立場にも接触でき、自分の都合に合わせて議論に参加することができる。ゆえに時空間を超えて考えが似た者同士が集まりやすく、そのなかで議論が繰り返されることによって、集団分極化が[d]ソクシンされる可能性がある。

また、インターネットでは周囲の状況も見えやすい。正確には、③個人が見たいと望む「周囲の状況」を見ることが可能である。日常生活のなかでは、周囲の人た

ヒント ℓ37 トピックス…話題。

ヒント ℓ67 実証的《じっしょうてき》…証拠や証明を重んじるさま。

ちがあるテーマについてどのような考えを持っているのか、把握することは容易ではない。友達と一対一で、あるいは集団で話をするなかで、周囲の人たちのあいだでどんな情報や考え方が当たり前とされているのか、あるいは、自分が持っている考えは少数派とみなされているかなどの推測はできるのだが、実際に多くの人に考えを聞く機会はなかなかない。

一方、インターネット上では個人が望む立場を支持する情報に数多く接することができる。eケンサクをして、あるいはリンクをたどって特定の立場からの情報に接するうちに、それが多数派であると誤認する。インターネット上の多数の情報のなかで、自分がもっともらしいと思う情報を支持する人を見つけることのほうが、反対派を見つけるよりはるかに容易である。

このように考えるならば、インターネットの公開性は集団分極化やカスケードをソクシンすることで、立場を同じくしない人からは「うわさにみえるもの」を増殖させることとなる。もっとも、サンスティーンの議論には批判も多く、インターネット利用者は選択的に自分の見たい情報だけに接触するのではないという実証的な研究結果もある。インターネット利用がより日常化するなかで、インターネットの持つ技術的な可能性ではなく、人びとが実際にどのように情報に接触するようになるのか引き続き検討が必要であろう。

復習 本文を要約した次の文章の空欄A～Eに当てはまる言葉（A・C・Eは漢字二字、B・Dは漢字三字）を本文中から抜き出し、解答欄に書きなさい。

要約文 インターネット上では、自分が［A］を持つ情報だけを選ぶ技術が発達しており、それゆえ、同じような考え方の人間が集まり極端なものになっていく集団［B］や、［C］でもありうる情報が多くの支持者を集めていくカスケードという事態が生じていく。しかしインターネットはこうした傾向だけを持つのではないという研究もある。このようにインターネットの利用がより［D］するなかで、人びとが実際にどのように情報に［E］するようになるのか引き続き検討が必要である。

A［　　］　B［　　　］
C［　　］　D［　　　］
E［　　］

問一　傍線部a～eのカタカナを漢字に直しなさい。（2点×5）

a	b	c	d	e

問二　空欄①に入れるのに最も適当なものを次の中から選びなさい。（8点）

ア　ある集団がそれと対立する意見との理論闘争のなかで過激になり、極端な立場をとるようになること
イ　集団で議論することにより、メンバーがもともと持っている主張より極端な立場へシフトすること
ウ　さまざまな考え方のなかから自分の考えに最も近いものを探し出し、そこに集まり、閉鎖的になること
エ　インターネットが反対意見を持つ者との対立を鮮明にしたため、議論が攻撃的になりやすくなること
オ　同じような考え方の者が集まるなかで、より過激な意見を持つ者が主導権をとり、支配していくこと

問三　傍線部②「やりとりが保存され、公開されている」とあるが、それはどのような効果をもたらすのか。適当なものを次の中から三つ選びなさい。（3点×3）

ア　距離を超えて多くの人と知り合うことができ、自分の考えを広く世界に向けて述べることができる。
イ　非論理的な意見は徹底的に批判され、取り下げざるをえなくなり、自然に消滅する。
ウ　世の中では少数派である意見も差別されることなく保存され、消されることがない。
エ　厳しい議論が繰り返され、多くの支持を得た意見のみが残ることを許されていく。
オ　議論のために同時に参加する必要がなく、自分の都合に合わせて参加できる。

問四　傍線部③「個人が見たいと望む『周囲の状況』」とあるが、その説明としてもっとも適当なものを次の中から選びなさい。（8点）

（ヒント　インターネットで人は何を見たいのか、を本文から読み取ろう）

ア　多くの情報を比較することで誤った情報は的確に否定され、正しい情報を支持する人が多くいる状況
イ　人びとがインターネットによって視野を広げることができるので、極端な意見は少ない状況
ウ　インターネット上では自分と同じように考える人が多くおり、反対の意見は少なく思える状況
エ　多くの人の知恵が結集されることにより、自分とは反対の意見が見事に打破されている状況
オ　時間と空間の制限を超え、多様な集団が十分に議論し合う場が開かれていて、安心させられる状況

□

問五　次の文ア〜オのうち、本文の趣旨と合致しているものに対してはA、合致していないものに対してはBの符号で答えなさい。（3点×5）

ア　インターネットの発達は、社会的な議論をいたずらに混乱させ、「うわさ」を増幅させているので、「フィルタリング」の技術をより発達させる必要がある。
イ　インターネット上で起こりやすいカスケードとは、自分が情報を持っていない事柄について、支持する人の多い意見に同調することである。
ウ　情報伝達技術の発達によって今後どのような可能性が広がるかということではなく、人と情報の関わりのあり方がさらに研究されねばならない。
エ　インターネットによって起こる議論のあり方は、以前から見られた現象の単なる量的拡大に過ぎない。
オ　インターネットが発達したことによってわかったことの一つは、情報が多すぎると人は自分の意見を見失いがちになるということである。

ア	イ	ウ	エ	オ

実践編⑥ 芸術

『増補　日本美術を見る眼　東と西の出会い』　高階秀爾《たかしなしゅうじ》

目標点 30／50点
目標時間 25分
解答・解説 別冊 32ページ

芸術論は、みんなが苦手とする分野。それはあまりなじみがないからだけど、芸術論でよく使われる言葉をしっかり覚えて、このジャンルにも慣れていきましょう。

◆次の文章を読んで、後の問いに答えなさい。

日本人の美意識の特質は、当然のことながら、美術作品の世界にも反映されている。［A］、小さなもの、微細なもの、あるいは「縮小されたもの」に対する強い好みは、日本の「美」の表現の大きな特色として指摘できる。事実、わずか数坪の広さのなかに深山幽谷の趣を表《あら》わそうとする造園術から、盆栽、箱庭のように、今では広く世界に知られるようになった日本独特の趣味の世界にいたるまで、「縮小されたもの」は、日本人の感受性に強く訴えるものを持っている。特に工芸の分野では、蒔絵《まきえ》、染織、焼物、金工、木工などのさまざまなジャンルにおいて、微細な点まで丹念《たんねん》に洗練された表現を見せる優れた技術が発達した。このような精巧微妙なものを愛好したわれわれの祖先たちは、［B］そこに職人たちの優れた技巧の冴《さ》えを見て感嘆もしたであろうが、それと同時に、①そこにまた「うつくしい」ものを感じていたに相違ないのである。［C］このような美意識は、工芸の世界のみならず、絵画の世界においても、はっきりとうかがうことができる。
［D］わが国の絵画は、截金《きりかね》を駆使した上代の仏画から、金銀箔《きんぎんぱく》や胡粉《ごふん》を自在に

読解のヒント＆チェック問題

チェック問題
波線部「深山幽谷の趣」の読みをひらがなで記しなさい。

（　　　　　　　　）の（　　　　）

ヒント ℓ13 胡粉…日本画に用いる白色の物質。

用いる近世の障屏画《しょうへいが》にいたるまで、工芸的な傾向が強いが、技術的な面においてのみならず、空間構成や対象の捉え方において、しばしば「縮小されたもの」に対する愛着を示している。無数と言ってよいほどの小さな登場人物たちが画面でひしめき合う近世初期の風俗図屛風《びょうぶ》など、その適例と言ってよいであろう。一般に日本の絵画は、西欧の絵画と比較すると、平面的、装飾的であって、写実性に乏《とぼ》しいということがしばしば指摘される。たしかに、西欧においてルネサンス期以来発達してきた遠近法や明暗法による三次元の統一的空間表現を知らないという点では日本絵画は「写実的」ではない。事実、それなればこそ、司馬江漢《しばこうかん》をはじめ、十八世紀後半以降、曲がりなりにも西欧の絵画表現に触れることのできた人びとは、その真に迫った「写実的」表現に大きな驚きを感じたのである。しかしながら、ということは、②日本の画家たちが、現実世界を観察し、その姿を再現しようという「写実的」意欲に欠けていることを意味するものではない。日本の画家たちは、全体の空間構成においてではなく、細部の描写において「写実的」であった。そしてそのことは、「縮小された世界」に美的喜びを見出す日本人の感受性と無縁ではない。」

たとえば、近世初頭に数多く作られた洛中洛外《らくちゅうらくがい》図や、四条河原図、あるいは祭礼図のように、多くの人物が登場してくる風俗屛風の画面構成を考えてみよう。これらの画面において重要なのは、全体の構成であるよりもむしろ、数多くの細部の緻《ち》密《みつ》な描写である。多くの場合、これらの屛風は、都市の情景、主として京都の町の様子を描き出したものであるが、そこでは、寺、商家、町並や橋などが、まるで雲の上から見下ろしたかのような俯瞰《ふかん》構図で描かれている。しかし、この俯瞰構図は、

ヒント ℓ14 障屏画…ふすまや屛風に描かれた絵。

ヒント ℓ18 写実《しゃじつ》…事物のあるがまま・実際を描写すること。

ヒント ℓ20 遠近法《えんきんほう》…自然や事物を画家の目に見えるのと同じような距離感で描写する方法。

ヒント ℓ20 明暗法《めいあんほう》…立体感をはっきりさせるために、色の濃淡・強弱を表現する方法。

ヒント ℓ33 俯瞰…高い所から全体を見下ろすこと。

西欧の遠近法表現における鳥瞰《ちょうかん》図のように、町全体をある想定された一視点から見下ろして描いたものではない。建物や町並は、画面のどの部分においても、ほぼ同じ角度で眺められている。つまり、画家は、空中のある一点にとどまっているのではなく、あたかも京都の町の上を自在に移動しながら町を見下ろしているかのようである。しかも、そのようにして描かれた建物は、いわば全体の舞台設定であって、そのようにして設定された舞台でくり広げられるさまざまの情景は、必ずしも同じように「見下ろされて」はいない。それどころか、町角の猿回しや、大道商人や、通行人の姿など、いずれも小さくはあっても、普通の人間の視点で、すぐそばで見ているように綿密に描き出されている。そこでは、細部に眼を近づけてよく見るなら、女たちの着物の柄《がら》模様まで、はっきりと見分けることが出来るであろう。むろん、もしほんとうに空中から眺め下ろしたとすれば、それほどまでこまかく、すぐそばで見ているように描けるはずがない。これらの画面で、人物たちが小さく描かれているのは、遠くから眺められているためではなく、「縮小されて」いるからなのである。画面のあらゆる部分において、このような綿密な「縮小された」世界を繰り返していけば、③西欧的な意味での統一ある空間が生まれてこないのは、当然のことであろう。

西欧的な統一ある空間構成というのは、ルネサンス時代に完成された遠近法表現に典型的に見られるように、ある一定の視点――それはすなわち、画家自身の視点にほかならない――からすべてを捉えようとする視覚世界像にほかならないからである。西欧の遠近法理論は、基本的には、画面における形態の大小、色彩の濃淡

ヒント
ℓ37 あたかも…まるで。

は、想定された現実空間における距離の遠近に対応するという原理に基づいている。つまり、遠くにあるものは小さく見え、近くにあるものは大きく見えるから、画面において対象の形は距離に応じて大きさが決定され、また近くのものは色彩が鮮明に見え、遠くのものは色が霞《かす》んで見えるから、画面において、対象の色はやはり距離に応じて濃淡が決定されるということである。逆に言えば、画面に人物が小さく描かれているとすれば、それは――その人物が実際に小人であるということではなくて――画家から遠い距離にあるということを示すものであり、同様にまた、その衣裳《いしょう》が不鮮明な色で描かれているとしても、それも――実際にその衣裳が汚れているということではなくて――やはり画家との距離を表わすものである。このようにして、画面のそれぞれの人物、対象に適切な距離が設定され、その結果として、［E］をもった統一的な空間が生まれてくるわけである。

だが、このような意味での統一的な空間構成が成立するためには、画家の視点の位置が一定不変のものであるという前提がどうしても必要である。言うまでもなく、距離の「遠近」というのは、画家の位置と相対的なものであって、もし画家が移動すれば、距離の関係も当然変わってくるからである。西欧的な空間構成を画面に実現するためには、画面のあらゆる部分がただひとつの視点から眺められなければならない。ところが、洛中洛外図のような［X］描写を寄せ集めた画面では、そのような一定不変の視点というものは存在しない。町全体は高い雲の上から見下ろされているが、個々の人物や情景は、それぞれすぐそばで、その場に立ち会っているように描き出される。右手の方の猿回しを描くときと、左の方の祭礼《さいれい》の行列を描

ヒント ℓ67 相対的《そうたいてき》…他と関係しあったり、比べられたりすることで成り立つさま。
⇔ 絶対的《ぜったいてき》…他と比べようもない、ただひとつのものであるさま。

復習
本文を要約した次の文章の空欄a～eに当てはまる言葉（すべて漢字二字）を本文中から抜き出し、解答欄に書きなさい。

要約文
日本の美の表現の特色は、小さなもの、微細なもの、「［a］されたもの」への強い好みであり、それは日本の絵画にも見られる。そして一定の視点つまり［b］の視点からすべてを描く遠近法による西欧の［c］的な空間の表現と比べると、日本の絵画は平面的、［d］的で写実性に乏しいとされるが、それ

くときとでは、画家の位置は同じではない。つまり画家は、ここで京都の町中を自由自在に動き回って、その場その場で眼にしたものを、着物の柄まではっきり見えるほどの至近距離から描いているのである。あるいは、ひとつひとつの場面をこまかく見るために、自由に京都の町を動き回っていると言ってもよいであろう。そのために、統一的な空間は見られないが、画面は「写実的な」［X］で埋められているのである。

は、視点を移動させ人物などをすぐそばで見るように［e］距離から描いているためであり、そこには写実性があったのである。

a［　　］
b［　　］
c［　　］
d［　　］
e［　　］

問一 本文中の空欄A～Dに入れるのに最も適当なものを次の中からそれぞれ選び、解答欄に記しなさい。ただし同じものを二度用いてはいけません。（3点×4）

もちろん　まるで　たとえば　そして　もともと

A［　　］
B［　　］
C［　　］
D［　　］

問二 傍線部①「そこにまた『うつくしい』ものを感じていたに相違ないのである」の説明として、最も適当と思われるものを次の中から一つ選びなさい。（8点）

ア　精巧で繊細なものを作り上げる工芸品だけを重視していたのではなく、風景や都市の景観を描く絵画作品にも美的喜びを感じていた、ということ。

イ　統一的な全体のうつくしさだけを重視していたのではなく、その全体を支える細部のうつくしさについても美的喜びを感じていた、ということ。

ウ　精巧で繊細なものを作り上げる技術面だけを重視していたのではなく、そうして作り上げられたものに美的喜びを感じていた、ということ。

エ　繊細な技術によって作り上げられた細部だけを重視していたのではなく、その細部に支えられた全体についても美的喜びを感じていた、ということ。

□

問三　傍線部②「日本の画家たちが、現実世界を観察し、その姿を再現しようという『写実的』意欲に欠けていることを意味するものではない」とあるが、その説明として最も適当と思われるものを次の中から一つ選びなさい。（8点）

ア　日本の画家たちは現実世界を写実しようとしていないのではなく、西欧のような統一的な視点からの写実とは異なる写実を行っているだけだ、ということ。

イ　日本の画家たちは現実世界を写実しようとしてはいないが、自由な発想によって架空の世界を写実しようとしているだけだ、ということ。

ウ　日本の画家たちが現実世界を写実しようとしていないように見えるのは、西欧的な美意識から判断しているだけであり、全体の空間構成においては写実と呼べるものである、ということ。

エ　日本の画家たちは現実世界を写実しようとしていないのではなく、西欧とはまったく異なった現実を見ているだけだ、ということ。

□

問四 傍線部③「西欧的な意味での統一ある空間が生まれてこないのは、当然のことであろう」とあるが、それはどうしてか。その理由を説明した次の文の空欄に入る語句を、本文の最終段落から五字以内で抜き出しなさい。（5点）

（ヒント 日本と西欧の「視点」を対比的に考えよう）

画家の視点が［　　］ではないから。

問五 ［E］に入るものとして最も適当と思われるものを次の中から一つ選び、解答欄に記しなさい。（4点）

色彩の美しさ　三次元の奥行　宇宙的な広がり　宗教的意味　均等の距離

問六 ［X］（二か所ある）に入るものとして最も適当と思われるものを、「■」より前の本文中から漢字二字で抜き出しなさい。（5点）

問七 本文の内容に合致しないと思われるものを次の中から一つ選びなさい。（8点）

ア　工芸品や美術品の別を問わず、日本人の美意識には、「縮小されたもの」への愛着が見られ、日本の風俗図屛風も例外ではない。

イ　ルネサンス期以来の西洋の絵画は、ただ一つの視点から見た現実を写実的に描写し、再現しようとしており、そのために遠近法や明暗法などの表現が洗練されていった。

ウ　日本の風俗屛風が統一的視点を持たないながらも細部を詳細に描くのは、日本人の「縮小されたもの」を好む感受性と関係している。

エ　日本の風俗屛風は、背景はただ一つの視点から見下ろされているが、描き込まれた細部の人物などはそれぞれ接近して描かれており、視点が自由に移動している。

□

『科学・技術と現代社会』

池内《いけうち》 了《さとる》

現代は科学の時代です。ですから科学について考えることは、今の時代を考えることです。そして科学が万能だった時代が終わったこともたしかです。

目標点 30／50点

目標時間 25分

解答・解説 別冊38ページ

◆次の文章を読んで、後の問いに答えなさい。

科学研究の第一要件は知識を創出することにある。特に、自然を相手にする科学においては、物質の構造・運動・反応性・質的変化・他との関係性・歴史性などを追究し、そこから得られる原理や法則に関して新しい発見がなくてはならない。それがいかに些細《ささい》で取るに足らない事柄であろうと、新事実である限りでは尊重される。それらの新事実の積み上げがあって初めて科学が成り立つのだから。一つのノーベル賞級の超一流の仕事には一〇〇の一流の仕事があり、一つの一流の仕事には一〇〇の名も知れない仕事の積み重ねがある。このように科学の成果は階層構造をなしており、発見の大小の差はあっても一つ一つがピラミッドの一角を構成している。そのいずれもが、人間が獲得した自然に関する新しい知識なのである（むろん、失敗例にも価値がある。それによって再び同じ失敗を繰り返さないからだ）。

科学の研究のaホッタンは、科学者個人の好奇心に基づいている。「なぜそうあるのか」を問い質《ただ》そうとする心の働きである。*アインシュタインは子どもの頃、磁石の動きを見てその不思議さをずっと忘れないでいたという。アインシュタインな

読解のヒント&チェック問題

ヒント ℓ1 要件《ようけん》…大事なことがら。

ヒント ℓ1 創出《そうしゅつ》…つくりだすこと。

らずとも、見えない部分で何が起こり、どのような仕組みが働いているのかを知りたいと誰しもが思う。それは人間が獲得した未知のものへの探究心であり、何とかしてその謎を明らかにしたいという願望が研究に駆り立てるのである。

そこには想像力が重要な役割を果たしている。科学の発想は想像力に基づく「仮説」が出発点となるからだ。「仮説」は現象を統一的に説明できるよう設けた仮定のことであり、最初の段階では何らの根拠を持たない。その意味では、出発点において科学は［　　］と何ら変わるところはない。想像力を駆使して新しい着想を得る点では全く同じであるからだ。このような発想が起こるに際して、実験による現象を見て、思考実験によって、旧理論の矛盾を見つけて、単純にこうあれば面白いと感じてなど、さまざまなbケイキがある。また、思いつき、勘、インスピレーション、ひらめき、セレンディピティー（偶然の発見）、というような何とも形容しがたい心的過程を経ており、その背景には見えない部分で起こっている事柄に対する意識せざる想像力が働いていると考えてよいだろう。

そのような些《いささ》か漠《ばく》とした想像が土台となり、そこから論理を組み立てて筋道をつけ、実験や理論の構築へと進んでいく。その思考過程においては、常にある種のイメージを頭に生起させて試行錯誤を続けている。そのイメージと実際の計算や実験結果に齟齬《そご》が生じた場合、想像していた仮説を変更するか、論理の筋道を辿《たど》り直すか、計算や実験を再構築するか、のフィードバックが入る。ここにおいて科学者は真実に忠実である。例えば、仮説が間違っていると気づけば、それに固執するのではなく、素直に変更する。イメージ通りでなければ必ず違和感を持つから、潔《いさぎよ》く新

ヒント ℓ27 漠…まとまりのないさま。

チェック問題 波線部「齟齬《そご》」の意味を書きなさい（辞書を引いてもかまいません）。

ヒント ℓ31 フィードバック…結果を踏まえて、調節・調整すること。

ヒント ℓ32 固執《こしゅう》…自分の主張などをまげないこと。

しい仮説に乗り換えもする。この作業も芸術家に似て極めて感覚的なように見えるが、論理に従うとはそのような過程が自然に進むということでもあると言える。

つまり、知識の創出においては、好奇心によって問題に気づき、想像力によって仮説を抱き、論理性によって筋道を鍛え上げるというプロセスをとっており、その各々の能力が科学研究者の要件となるのだ。

ところで、研究者の純真な意識において科学はいかなる意味を持っているだろうか。その第一は、純粋な好奇心のみに基づいた探究の欲求である。自然の法則を明らかにしたいとの一念で謎に挑んでいるからだ。結果やその応用については何ら気にせず、ましてや名声や褒賞《ほうしょう》への欲望もなく、ひたすら研究に集中する。①「科学のための科学」に殉《じゅん》じているのだ。「文化としての科学」と言ってもいいかもしれない。科学は文化の一部門として、主として人々の精神的活動にcキヨするためである。

その意味では純粋ではあるが、危うさもある。*パンドラの箱と同様、箱を開けることのみに夢中になって、そこからどのようなものが飛び出してくるかについて一切頓着《とんちゃく》しなくなるからだ。そして、自分が創り出したものがいかに醜悪《しゅうあく》で害悪を与えるばかりではあっても、それを研究する自由はあって誰も阻止《そし》できないと言い、その使い方は社会の選択だから自分には責任がないとうそぶくことになる。それは無責任だと言えるのではないだろうか。社会と切り離された科学はないからだ。科学者も社会の一員であり、その選択に関与しているのは確かで自分に責任はないと言えないのである。

ヒント ℓ42 褒賞…ほめること。ご褒美の品物。

ヒント ℓ43 殉じる…あることのために命を投げ出すこと。

ヒント ℓ48 頓着…気にすること。

また、応用から極めて遠い分野なら、そのような懸念《けねん》は不必要だが、技術に近接している場合には、どのように科学が使われるかを予想する心構えが求められる。「②道具としての科学」という側面が避けられなくなる。原理を求める科学そのものが目的なのではなく、科学を道具に使うということに陥りやすくなるからだ。＊マンハッタン計画における原爆の開発は、そのような科学の典型的な利用であった。核分裂の連鎖という原理的な科学の法則はわかっていて、それをいかに効率的に爆弾として実現するかに科学が動員されたからだ。

現在は、「社会のための科学」が広く言われるようになった。科学の社会的効用（社会に役立つ）という意味もあるが、③広く社会との関係を強く意識した科学研究であるべきという意見である。社会との接点や社会への還元を意識すること、社会からの信頼や付託に応えられること、社会的要請に応じることなど、現実社会との関係を抜きにした科学はないというわけだ。単なる「道具としての科学」ではなく、積極的に科学の社会的機能を考える上では重要な観点である。しかし、ともすれば社会や技術開発に役立つ科学に偏《かたよ》り勝ちになることを用心しなければならない。科学研究が国家の庇護《ひご》を受け、知的財産という側面が強調されるようになり、現実社会における科学の有用性のみが問われるような状態になりつつあるからだ。ニュートリノの検出でノーベル賞を授与された小柴氏に対して新聞記者が最初に発した質問は、「ニュートリノはどんな役に立つか?」であった（それに対し、小柴氏はdゲンカに「何の役にも立たない」と応えたそうだ）。「社会のための科学」は社会的実利のことではなく、社会に息づく文化へのキヨとしての科学であるべきだと思

ヒント ℓ63 還元《かんげん》…もとにもどすこと。

ヒント ℓ64 付託《ふたく》…頼んでまかせること。

ヒント ℓ69 有用性《ゆうようせい》…役に立つこと。

復習 本文を要約した次の文章の空欄A～Eに当てはまる言葉（すべて漢字二字）を本文中から抜き出し、解答欄に書きなさい。

要約文 科学者は自己の好奇心に基づき、真実に忠実であろうとし、「［A］のための科学」に身を捧《ささ》げている。それは［B］ではあるが、その研究から何が生じるかについては［C］しない危うさや無責任さもつきまとう。また［D］に近接

う。つまり、文化の煌《きら》めきがあることこそが科学の^{e}フカケツな要件なのではないだろうか。

注　アインシュタイン…ドイツ生まれのユダヤ系物理学者。その相対性理論は有名（一八七九～一九五五）。

パンドラの箱…ギリシア神話の中で、ゼウスがパンドラに、あらゆる災いを封じ込めて人間界に持たせてよこした小箱または壺。これを開いたため多くの不幸が飛びだしたが、急いで蓋《ふた》をしたため、中に希望だけが残ったという。ほかにさまざまな説がある。

マンハッタン計画…第二次世界大戦における、アメリカによる原子爆弾製造計画。

した場合、「道具としての科学」になりがちだが、科学は社会に、そして［E］に貢献すべきである。

A	B	C	D	E

問一　傍線部a～eのカタカナを漢字に直しなさい。（2点×5）

a	b	c	d	e

問二　空欄［　］に入る言葉として最も適当なものを次の中から一つ選び、解答欄に記しなさい。（6点）

技術　文化　芸術　発明　文明

問三　傍線部①「『科学のための科学』に殉じている」とあるが、これは科学に対するどのような態度を表したものか、その説明として最も適当なものを次のア～オから一つ選びなさい。（8点）

ア　国民の生活向上に役立つ真実の解明に尽くす態度
イ　名誉を求めるための科学研究を排除する態度
ウ　より妥当な理論構築のための研究に徹する態度
エ　文明への貢献をめざして研究活動に打ちこむ態度
オ　道具としての有用性を無視せず研究を進める態度

問四　傍線部②「道具としての科学」とあるが、それはどのような科学研究のことか、最も適当なものを次のア〜オから一つ選びなさい。（8点）

ア　科学者の好奇心を尊重せずに行われる科学研究
イ　仮説検証の手段として行われる科学研究
ウ　社会的責任を自覚して行われる科学研究
エ　実用を目的として行われる科学研究
オ　原理を求める必要のない科学研究

問五　傍線部③「広く社会との関係を強く意識した科学研究」とあるが、これの説明として最も適当なものを次のア〜オから一つ選びなさい。（9点）

ア　新しい発見の積み重ねが科学に期待されていることであり、社会からの要請は副次的に満たされるべきものである。
イ　科学が研究成果の実用化を進める一方で、社会はその研究成果を正当に評価する必要がある。
ウ　社会的な期待や要望に配慮し、社会の求めるものであることが、科学研究のあるべき姿である。
エ　社会と科学は互いに依存しあうよりも、互いを絶えず牽制《けんせい》し合うほうが望ましく、このことにより科学者の社会上の倫理観が磨《みが》かれる。
オ　科学は商業から一定の距離を置くことが求められるため、科学者は専門家として国家の庇護のもとに社会に対してその威信を保つべきである。

問六 筆者は文化と科学の関係をどのように考えているか、最も適当なものを次のア〜オから一つ選びなさい。（9点）

ア 社会的産物としての科学は、当然社会からのニーズに応える必要があり、その点において人々の精神を豊かにする役割を持つ文化とは異質である。

イ 科学には、道具として利用されるという側面と、文化的な役割を果たすという側面があり、この両側面は両立しない。

ウ 科学者は社会的な名声を求めるべきではないという点で芸術家とは異なっているが、文化も科学も社会との接点を持たざるを得ないという点では共通している。

エ 直接目に見える形での効用や利益がないという点では、文化は科学と同様であり、科学の一種としての条件を満たしている。

オ 科学は、人間の好奇心や想像力を社会との関わりの中で充足させる精神的な役割をもつものとして、文化の一要素であるべきである。

実践編⑧ 随筆

『たんぽぽの日々』 俵《たわら》 万智《まち》

今回は随筆（エッセイ）です。エッセイは連想で話をつなげながら、全体でひとつのことを言う、というのが基本的な書きかた。全体で言おうとしていることを意識して文脈を追っていきましょう。

目標点 28／50点

目標時間 25分

解答・解説 別冊 44ページ

◆次の文章を読んで、後の問いに答えなさい（一部表記を改めたところがある）。

さくらさくら
さくら咲き初《そ》め咲き終《お》わり
なにもなかったような公園

デンマークの高校生に、短歌の話をしたことがある。学校の教室だったが、きちんと椅子《いす》に座ってではなく、生徒たちは思い思いのスタイルだった。床で膝《ひざ》を抱えていたり、机の上にぴょんと腰掛けて足を組んでいたり。それだけで私にはカルチャーショックだったが、みな熱心に話を聞いてくれて、結果、何の問題もなかった。

古典の短歌は古めかしく見えても、そこに詠《よ》まれた心情は、今に通じるものがある……その例として「世の中にたえて桜のなかりせば春の心はのどけからまし（この世に桜というものがなかったなら、春の心はどんなにのどかなことだろう）」という①在原業平《ありわらのなりひら》の一首を紹介した。日本人は今でも、桜の季節が近づくとそわそわし、咲いたら咲いたで高揚し、散ればまた気がぬけたようになる。まさに、この花

読解のヒント＆チェック問題

ヒント ℓ13 高揚《こうよう》…精神や気分が高まること。「昂揚」とも書く。

のために、のどかではない春を過ごしている。

だが、彼《か》の地の高校生たちは、②ぽかんとしていた。なぜ大の大人が、花ごときにそんなに振り回されるのか、という顔をしている。補足のために「*桜前線」のことを話すと、ゲラゲラ笑い出す始末。「花が咲きそうかどうかがニュースになるなんて」というわけだ。

考えてみれば、ずいぶんa呑気な話かもしれない。しかし春の私たちは、呑気というよりやはり、桜に心乱されているというのが実感だ。桜の季節が過ぎると、なんだか夢から覚めたような気分になる。

子どもとの時間にも、似たようなことを感じる時がある。いつになったら歩くんだろう、いつになったらしゃべるんだろう。そわそわ待っていた時期から、③大喜び大騒ぎの時期がきて、やがては何もなかったように日常に戻《もど》ってゆく。成長した姿のほうが、当たり前になるからだ。

小学生になる、中学生になる、そういう節目節目《ふしめ》にも、きっと同じような「桜騒動」があるのだろうなと思う。そんな時間を重ねながら、若木だった子どもも、いつしか大木になってゆくのだろう。

□

子育ての「桜騒動」には、嬉《うれ》しいこと楽しいことばかりではなく、b辛いこと大変なことも多い。私はまだ経験していないけれど、子どもの受験などは、その典型かもしれない。

夜中に何度も起こされ、寝不足で*へろへろになっていた時期。どうしてもオムツでないと、ウンチができなかった時期。何を言っても「イヤイヤ」ばかりの反抗期……。渦中《かちゅう》にいるときは、振り回されるばかりで「いつまでもこの状態が続くのだろうか」と悲観的になってしまう。心に余裕がなくて、先が見えない不安でいっぱいだ。けれど「④明けない夜はない」。過ぎてみると「そんなこともあったっけなあ」という感じ。感傷にc浸るまもなく、目の前には、さらに成長を続ける子どもがいる。

大変な時期には、つい「あの頃《ころ》はラクだったなあ」とか「早く大きくなってほしいなあ」とか、過去や未来に目がいきがちだ。けれどそういうとき、必ず思い出される言葉がある。

母親としても歌人としても大先輩の河野裕子《かわのゆうこ》さんと、子どもについて話していたとき、河野さんが、まろやかな微笑《ほほえ》みをたたえつつ、自信に満ちてこう言われた。

「子どもはね、いつも、そのときが一番かわいいの」

赤ちゃんだったあのときも、一年生になったそのときも、もちろんかわいかったけれど、とにかく子どもというのは「いま」が一番かわいいのだという。

「ええっと、じゃあ今も、一番ですか？」と思わず私は聞き返してしまった。河野さんの二人のお子さんは、もう社会人と大学院生だ。

「そうなの！　不思議だけどね、これは真実よ」

いつまでもかわいい、というのとはニュアンスが違う。「いつも、そのときが、一番かわいい」。子どもとの「いま」を心から喜び、大切にしてきた人ならではの実感であり、すばらしい発見だ。息子との時間が、いっそうd愛おしいものに見えて

ヒント ℓ35　渦中…ごたごたした事件の中。

チェック問題

波線部「感傷」とあるが、「感傷的」と同じ意味の外来語をカタカナで書きなさい（辞書を引いてもかまいません）。

[　　　　]

復習

本文を要約した次の文章の空欄A～Eに当てはまる言葉（Cのみ漢字二字。あとはすべて漢字一字）を本文中から抜き出し、解答欄に書きなさい（同じ語は不可）。

要約文

デンマークの高校生に［A］の話をするなかで、桜の開花にそわそわする日本人の気持ちについて語ると、彼らにはピンと来ないようだった。しかし日本人は桜に心乱されるというのが［B］だ。そんな「［C］」に似た感覚は子どもの成長の節目節目にもあり、嬉しいことば

くるまじないのような言葉でもある。

注　桜前線……日本国内各地の桜の開花日をつないだ線。
　　へろへろ……弱々しく威力のない様子。

かりではないが、感傷に浸るまもなく、子どもは［D］する。そんな子どもについて河野裕子さんと話していたら、彼女は、子どもはいつでも「いま」が一番かわいいという。それは子どもとの「いま」を大切にしてきた人ならではのすばらしい［E］の言葉であり、息子との時間がいっそう愛おしいものに見えてくる言葉だった。

A ［　　］
B ［　　］
C ［　　　］
D ［　　］
E ［　　］

問一 傍線部a～dの漢字の読みをひらがなで答えなさい。（2点×4）

a	b	c	d
い		る	おしい

問二 傍線部①「在原業平《ありわらのなりひら》の一首を紹介した」とありますが、筆者が平安時代の歌人在原業平の歌を引用したのはどのようなことを述べるためですか。最も適当なものを、次のア～エから選び記号で答えなさい。（4点）

ア 昔の人の方が、自然のとらえ方が巧みであること
イ 今の人の方が、細やかな感受性をもっていること
ウ 昔から、日本人は落ち着きがない国民であること
エ 古今を問わず、心に感じるものがあること

問三 傍線部②「ぽかんとしていた」とありますが、このようになったのは、どのような気持ちからですか。本文中の言葉を使って、三十五字以内で説明しなさい。（12点）

問四 傍線部③「大喜び大騒ぎ」とありますが、どのようなことに対して大喜び大騒ぎをするのですか。本文中の例を使って二十字以内で答えなさい。（8点）

問五　□に入る短歌として最も適当なものを、次のア〜エから選び記号で答えなさい。（6点）

ア　逆光に桜花びら流れつつ感傷のうちにも木は育ちゆく
イ　夕光《ゆふかげ》のなかにまぶしく花みちてしだれ桜は輝《かがや》きを垂《た》る
ウ　よきものは一つにて足る高々と老木の桜咲き照《て》れる庭
エ　さくら花幾春《いくはる》かけて老いゆかん身に水流の音ひびくなり

□

問六　傍線部④「明けない夜はない」とありますが、これはどのようなことをたとえていますか。三十五字以内で説明しなさい。（12点）

実践編⑨ 随筆

『アンネ・フランクの記憶』

小川洋子《おがわようこ》

目標点 28／50点
目標時間 30分
解答・解説 別冊48ページ

少し長いエッセイですが、筆者の感性が伝わってくる、鋭いものの見方をしっかり理解していきましょう。

◆次の文章は、ポーランドにある、多くのユダヤ人らが亡くなったアウシュヴィッツ強制収容所を訪問した旅について綴《つづ》った小川洋子の文章の一部である。よく読んで、後の問いに答えなさい。

三列二十八棟ある建物のうち半分ほどが展示館になっている。

まず最初はメガネの山。収容者からの略奪品である。二十畳ほどの部屋の片面が、水族館の水槽《そう》のような展示ケースになっている。ガラス張りになった壁の向こうにそれが見えた時、すぐにはメガネだと分《わか》らなかった。鉄屑《てつくず》がa無造作に積み上げられているのかと思ったが、よく目をこらせば確かにメガネなのだった。

レンズははずれ、あるいは割れ、フレームはどれもねじれ、針金が絡み合ったような状態になって一つの巨大な物体になっている。数を数えることなどとてもできない。

じっと前にたたずんでいると、幻想的な□な風景を見せられている気分に陥《おちい》る。メガネそのものは珍しくもないありふれた用具なのに、それが積み上げられ山となったとたん、現実的な感覚を麻痺《まひ》させてしまう。しかし、まぎれもなくわたしの目の前にこれは存在している。

読解のヒント&チェック問題

ヒント ℓ2 略奪…力ずくで奪い取ること。

ヒント ℓ9 幻想的…現実から離れた、ありそうもないさま。

チェック問題 □に「具体的」の反対語を入れなさい。

□

これほどb莫大な数のメガネを、わたしはかつて一度も見たことはなかったし、これからもアウシュヴィッツ以外の場所で、目にすることは決してないだろうと思う。①あってはならないのだと思う。

わたしはもう少し近寄り、時間をかけてガラスの向こうに視線を送った。レンズの丸い黒縁のデザインが多い。女性用だと分るものもある。所々すきまにケースが引っ掛かっている。

近眼の人もいただろう。老眼の人もいただろう。これがなければ何も見えなかった人だっていたかもしれない。メガネ一個一個にそれを掛けていた人の生活があり人生があった。ただ数の多さに圧倒されているだけでは、想像力が働かなくなる。この山を無数という一言で片付けてしまうと、本当のことを見失う恐れがある。今ここにあるのは、一つ一つの死の重なりだ。

次はブラシ類。靴ブラシ、髭《ひげ》ブラシ、ヘアブラシ、歯ブラシ、そのほか櫛《くし》、靴墨の缶などがそれぞれきちんと区分され、やはり山になっている。奥行は五メートルくらいもあるだろうか。助走をつけて飛び込んでもとうてい届きそうにない、奥の奥までずっとブラシ、ブラシ、ブラシ、ブラシ……。展示ケースの隅の方は照明もかすんで薄ぼんやりしている。

歯ブラシは今と違って持ち手がみんな木でできている。毛先がきれいにそろっているのもあれば、バラバラになっているのもある。使い込んだせいなのか、上から押しつぶされたせいなのかは分らない。

髭ブラシは最近あまり使う人はいないが、散髪屋さんで見かける、石けんを泡立てるための用具だ。当時は電気カミソリなどなかったから、男性の必需品だったのだろう。

靴墨の缶はほとんどが錆《さ》びたりへしゃげたりしているが、蓋《ふた》のさまざまな色とデザインを見分けることはできる。缶に書かれた言葉の種類も、英語、フランス語、ドイツ語、ポーランド語……といろいろある。

みんな収容所でも歯を磨いたり、髭を剃《そ》ったり、髪をとかしたり、靴を手入れしたりできると信じていたのだ。当然だ。まさかそんなささいな自由までが奪われるなどとは、思いもしなかったに違いない。しかし実際は、とかすための髪の毛さえ奪われた。

わたしはブラシを一本一本見つめていった。毎朝それを手にし、c身繕いをし、勤めに出て行った、あるいは学校へ行っただろう、見たこともない誰かの姿を一人一人思い浮かべた。

囚人服の展示がある。全部が全く同じデザインではなく、形や生地《きじ》の種類や色合が微妙に違っているが、だいたいがグレーとブルーの縦縞《たてじま》模様で、パジャマのような形をしている。生地はいかにもごわごわして肌ざわりが悪そうだ。穴のあいた所をかがった跡なども残っている。

服の下には靴が置いてある。粗末な作りのサンダルと、アムステルダムのお土産物屋で売っていたような木靴。もちろんお土産のようにかわいらしく色付けされているわけではない。歩くとすぐさま靴ずれができそうだ。

腕に刻まれた入れ墨の写真。左手の肘《ひじ》と手首の真ん中あたりに、比較的大きな字で彫ってある。ぼつぼつと穴を開けていったような、ふぞろいな格好の数字だ。

囚人番号を入れ墨したのはアウシュヴィッツだけだったが、収容所経験者の手記などには、この身体《からだ》に刻まれた数字はしばしば彼らの②象徴的な傷として登場する。以前こんな話を読んだことがある。ニューヨークでタクシー運転手をしていたユダヤ人男性が、ある日偶然にもアメリカを訪問中のオットー・フランクを乗せた。*『アンネの日記』のお父さんだとすぐに気がついた彼は、黙って自分の左腕を差し出した。そしてお互い無言のまま握手し合った。

あるいは、自分と母親の入れ墨を皮膚ごと削り落とし、酸水に漬けて保存しているという女性の手記も読んだ。長い年月を経ているにもかかわらず、その切り取られた皮膚にはまだくっきりと数字が残っていた。お母さんが３９９３３、彼女が３９９３４。

戦後、イギリスへ渡って看護婦養成学校に入った彼女は、友だちからしばしば質問を受ける。それ洗濯屋のしるしなの？　あるいは、ボーイフレンドの電話番号なのかしら？　などと。そしてとうとう削り落とす決心をするのだ。

部屋の中央に小さな木の箱があったのでのぞいてみると、蠟《ろう》で作った収容者たちの食事のサンプルだった。二つの椀《わん》に入った黒い汁と白い汁、パンのかたまり、チーズかバターらしいかけら。汁の正体は何だろう。具も見えないし、おいしそうでもない。ただ、黒、白と表現する以外に言葉が浮かばない。

展示館の廊下の壁には、ずらっとすきまなく、収容者たちの顔写真がパネルになって掛けてある。一人につき真横、正面、斜め横の三ポーズで、非常に鮮明な写真だ。パンフレットによると、入れ墨をするようになったのは一九四三年からで、それ以前はこうした写真が撮《と》られていたということだ。

一歩廊下に出るたび、身体中がいっせいに彼らの視線でおおわれる。しかしどの表情も悲しげではないし、助けを求めるふうでもない。そんなありふれた感情はすでに蒸発し、もっと奥深いところにある、意識の源泉だけが彼らを支えている。唇はしっかりと閉じられ、瞳《ひとみ》は一点を見ている。

全員、縦縞の囚人服を着せられ、髪の毛を剃られている。大急ぎで手荒《てあら》にやられたせいだろう。頭は地肌がのぞいていたり、わずかな髪がぼそぼそとふぞろいに残っていたりする。男性か女性か区別するのに、一瞬迷う。斜め横向きのポーズだけ、同じ縦縞の生地でできたベレー型の帽子をかぶるか、布を頭に巻くかしている。

写真においてもやはり、収容所全体に行き届いている③〝見事な〟規則化が見られる。真横に向いた写真には、頭の後ろに金属のつっかえ棒が写っており、全員が同じ方向、同じ角度、同じ距離に頭を固定されていたことが分る。したがって、視線が下向きすぎたり、あごが上がりすぎていたりする人は一人もいない。すべてが統一されているのである。

特に、斜め横を向いた写真は、ドイツ軍が強制したその規則正しさの異様さを象徴している。身体は正面を向いたまま、首だけをわずかにねじり、あごを引き、両目ともが写るぎりぎりの角度、右斜め上四十五度のところに、全員の視線が集まっている。みんなが目に見えないはずの、何か一つのものを、けなげに見つめているかのようだ。

まだ少女のようにかわいい女性がいる。囚人服が大きすぎ、前の合わせ目を安全ピンで止めているせいで、襟《えり》がうまくおさまらずもこもこしている。刈り上げられた頭からでも、彼女が天然パーマの柔らかい髪の持ち主だったことが分る。番号は26947。政治犯のマークがついている。

まだ十分には大人になっていない、痩《や》せた少年がいる。頬《ほお》がこけ、あごがとがり、頭にのせた帽子がずり落ちそうだ。つっかえ棒が頭の皮膚に強く食い込んでいて、思わず撫《な》でてあげたくなる。

*ジプシーの少年もいる。中年のポーランド人もいる。インクを落としたようなしみのついた写真もある。

わたしの隣で写真を見ていた大柄《おおがら》な白人女性が、しきりに指で涙をぬぐう。廊下の隅に誰かのともしたろうそくが置いてある。オレンジ色の澄んだ炎だ。

収容者たちの住居状況を再現した展示室を見学する。実際中には入れず、ガラス張りの壁からのぞくようになっている。住居といっても、部屋にマットレスというか、麻袋のようなものを一面敷き詰めているか、またはただ藁《わら》が置いてあるだけである。まさに家畜小屋にあるような藁だ。子供の頃通っていた絵画教室の近くに、牛を飼っている農家があって、よく寄り道をした。壁のすきまからのぞいた牛小屋の、薄暗さ、鳴き声、においなどを思い出す。二十年以上ずっと忘れていた記憶なのに、不意によみがえってきた。

別の部屋にはレンガを積んだ三段ベッド。ここにも藁が敷いてあるが、それが何の[d]慰めにもなっていない。所々ふとんがわりに、はぎれのような布が置いてある。

復習 本文を要約した次の文章の空欄A〜Eに当てはまる言葉（すべて漢字二字）を本文中から抜き出し、解答欄に書きなさい（同じ語は不可）。

要約文 アウシュヴィッツ収容所には、収容者から［A］された多くの持ち物が展示されていた。これほどの遺品の多さは見たことがなかったし、今後も、アウシュヴィッツ［B］ではあってはならないと思わせるものだった。そしてその遺品の一つ一つにその持ち主の生活や［C］があったのだ。写真に写っている入れ墨は［D］だが、これは囚人番号だ。その身体に刻まれた番号は、生き残った人の心にも長く傷を残した。写真にはドイツ軍が強制した異様な規則性が［E］されており、再現された収容者の住居からは、非人間的な生活の様子が想像された。

A［　　］ B［　　］ C［　　］ D［　　］ E［　　］

一段に何人が寝たのだろう。幅は二メートルかそこらしかない。

V・E・フランクルは*『夜と霧』の中で、この寝床を蚕棚《かいこだな》ベッドと表現し、一段に九人で寝たと記している。九人で二枚の覆いを共有し、上を向くことはできず、横を向いて身体を密着させ、腕は脱臼《だっきゅう》しそうなほどまっすぐ伸ばさなければならなかった。しかしそんな苦痛の中でも、睡眠が意識を奪ってくれたことに対し、驚きを示している。

みんなスプーンの束《たば》のようになって、ここで眠ったのだ。

注

『アンネの日記』…ユダヤ系ドイツ人の少女アンネ・フランクが、ナチスドイツによる拘束を避けるために隠れていた間に書いた日記風の作品。

ジプシー…ヨーロッパを中心に世界各地に散在する北インド起源の少数民族を指す。英語での呼び名。

『夜と霧』…オーストリアの心理学者ヴィクトール・エミール・フランクルによる著作。第二次世界大戦中にナチスの強制収容所に収監された経験をもとに書かれた。

問一 傍線部a～eの漢字の読みをひらがなで書きなさい。（2点×5）

a	b	c	d	e
		い	め	い

問二 傍線部①「あってはならないのだと思う」について、筆者は何が「あってはならない」と「思」っているのか、本文に即して四十字以内で説明しなさい。（10点）

問三 傍線部②「象徴的な傷」とあるが、それはどのようなことか、説明しなさい（なお解答欄の一行に書く字数は、三十五字を越えないこと）。（14点）

問四 傍線部③「〝見事な〟規則化」とあるが、筆者が「〝見事な〟」に符号を付けた意味を説明したものとして最も適当なものを、次のア〜オの中から選びなさい。(7点)

ア　アウシュヴィッツでの生活はドイツ軍の都合のよいように効率化されており、個人の自由な表現が認められなかったことへの驚きを、符号を用いることで読者に強く印象づけようとしている。

イ　アウシュヴィッツにおいて、ドイツ軍がなぜ規則を徹底的に重視し、収容者を抑圧したのかが筆者には分からず、その分からなかったという事実を、屈折した表現で読者に示そうとしている。

ウ　多様な人々の人生を奪い去り、徹底的に収容者を画一的な存在として扱おうとしたドイツ軍のこだわりの異常さを指摘しようとして、あえて逆の表現をしたことを強調しようとしている。

エ　ドイツ軍が収容者に押し付けた異様な規則性に大きな衝撃を受けて、ふとその規則性に心惹《ひ》かれてしまった自分の混乱を、不可解な表現を用いることで読者にも伝えようとしている。

オ　アウシュヴィッツでの、収容者に対するドイツ軍の扱いかたが、どんなに非人間的で異常なものであったかを、皮肉めいた表現を用いることで現代の人々に向けて告発しようとしている。

□

問五 アウシュヴィッツ収容所の展示品を見学する際、筆者はどのようにそれらを見ているか。その説明として最も適当なものを、次のア〜オの中から選びなさい。(9点)

ア　筆者はかつて収容者が使っていた品物と現代のものとを一つ一つ比べながら、収容者の生活の悲惨さを想《おも》っている。また収容者の住まいを再現した展示室では、そのことに触れた本の一節を頭に浮かべながら、収容所の暮らしを想像している。

イ　筆者は収容者の多くの生活品を見ながら、その量の多さではなく、その物の所有者であった一人一人の生と死に想いを馳《は》せている。また収容者の生活の様子から自分の子供の頃の記憶をふと想起し、収容者の悲惨な経験を想い描いている。

ウ　筆者は遺品の多さに圧倒されるのではなく、それらは個々人の人生の証《あかし》であることを意識しようとしている。そして展示された写真を見るうちに、痩せた少年が受けている苦痛を自分のことのように感じ、涙するほどに感情移入している。

エ　筆者は収容者の生活品を見ながら、それを使っていた各人に想いを馳せている。またかつて収容者だった人の書いた手記の内容を想い出し、その人の生活も自分が今いるアウシュヴィッツにあったのだと想像し、その痛みを共有しようとしている。

オ　筆者は品物を見ても写真を見ても、そこに具体的な個人の悲惨さを想い、ドイツ軍への批判的な視点をもち続けている。特に少女が政治犯としてでっち上げられ、まともな服も与えられていない様子を、深い憤《いきどお》りを感じながら見つめている。

実践編⑩ 評論と小説

『明治の表象《ひょうしょう》空間』松浦寿輝《まつうらひさき》・『文字禍《もじか》』中島敦《なかじまあつし》

目標点 28／50点
目標時間 25分
解答・解説 別冊56ページ

ふたつの文章または、ひとつの文章と資料が並んだ問題は共通テストで出題されます。何らかの関連がある文章や資料が取り上げられるので、その関係（共通点や相違点）を見抜くのがポイントです。

◆次のA、Bの文章を読んで、後の問いに答えなさい。

A　植物学と言語学には①幾つか共通点がある。まず、植物も言語も人間の生活環境のいたるところを埋め尽くしているきわめてありふれた対象で、一見そこには何の謎もなく、とりたててそれを知的に認識し体系的に把握するなどということをしなくても、人の日常生活には何の支障も不便も生じないという点がある。たしかに植物や言語の有用性の側面に関わる②技術的な知というものは存在し、それはたとえば薬用植物の栽培とか敬語表現の習熟といった現実的課題に対して発動されるのだが、「植物」なり「言語」なりの本質を問い、それを総体として理解しようとする欲望に応えるといった種類の学知ではそれはむろんない。現実的な要不要を超えたところで「植物」や「言語」の世界内でのありようを理解しようとする欲望は、治療だのコミュニケーションだのを目的として持つ③実用知とは異質なものであり、日常世界を超出した普遍知の空間に所属している。

ただ、そうした④普遍知の視線が向けられる対象そのものは、植物の場合も言語の場合も、ありふれた現実世界のごく平凡な構成要素でしかないという事実は残

読解のヒント&チェック問題

ヒント　ℓ3　体系的《たいけいてき》…組織やシステムがあるさま。

ヒント　ℓ4　支障《ししょう》…さしさわり。

ヒント　ℓ8　学知《がくち》…学問的な知。

チェック問題
波線部「普遍《ふへん》」の意味を書きなさい（辞書を引いてもかまいません）。

る。植物学が、また言語学が相手にするのはヒトの住まう等身大の日常世界で手を伸ばせばすぐ届くところに遍在《へんざい》するありきたりのモノでしかなく、はるかな太陽系の運行でもなく存在とは何かといった深遠な形而上学《けいじじょうがく》でもない。なるほど、植物にとって「生命」とは何か、言語にとって「意味」とは何かといった問いにまで足を踏み入れるなら、そのとき思考は⑤否応《いやおう》なしに抽象性の階梯《かいてい》を昇っていかざるをえないが、その場合でも学知が直接に対象とし思弁《しべん》の材料とするものは、あくまでこの草、この花、この音の響き、この文字の形態であり、それは人間が日々の生活においてきわめて自然な何かとして体験しているものでしかない。そんな自然のうちに、考えようによっては神秘とも奇蹟《きせき》とも映る「生命」が、また「意味」が宿ることの不思議に触発されて、植物学や言語学は始動するのかもしれない。

日本語において古来、コトバが「言の葉」という植物的なイメージで捉えられてきたのも、恐らくこの不思議への驚きに媒介されてのことではないのか。小野小町が「今はとてわが身時雨《しぐれ》にふりぬれば言の葉さへに移ろひにけり」（古今集782・巻十五恋歌五）と詠んだとき、そこに表現されているのは、草木の葉ばかりか愛《いと》しいあなたのコトバの生色さえもが褪《あ》せてしまったという歎《なげ》きである。コトバの植物的な生命力が、恋の睦言《むつごと》に籠《こ》もるエロスの磁力に通じ合っているのだ。そしてこのアニミスティックな力は、さらに進めば、詩歌に宿る言霊《ことだま》への信さえ呼び起こすことにもなろう。

（松浦寿輝『明治の表象空間』による）

B　その頃――というのは、アシュル・バニ・アパル大王の治世第二十年目の頃だ

ヒント ℓ14 等身大《とうしんだい》…ここでは、ふつうの。ありのままの。
ヒント ℓ15 遍在…どこにでもあること。
ヒント ℓ16 形而上学…ものごとの目に見えない本質を捉えようとする学問。
ヒント ℓ18 抽象《ちゅうしょう》…具体的な個々のものごとから、それらに共通する性質や要素をひきだすこと。抽象性…現実から離れているために、わかりづらいこと。
ヒント ℓ18 階梯…階段。
ヒント ℓ19 思弁…純粋な思考・直観。
ヒント ℓ23 触発《しょくはつ》…刺激されて物事をはじめること。
ヒント ℓ25 媒介《ばいかい》…仲立ちすること。
ヒント ℓ29 睦言…仲むつまじく語り合う会話。
ヒント ℓ29 エロス…性愛。
ヒント ℓ30 アニミスティック…自然のすべての事物に霊魂があるとする考えかた＝「アニミズム」を信じるさま。
ヒント ℓ30 言霊…言葉に宿る霊力。

が——ニネヴェの宮廷に妙な噂《うわさ》があった。毎夜、図書館の闇の中で、ひそひそと怪しい話し声がすると言う。王兄シャマシュ・シュム・ウキンの謀反《むほん》がバビロン（＝メソポタミアの古代都市）の落城で漸《ようや》く鎮《しず》まったばかりのこととて、何かまた、不逞《ふてい》（＝無法な振る舞いをする）の徒（＝者。仲間）の陰謀ではないかと探って見たが、それらしい様子もない。どうしても何かの精霊どもの話し声に違いない。最近に王の前で処刑されたバビロンからの俘囚《ふしゅう》（＝捕虜）共《ども》の死霊《しりょう》の声だろうという者もあったが、それが本当でないことは誰にも判《わか》る。千に余るバビロンの俘囚は悉《ことごと》く舌を抜いて殺され、その舌を集めた所、小さな築山《つきやま》が出来たのは、誰知らぬ者のない事実である。舌の無い死霊に、しゃべれる訳《わけ》がない。星占いや羊肝卜《ようかんぼく》（＝占いの一種）でむなしく探索した後、これはどうしても書物共《ども》あるいは文字共《ども》の話し声と考えるより外《ほか》はなくなった。ただ、文字の霊（というものが在《あ》るとして）とは如何《いか》なる性質をもつものか、それが皆目《かいもく》判らない。アシュル・バニ・アパル大王は巨眼縮髪（＝目が大きくて縮れ毛）の老博士ナブ・アヘ・エリバを召して、この未知の精霊についての研究を命じ給《たも》うた。

その日以来、ナブ・アヘ・エリバ博士は、日毎《ひごと》⑥問題の図書館（それは、その後二百年にして地下に埋没し、更《さら》に後二千三百年にして偶然発掘される運命をもつものであるが）に通って万巻《ばんかん》の書に目をさらしつつ研鑽《けんさん》に耽《ふけ》った。両河地方《メソポタミヤ》では埃及《エジプト》と違って紙草《パピルス》を産しない。人々は、粘土の板に硬筆を以て複雑な楔形《くさびがた》の符号を彫りつけておった。書物は瓦《かわら》であり、図書館は瀬戸物屋《せとものや》の倉庫に似ていた。老博士の卓子《テーブル》（その脚には、本物の獅子《しし》の足が、爪《つめ》さえそのままに使われている）の上には、

ヒント ℓ35 謀反…クーデター。

ヒント ℓ45 皆目…まったく。

ヒント ℓ50 研鑽…学問などをきわめること。

毎日、累々《るいるい》たる瓦の山がうず高く積まれた。それら重量ある古知識（＝書物）の中から、彼は、文字の霊についての説を見出そうとしたが、無駄であった。文字はボルシッパなるナブウの神の司《つかさど》り給う所とより外《ほか》には何事も記されていないのである。文字に霊ありや無しや（＝あるかないか）を、彼は自力で解決せねばならぬ。博士は書物を離れ、唯一つの文字を前に、終日それと睨《にら》めっこをして過ごした。卜者《ぼくしゃ》（＝占いをする者）は羊の肝臓を凝視することによって凡《すべ》ての事象を直観する。彼もこれに倣《なら》って凝視と静観とによって真実を見出そうとしたのである。その中に、おかしな事が起こった。一つの文字を長く見詰めている中に、何時《いつ》しかその文字が解体して、意味の無い一つ一つの線の交錯《こうさく》としか見えなくなって来る。単なる線の集まりが、何故《なにゆえ》、そういう音とそういう意味とを有《も》つことが出来るのか、どうしても解《わか》らなくなって来る。老儒《ろうじゅ》（＝年をとった学者）ナブ・アヘ・エリバは、生まれて初めてこの不思議な事実を発見して、驚いた。今まで七十年の間当然と思って看過《かんか》していたことが、決して当然でも必然でもない。彼は眼から鱗《こけら》の落ちた（＝突然間違いに気づいたり、物事がよくわかるようになったりすること。ふつうは「目から鱗《うろこ》が落ちる」）思いがした。単なるバラバラの線に、一定の音と一定の意味とを有《も》たせるものは、何か？　ここまで思い至った時、老博士は躊躇《ちゅうちょ》なく、文字の霊の存在を認めた。魂によって統《す》べられない（＝「統べる」＝一つにまとめること）手・脚・頭・爪・腹等が、人間ではないように、一つの霊がこれを統べるのでなくて、どうして単なる線の集合が、音と意味とを有つことが出来ようか。

この発見を手初めに、今まで知られなかった文字の霊の性質が次第に少しずつ判

ヒント ℓ54 累々たる…積み重なっているさま。

ヒント ℓ58 終日《しゅうじつ》…一日中。

ヒント ℓ59 凝視《ぎょうし》…じっと見つめること。

ヒント ℓ60 倣って…まねて。

ヒント ℓ65 看過…見過ごすこと。

復習 Aの本文を要約した次の文章の空欄①〜⑤に当てはまる言葉（すべて漢字二字）を本文中から抜き出し、解答欄に書きなさい。

要約文

植物学も［①］学も現実世界のごく［②］な構成要素を対象とするが、そのなかに、「［③］」や「意味」が宿ることの不思議さに［④］されてそれらの学問は始動するのかもしれない。そしてそれが［⑤］を信じる発想へとつなが

って来た。文字の精霊の数は、地上の事物の数ほど多い、文字の精は野《の》鼠《ねずみ》のように仔《こ》を産んで殖《ふ》える。

（中島敦『文字禍』による　＊語釈は本書の著者による。表記は現代かなづかいに改めた）

っていくのである。

① ② ③ ④ ⑤

問一　傍線部①「幾つか共通点がある」とあるが、その「共通点」として最も適当なものを次の中から一つ選びなさい。（8点）

ア　対象となるものが、広範囲に広がっている、現実世界を構成するありきたりなものであり、体系化などしなくても、何の支障もない点

イ　日常生活のいたるところを埋め尽くしているありふれたものを対象とするため、学問としてはなかなか成立しがたい点

ウ　本質を問い、総体として理解しようとする場合には、具体的な植物や言葉といったものが知の対象とはならなくなる点

エ　自然の中に存在する不思議な生命力を解明し、それらに価値を与えようという動機が学問の出発点となっている点

オ　一つ一つの言葉に植物的な生命力がこめられており、一方でそれぞれの植物も言葉で命名されることによって生命を持つ点

問二　傍線部②「技術的な知」、③「実用知」、④「普遍知」はそれぞれどのような関係にあるか。次の中から最も適当なものを一つ選びなさい。（8点）

ア　「技術的な知」「実用知」「普遍知」は、それぞれ自然科学、社会科学、人文科学に対応する。

イ　「技術的な知」と「実用知」とはほぼ同じ意味で用いられているが、「普遍知」はそれらと異質なものである。

ウ　「技術的な知」と「実用知」とは同じ意味であり、これらを合わせたものが「普遍知」である。

エ　「技術的な知」を含む「普遍知」と、「実用知」との間には、方法が具体的か抽象的かの違いがある。
オ　「技術的な知」を含めた言葉が「実用知」で、さらにそれらを一般的に言う語として「普遍知」という言葉が使われている。

問三　傍線部⑤「否応《いやおう》なしに抽象性の階梯《かいてい》を昇っていかざるをえない」の説明として最も適当なものを次の中から一つ選びなさい。（8点）

ア　個別の事象に基づきつつも、観念的に問題を扱うことを余儀なくされていくということ
イ　等身大の日常世界から離れ、形而上的な世界を主体的に目指していくということ
ウ　残念ながら、明確な良し悪《あ》しの答えを持たない曖昧《あいまい》な議論に終始するしかないということ
エ　選択の余地なく、次第に普遍的な知から離れ技術的な知に向かっていくということ
オ　すべての段階において、順番にその本質的な意味を検討する機会が生じるということ

問四　傍線部⑥「問題の図書館」とあるが、なぜ「問題」なのか。その説明として最も適当なものを次の中から一つ選びなさい。（4点）

ア　書物や文字の霊が住むとしたら格好の場所だから
イ　怪しい話し声がするという噂《うわさ》が立っていたから
ウ　問題が起これば まず書物を調べるのが通例だったから
エ　地下に埋没するという数奇な運命をたどったから
オ　結局老博士の問題解決の役には立たなかったから

問五 A、Bの文章には、それぞれ文字の不思議について指摘している箇所がある。両方の文章が共通して指摘している点を、三十五字以内で記述しなさい。（12点）

（ヒント 本文中の「不思議」という言葉に着目しよう）

問六 A、Bの文章についての説明や解釈として最も適当なものを次の中から一つ選びなさい。（10点）

ア Aの文章は、人間生活の構成要素である植物や言語の日常生活における使用法を重視しているのに対し、Bの文章は文字の神秘性を論じている。

イ Bの文章は、文字の霊が信じられていた古い時代という設定だが、Aの文章は、現実から遊離しつつある現代の言語学を批判する立場から書かれている。

ウ 文字の精が鼠《ねずみ》のようにふえるというBの文章の表現は、Aの文章に描かれた、日本人の言葉に対するイメージとは表現上異なるものだと言える。

エ Bの文章の登場人物であるナブ・アヘ・エリバは、Aの文章が挙げている、言語の三つの知の段階を忠実に辿《たど》りながら、言語の真実に至った。

オ Bの文章は、文字と意味の関係がわからなくなる博士のさまを描いているが、Aの文章では、実証性のある学問的な知識に基《もと》づいた明晰《めいせき》な論が展開されている。

実践編⑪ 小説

『アカシヤの大連《だいれん》』 清岡卓行《きよおかたかゆき》

今回は本格的な小説の問題です。小説の読みかたと、小説を読むために必要なことを【解説】のほうでお話しします。

目標点 26／50点
目標時間 20分
解答・解説 別冊 62ページ

◆次の文章を読んで、後の問いに答えなさい。

——「彼」は、*大連で生まれ、中学校卒業までを大連で過ごした。第二次世界大戦中の一九四五年三月下旬、東京の大学の一年生であった彼は、大学を休学して大連へ舞い戻った。——

五月にはいると、一、二回の雨のあとで、空は眼《め》を洗いたくなるほど濃い青に澄みきり、（そのように鮮《あざや》かなセルリアン・ブルーを、彼は日本の空に見たことがなかった）、風は爽《さわ》やかで、気温は肌に快い暖かさになったのであった。特に、彼の心を激しく打ったのは、久しく忘れていたアカシヤの花の甘く芳《かぐわ》しい薫《かおり》である。

五月の半ばを過ぎた頃、南山麓《さんろく》の歩道のあちこちに沢山《たくさん》植えられている並木のアカシヤは、一斉《いっせい》に花を開いた。すると、町全体に、あの悩ましく甘美《かんび》な匂《にお》い、あの、純潔のうちに疼《うず》く欲望のような、あるいは、逸楽《いつらく》のうちに回想される清らかな夢のような、どこかしら寂しげな匂いが、いっぱいに溢《あふ》れたのであった。

夕ぐれどき、彼はいつものように独《ひと》りで町を散歩しながら、その匂いを、ほとんど全身で吸った。時には、一握りのその花房を取って、一つ一つの小さな花を噛《か》みしめながら、淡い蜜《みつ》の喜びを味わった。その仄《ほの》かに甘い味は、たとえば、小学生の

読解のヒント＆チェック問題

ヒント ℓ2 セルリアン・ブルー…紺青《こんじょう》色。

ヒント ℓ4 芳しい…上品でいい匂いがするさま。

ヒント ℓ6 甘美…甘くこころよく感じられること。

ヒント ℓ7 逸楽…気ままに遊び楽しむこと。

頃のかくれんぼ、高い赤煉瓦《あかれんが》の塀に登って、そこに延びてきているアカシヤの枝の豊かな緑に身を隠し、その棘《とげ》に刺さらないように用心しながら、その花の蜜を嘗《な》めた、長く明るい午後などを思い出させた。そして彼は、この町こそやはり自分の本当のふるさとなのだと、［A］を通じてではなく、［B］を通じてしみじみと感じたのであった。

彼の父も母も、高知県の出身であったから、彼の戸籍上のふるさとは、彼が徴兵検査と召集のために二度ほど出かけて行ったその南国の土地のほかにはなかった。実際に父祖の土地を見たとき、彼は自分が予期していた以上の好意を、その素朴でおおらかな田園に覚えた。父の生《うま》れた田野町や、その隣の母の生れた奈半利《なはり》町には、戦争をしている国の一部とは思えないような静けさがあった。そして、そこで、伯母や従兄たちがふるまってくれた、鮎《あゆ》の塩焼、鰹《かつお》のたたき、あるいは、まるで生きているように新鮮なちりめんじゃこの酢のものなどは、彼の飢えていた胃袋を強く魅惑《みわく》した。しかし、これが自分のふるさとだという実感は、どうしても湧《わ》いてこないのであった。

彼は、自分が日本の植民地である大連の一角にふるさとを感じているということに、①なぜか引け目を覚えていた。もし、このことを他人に聞かせたら、恥《はず》かしい思いをすることになるのではないかと不安であった。というのは、この都会とその周辺には、土着人の墓場しかないということを、彼はすでにしてよく知っていたからである。つまり、大連に住んでいる彼の前世代の日本人たちは、心の中で、日本の内地のどこかにある自分のふるさとを大切にし、骨になったらそこに埋めてもら

ヒント ℓ29 土着人《どちゃくじん》…その場所にずっと住んでいる人。この場合は中国人のこと。

いたいと思っているようであった。また、彼のようないわば植民地二世は、年齢のせいか、まるで根なし草のように、ふるさとについての問題意識をふつうは持っていないようであった。

彼はふと、自分が大連の町に切なく感じているものは、主観的にはどんなに〈真実のふるさと〉であるとしても、□には〈にせのふるさと〉ということになるのかもしれないと思った。なぜなら、彼の気持ちは、大連のほとんどの日本人たちから見れば、愛国心が欠乏しているということになるだろうし、[a]土着の気骨《きこつ》ある中国人たちから見れば、[b]根なし草のたわごとということになるだろうと想像されたからである。このことが、彼の内部のどうしようもない矛盾に対応していることにも、彼は気づかないわけにはゆかなかった。それは、自分が大連の町にしか〈風土のふるさと〉を感じないのに、もう一方においては、日本語にしか〈言語のふるさと〉を感じないということであった。

それにしても、偶然に似てしまった言葉による連想は、実に微妙なものである。彼は、自分に意地悪く提出した〈にせのふるさと〉という言い廻《まわ》しによって、いつしか、中学生のときのある経験を思い出していたのだ。もっとも、それは、言葉の相似ということだけが原因というわけでもない、生生しい記憶の蘇《よみがえ》りであるように思われたのであるが——。

中学校の三年生のときであったか、彼は学校の*博物の授業で、先生からアカシヤについて教わった。それによると、大連のアカシヤは、俗称でそう呼ばれているので、正確には、にせアカシヤ、いぬアカシヤ、あるいはハリエンジュと呼ばれな

チェック問題

□には「主観的」の反対語が入る。それを漢字三字で書きなさい。

□□□

ければならないということであった。そして、大連にも本当のアカシヤが二本ほどあり、それらは中央公園の東の方の入口に近いところに生えていて、こうこういう形をしているということであった。

彼はその日、学校を出てから、電車に乗らずに歩いて帰った。一番の近道を歩いて帰ると、途中で、ちょうどそのだだっ広い中央公園を通ることになるのであった。

彼は、しかし、本物の二本のアカシヤを眺めたとき、②安心した。なぜなら、にせアカシヤの方がずっと美しいと思ったからである。にせアカシヤは、樹皮の皺《しわ》が深くて、それが少し陰気であるが、幹は真直《まっす》ぐすらりと伸び、そのかなり上方ではじめて多くの枝が分岐し、それらの枝も素直に横にひろがって、全体として実にすっきりした形をしているが、本物のアカシヤは、幹が少し曲《まが》っており、本数の少ない枝もなんとなくひねくれた感じでうねっており、どうも恰好《かっこう》が悪いように見えたのである。本物のアカシヤの花は咲いていなかったが、もし咲いていたら、先生が黒板に色チョークを使って描《か》いたあんなふうな花房の実物よりは、にせアカシヤの見なれた花房の方がずっと綺麗《きれい》だろうと思った。

彼はそのように遠い日のささやかなエピソードを、「にせ」という言葉が不当にも、ある生命の自然な美しさに冠せられていることに対する、一種のc義憤を通じて想《おも》い起《おこ》していたのであった。どこの愚かな博物学者がつけた名前か知らないが、にせアカシヤから「にせ」という刻印を剝《は》ぎとって、③今まで町のひとびとが呼んできた通り、彼はそこで咲き乱れている懐かしくも美しい植物を、単にアカシヤと呼ぼうと思った。

ヒント ℓ69 刻印《こくいん》…しるし。

復習 本文のテーマを簡潔に説明した次の空欄に当てはまる、漢字二字の語句を、自分で考えて、解答欄に書きなさい（本文を一読し問題に解答した後、取り組んでみよう）。

テーマ 大連にふるさとを感じてしまう自分を「根なし草」やにせもののように感じる「彼」が、「にせ」という名前のついた「アカシヤ」のほうが本物より美しいと感じることで、［　　］をも肯定していく物語。

注　大連…中国東北地方の都市の名。当時、日本の植民地であった。
博物…生物・鉱物・地質に関する教科。

問一　傍線部a〜cの意味として最も適当なものを、次の各群のア〜オのうちから、それぞれ一つずつ選びなさい。（3点×3）

a　土着の気骨《きこつ》ある

ア　その土地に住みついている人間として、ものごとに屈しない心意気をもっている
イ　その土地の住民として、固有の気質や骨格をもっている
ウ　大地に根をおろした農民として、土地に対する愛着をもっている
エ　厳しい風土によって鍛《きた》えぬかれた、安易に人と妥協しない精神をもっている
オ　風土に適応するように形成された柔軟な気質と肉体をもっている

b　根なし草のたわごと

ア　根拠のないうわさ
イ　自分の意見をもたない者のでたらめ
ウ　植民地二世のあさはかな言いわけ
エ　よそ者の空想的なつくり話
オ　さすらい人のばかげた言いぐさ

c　義憤

ア　正義を通すための努力
イ　見せかけではない同情
ウ　道義にのっとった主張
エ　道理に合わないこじつけ
オ　不正なことに対する怒り

a	b	c

問二　空欄A・Bを補う語の組み合わせとして最も適当なものを、次のア〜オのうちから一つ選びなさい。（6点）

ア　A 思考　B 肉体

イ　A 過去　B 現在

ウ　A 時間　B 空間

エ　A 知識　B 精神

オ　A 経験　B 皮膚

問三　傍線部①「なぜか引け目を覚えていた」とあるが、この時の彼の心情の説明として不適当なものを、次のア〜オのうちから一つ選びなさい。（8点）

ア　父や先祖のふるさとにではなく大連に愛着を感じてしまう自分は、愛国心が乏しいと思われかねないという恐れ。

イ　大連に住んでいる前世代の日本人たちのようには、日本の内地のふるさとを思うことができない申し訳なさ。

ウ　大連という日本の植民地で生まれ育った自分が、その町をこの上なく切なく感じているということへの驚き。

エ　ふるさとへの問題意識すら持たない植民地二世と違い、自分だけが大連にふるさとを感じているという疎外感。

オ　日本人の一人である自分が、大連についてあれこれ悩むことなどくだらないと中国人に思われるであろうことへの気後《きおく》れ。

問四　傍線部②「安心した」とあるが、その理由の説明として最も適当なものを、次のア〜オのうちから一つ選びなさい。（7点）

ア　本物のアカシヤの木は、にせアカシヤと違って、先生の説明通り、生命のバランスを失っていたから。

イ　本物のアカシヤよりも、にせアカシヤの真直ぐなすっきりとした形に、生命の美しさを確認したから。

ウ　本物のアカシヤに風格を感じつつも、にせアカシヤ自体の純粋な美しさに軍配を上げることができたから。

エ　陰気な本物のアカシヤを見たとたん、今までの迷いが払われ、にせアカシヤの美しさを改めて実感したから。
オ　本物のアカシヤは美しかったが、にせアカシヤの花の匂いに包まれた時ほどの懐かしさは感じなかったから。

問五　傍線部③「今まで町のひとびとが呼んできた通り、彼はそこで咲き乱れている懐かしくも美しい植物を、単にアカシヤと呼ぼうと思った」とあるが、この時の彼の思いはどのようなものか。その説明として最も適当なものを、次のア〜オのうちから一つ選びなさい。（8点）

ア　大連に住む人がにせアカシヤを「アカシヤ」と呼ぶなら、それを肯定することで、周囲のさまざまな人たちに植民地二世の自分を認めさせようという思い。
イ　自分の存在意義と重なるにせアカシヤの方が美しいという事実をたたえ、美しいものがにせアカシヤなどと呼ばれなければならない、理屈の通らない社会に反抗しようという思い。
ウ　アカシヤの呼び方に示される大連の矛盾を乗り越えることで、大連を愛する者は愛国心が欠乏していると考える日本人たちへ、共生することの意味を考えさせようという思い。
エ　にせアカシヤを本物のアカシヤと同じであるとみなすことで、ふるさとではないにもかかわらず生まれ育った大連を愛さずにはいられなかった、自分自身の迷いを解消しようという思い。
オ　にせアカシヤを町の人たちのように「アカシヤ」と呼び、言語としては日本語にしかふるさとを感じないのに大連こそが自分の真のふるさとだと感じる自分をも、積極的に肯定しようという思い。

問六 この文章における表現と内容の特徴についての説明として適当なものを、次のア〜オのうちから二つ選びなさい。（6点×2）

ア　植民地である大連の美しい風物が、そのまま主人公の心の風景となっており、清澄《せいちょう》な空気の中に、少年時代の不快な思い出をも加えることで、文章全体を陰影に富んだものにしている。

イ　セルリアン・ブルーの空といった大連の大陸的な風物を描き、さらに、高知県の素朴でおおらかな田園の様子を描くことで、主人公のふるさとへの思いを感慨深く表している。

ウ　過去のエピソードを随所に織り込みながら、大連で過ごした幼少期の主人公の様子を具体的に描写することで、ふるさとでの思い出や幼少期の記憶が人生にとって重要な意味をもつことを示唆《しさ》している。

エ　ふるさとについての主人公の思いをアカシヤの描写と重ね合わせて表現しながら、他人にどう思われるかよりも、自分の実感を大切にしようと思うに至る主人公の気持ちを描いている。

オ　主人公が住んだり訪れたりした土地の風物を、視覚、嗅覚《きゅうかく》、味覚といった感覚に訴える表現を用いて描いており、そうした描写を通じてその土地に対する主人公の思いを浮かび上がらせている。

実践編⑫ チャレンジ

『ナウシカとニヒリズム』

重田園江《おもだそのえ》

この問題集の最後に、みんなが行きたがる人気のあるGIMARCHの問題を、ヒントなしで解いてみましょう。

合格点 35／50点
目標時間 25分
解答・解説 別冊72ページ

◆次の文章を読んで、後の問いに答えなさい。

ニヒリズムって何だろう。

*ウィキペディア日本語版には、「ニヒリズムあるいは虚無主義とは、この世界、特に過去および現在における人間の存在には意義、目的、理解できるような真理、本質的な価値などがないと主張する哲学的な立場である。名称はラテン語のNihil（無）に由来する」とある。

ニヒリズムという言葉を耳にしたことがある人には、これはごく一般的な定義だろう。ニヒリズムは虚無的で、世界にも人間の生にも意味がないと言う。そのため「生きていてもしかたない。どうせこの世には意味がないのだから」という厭世《えんせい》主義を生む。逆に、「どうせ意味などないのだから、あと先考えず好き［P］題に生きればいい」という刹《せつ》那《な》的快楽主義にも結びつく。

おそらく多くの人と同じように、私も長らく、世界の悲惨さに直面するがゆえに生を1ロウヒするこうした態度こそ、ニヒリズムだと考えていた。生きることは無価値だとこの世界と生を否定するか、それならばどう生きてもいいと快楽の限りを尽くすか。これらは表面的な生き方としては正反対に見えるけれど、根底にはニヒリズムという一つの共通項があると。

宮崎駿《みやざきはやお》*『風の谷のナウシカ』（マンガ版　全七巻）には、主人公の少女ナウシカが「虚無」に抗《あらが》うシーンがくり返し出てくる。ナウシカは戦いに次ぐ戦いの日々を過ごし、数かぎりない生命が、まるで何の価値もないかのように踏みつけられ、[2]ギセイにされ、無残に果ててゆく姿を、あまりにも多く見てきた。やがて彼女は心身ともに［ア］し、虚無に苛《さいな》まれ、呑《の》まれそうになる。

作品中、虚無と対峙《たいじ》するシーンはさまざまなヴァリエーションで現れる。[A]虚無はときに、骸骨《がいこつ》のような醜さで彼女の前に姿を見せ、誘惑に失敗すると苛立《いらだ》ちを隠さない。あるいは全く正反対に「楽園」の姿で近づき、そこに閉じ込めようとする。

この物語を読んではじめて気づいたことがある。それは、ニヒリズムとは厭世主義でも刹那的快楽主義でもないということだ。ニヒリズムは無を認めることで生の意味を否定する態度ではない。むしろ無を認めることを避け、現実から目を逸《そ》らしたまま生の意味を肯定できる場所にとどまろうとする態度なのだ。

よく考えてみれば、この世界に意味などない、だから人間の生にも定まった目的はないと認めるのは、恐ろしいことだ。厭世主義者や快楽主義者は、この「無意味さ」を進んで受け入れる。だから彼らには、ニヒリストにはない勇気と、それでも人が生きているという事実を、事実として［イ］する力がある。

『ナウシカ』で言うなら、*土鬼の皇兄ナムリスがこうした人物の筆［Q］だろう。ナムリスは人間の営み、とくに支配者として殺戮《さつりく》のかぎりを尽くす自分たちのような人間が、きわめて下劣で愚かだとよく分かっている。それを承知で、役割を果たすかのように卑怯《ひきょう》な策略をめぐらし[3]ボウギャクを尽くし、世界が終末に至る次第を見届けようとする。

これと対照的なのが、ナウシカが*巨神兵を連れて「墓所」を[4]フウインしに行く途中で出会う、*トルメキアの二人の王子たちだ。彼らは無益な戦いに倦《う》み疲れているが、父王の言いつけに背いて遁走《とんそう》する勇気はない。さりとて自ら戦いの先頭に立つ気概もなく、小心さと用心深さでその場を切り抜けることだけに［ウ］する人たちだ。彼らはナウシカとともに、「墓所の庭」と呼ばれる楽園へと招き入れられる。

図書館を思わせる巨大な部屋で古楽器に向かい、楽譜を再現し音を[5]カナでるのに夢中になっているのは二人の王子だ。彼らの表情は活《い》き活きし、戦場におけるのとはまるで別人だ。ナウシカもまた、この庭の外にあるすべてを忘れてしまいそうになる。だがそのとき、ずっと一緒に旅をしてきた「テト」という名の小動物を思い出す。テトの名をきっかけに彼女は我に返り、「庭」からの脱出を［エ］する。

ナウシカはそれまで何度も虚無と対決してきた。虚無は尊敬する人の姿をとり、もっともらしい理屈をたずさえて、生の意味を否定してくる。人間は醜く愚かで、世界に何一つ有益なものを残さない。だから彼らを救うことにも彼らの世界に関わることにも意味などない。それどころか、お前もまた人間として、大地と生き物たちを傷つけ穢《けが》す愚か者のひとりなのだと。

だが最後の、最も重要な対決は、こうした場面をそのまま繰り返さない。それは楽園の姿をとって現れる。美しく、平穏で、その静けさが薄汚い世界のすべてを忘れさせる、楽園の姿で。

物語の中で、ナウシカが突然「ここから出なければ」と直感する。それはニヒリズムの本質が、この世界を見た上で否定することではなく、人間たちの醜さや愚行《ぐこう》、それによって穢され踏みにじられる世界を、［X］ことにあるからだ。

トルメキアの王子たちは、ついさっきまで自分たちが生きていた、血と欲望と争いに満ちた世界を完全に［オ］してしまう。彼らは過去も未来も問うことのないまま、時間なき一生を「墓所の庭」で過ごすのだろう。Bこの王子たちは生まれながらの悪人でも暴君でもない。ただ小心なだけだ。時代が少し違えば、真っ当に生きられた人たちだろう。彼らには、戦乱に明け暮れる世界の悲惨さとともに生きる力がないだけだ。

ナウシカがもとの世界に帰るきっかけは、彼女が愛した小さな生き物の名を思い出すことだった。この小さな生き物が息づく世界に戻ることは、愚かな殺戮を行い世界を焼き尽くすことで、一時でも疑心から解放され、小さな虚栄心を満たそうとする人々の思惑《おもわく》のうずの中に、再び飛び込むことを意味する。

それを承知で、彼女はこの世界を選び取るのだ。ナウシカははじめから、逃れられない運命に否［R］なく巻き込まれる人間としては描かれない。

物語の終わり近く、ナウシカは「森の人」と呼ばれる種族の少年に、世界の秘密を握る森で一緒に生きてほしいと誘われる。彼女の返答は、「あなたは生命の流れの中に身を置いておられます。私はひとつひとつの生命とかかわってしまう」というものだ。このときも彼女は、「こちらの世界」にとどまることを選択する。

ナウシカは旅の中で、世界の悲惨、人々の愚かさ、移ろいやすさ、思慮のなさ、無軌道な欲望といった真実を、そこここに積み重なる死体とともに見てきた。

こうした体験は、一見相異なるが根は共通する二つの考えに帰着しうる。一つはトルメキアの王子たちに見られるものだ。彼らはこの世界の外に楽園を探し、そこに安息の地を見出すことで、嫌な記憶をすべて消し去ってしまう。もう一つは、ナウシカを誘う虚無の語りとしてくり返し現れるものだ。虚無は、現実の苦悩や悲惨には何か人知を超えた意味があるのだと信じ込ませようとする。これは人が宗教にすがり来世での救済を求める際、しばしば寄りかかる理屈だ。この考えによるなら、この世が汚く苦しみに満ちているほど、救世主の到来は近い。

ナウシカはどちらの態度も決して受け入れない。それらはいずれもこの世界の外部を拠《よ》り所に、現実世界そのものを見ないですますからだ。そしてこれこそニヒリズムの本質なのだ。ニヒリズムとは、この世界が苦しみに満ちていることを、恐怖や臆病《おくびょう》ゆえに直視しない態度だ。そこから、世界の外側に苦しみの根拠を求め「意味」をねつ造するか、現実を忘却させる楽園に逃げ込むかはどちらでもありうる。私に分かるのは、ニヒリズムは戦場に特有のものではないということだ。むしろ日常のあちこちにあって、無関心や逃避や安易な意味づけの形で、私たちの心にするりと忍び込む。

c<u>ニヒリズムは危険すぎる</u>。これこそ、ニーチェが一九世紀末にまさに生命を賭《か》けて訴えようとしたことだ。宮崎駿はニーチェのよき理解者として、戦いの寓話《ぐうわ》の中でニヒリズムに抗する物語を再び語ったのだ。

注　ウィキペディア…インターネット上の百科事典。

『風の谷のナウシカ』…戦争によって現代文明が崩壊した後、不可思議な生態系に覆われた世界を舞台に、人と自然の歩むべき道を求める主人公の少女ナウシカの姿を描いた宮崎駿の作品。

土鬼…『風の谷のナウシカ』に登場する民族名。

巨神兵…世界を焼き払ったといわれる、人の形をした巨大な人工生命体。

トルメキア…『風の谷のナウシカ』に登場する国家名。土鬼諸侯国連合と世界を二分する大国。

㈠ 傍線部1～5の片かなを漢字に直して、記しなさい。（1点×5）

1	2	3	4	5

㈡ 空欄ア～オに入るもっとも適当な語を、次の1～10の中からそれぞれ一つ選びなさい。ただし、一つの語は一か所にしか入りません。（2点×5）

1 演技　2 決意　3 熟睡　4 遡行《そこう》　5 認識
6 破壊　7 疲弊　8 飛躍　9 腐心　10 忘却

ア	イ	ウ	エ	オ

㈢ 空欄P～Rに入るもっとも適当な漢字一字を、次の1～15の中からそれぞれ一つ選びなさい。ただし、同じ漢字は入りません。（1点×3）

1 圧　2 応　3 改　4 決　5 主　6 順　7 舌　8 先
9 定　10 頭　11 認　12 方　13 放　14 命　15 例

P	Q	R

㈣ 空欄Xに入るもっとも適当な語句を、次の1～5の中から一つ選びなさい。（4点）

1 肯定していく　2 単に否定する　3 見ないですます

4　乗り越えていく　　5　幻視して浄化する

㈤　傍線部Aに「虚無はときに、骸骨のような醜さで彼女の前に姿を見せ」るとありますが、なぜ「虚無」はナウシカの前に「骸骨のような醜さ」で登場するのですか。その理由を説明した次の文の空欄Ⅰ～Ⅲに入るもっとも適当な語句を、空欄Ⅱの後の段落以降から指定の字数でそれぞれ一つずつ抜き出して、記しなさい（字数は句読点、記号、符号を含みます）。（4点×3）

［Ⅰ］（三字）な欲望をもった人間たちが［Ⅱ］（四字）であるということを示すとともに、その人間たちによって汚されていく［Ⅲ］さ（五字）をナウシカに突きつけるため。

Ⅰ	Ⅱ	Ⅲ

㈥　傍線部Bに「この王子たちは生まれながらの悪人でも暴君でもない。ただ小心なだけだ」とあり、筆者はトルメキアの王子たちの「小心」さを批判しています。筆者は彼らにはどういうことが必要だったと考えていますか。その説明としてもっとも適当なものを、次の1～5の中から一つ選びなさい。（4点）

1　王子たちには上位の権力者の命令に逆らう勇気が必要だった。
2　王子たちには兵たちを指揮する者として最前線に立つ勇気が必要だった。
3　王子たちには政治を担う者として争いに満ちた世界を正す勇気が必要だった。
4　王子たちには人間の営みの空しさを受けいれて踏みとどまる勇気が必要だった。
5　王子たちには現在の状況と対決できる有益な方法を見つけて実行する勇気が必要だった。

㈦ 傍線部Cに「ニヒリズムは危険すぎる」とありますが、筆者がこのように述べたのはなぜですか。その説明として適当なものを、次の1〜8の中から二つ選びなさい。（6点×2）

1 ニヒリズムは物質文明の無制限の発展を助長して、世界の生物的な均衡を崩してしまうから。
2 ニヒリズムは現実を超越した楽園や疑似現実をつくって、目前の苦悩を昇華させているから。
3 ニヒリズムは現実を生きていくために必要な理性を、一時的な快楽によって混乱させてしまうから。
4 ニヒリズムは人々の選択する力を奪い、破滅へとむかう運命に巻き込むような魅力をもっているから。
5 ニヒリズムは生きている現実の生々しさや厳しさから人々を遊離させて別世界へと誘ってしまうから。
6 ニヒリズムは変動する社会状況の中で、生の意味を否定することで、我々の生きる活力を奪ってしまうから。
7 ニヒリズムは通常の日常的な営みの中に遍在していて、我々に取りつくさまざまの機会をうかがっているから。
8 ニヒリズムは一般的な定義とは異なって、逆説的に、人々の現実的な関心を高めてしまい、かえって社会秩序が不安定になるから。

基礎からの
ジャンプアップノート

現代文読解
書き込みドリル

改訂版

別冊解答

旺文社

別冊解答　もくじ

実践編

別冊／本冊

『希望のつくり方』

玄田有史《げんだゆうじ》

目標点 32／50点

問題 本冊 60ページ

解答

問一 a 厳密　b 戦略　c もさく　d いど(む)（2点×4）

問二 A 否定　B 許容
C 実現見通しのある希望（4点×3）

問三 しかし希望～あります。（6点）

問四 ウ（4点）

問五 〈解答例〉便利で効率的である一方、出会いを待つという余裕も失われ、希望との出会いもなくなっていく社会。
［46字］（12点）

問六 ア（8点）

チェック問題

解答 過程／経過／道程など

解説 手順・方法等という意味で使われることもありますが、この本文では「探し続ける」という時間の継続を含む言葉と並列されているので、「過程」などのほうがいいです。

復習

解答 A 前向き　B 実現　C 失望　D 意味　E 模索　F 待つ

解説 この問題は本文を見ながら行ってください。もちろん、できる人は一読した後、本文を見ないで解いてもいいです。その場合は本文の言葉でなくても同じ意味の表現ならOKです。A…「独立心が強い」などを入れようとした人もいるでしょう。でも字数条件に合わないし、それらは具体例です。具体例を入れられないなら、それをまとめた言葉を探す。すると「独立心が強い」人たちのことを、後で「そんな前向きな人たち」とまとめていることがわかるはず。「そんな」という指示語が、具体例を受けていることに気づけばナイス。「積極的」は漢字三字だから×。B…ℓ14～ℓ15に［B］直後と同様の表現があります。C…ℓ20が［C］を含む部分と一緒。D…「出会うことにこそ、意味があります」（ℓ26～）と［D］の部分は同じことなので、［D］には「意味」が入ります。E…ℓ29「模索」の下の「プロセス」は、〈過程・道のり〉などの意味。すると「プロセス」＝［E］直後の「道のり」、だから、［E］には「模索」が入ります。F…「それら（＝無駄の許容や［F］こと）が不可能になった社会からは希望との出会いも失われていくでしょう」という要約文末尾の文は、本文最後の「待つことすらできなくなった社会。そんな社会からは、希望との出会いも失われてゆきます」と対応しています。なので不可能になる（＝「できなくなる」）のは、漢字かな交じりという解答条件からも、「待つ」ことです。

本文解説

まず一読し「希望」が話題であると理解し、さらに、「しかし希望は、実現することも大切だけれど、それ以上に探し、出会うことにこそ、意味があります」（ℓ26〜）という、「こそ」＝**強調表現**で「希望」を**定義**している文に着目できれば、〈**希望は実現より探すことに意味がある**〉という〈**大まかなテーマ**〉を押さえたと言えるでしょう。

本文がふたつのブロックに分けられているので、まずひとつ目のブロックについて説明します。

Ⅰ 希望に関するアンケート（ℓ1〜ℓ18）

筆者は「希望学」という学問を研究していて、「希望」に関するアンケートを取りました。その結果自分の性格が「前向き」だと考える人が、希望を抱きやすいという、わかりやすい結果が出ました。

次に「無駄な努力はしたくないか」という質問をしました。ふつうは「無駄な努力」はしたくないでしょうが、意外にも「五四・三％」の人が、「無駄な努力」を必ずしも否定しないという「無駄な努力の許容派」でした。そしてそのグループのほうが、「無駄な努力の否定派」よりも「実現見通しのある希望」をより多く持っていたのです。

Ⅱ 希望に出会うために「待つ」（ℓ20〜ℓ60）

Ⅰは客観的なアンケート結果です。筆者の主張はⅡから始まります。この部分は**対比関係**で話が進んでいきます。

> Ⅰの結果をおかしいと思う人々＝希望をかなえるには「無駄なく」、最短距離で目標の実現に向かって進むべきだ。
>
> ⇔〈**対比**〉
>
> 筆者＝希望は実現することも大切だが、希望を探し出会うことにこそ意味がある。希望は「模索のプロセス」そのものだ。

筆者と対立するのは、「無駄」を否定している人ですから、Ⅰに出てきた「無駄な努力の否定派」ということになります。その人たちと**対比**される筆者は、「無駄な努力の許容派」です。たしかに「無駄に対して否定的になりすぎると、希望との思いがけない出会いもなくなっていく」、「希望に対する無駄の重要性を発見」と、2の後に書いてあります。

そしてその「発見」には宇野重規《うのしげき》という学者（**実践編③**の本文の筆者です）の、希望は「あえて迂回《うかい》し、（希望と）距離を取ること」だという発言がヒントをくれた、と筆者は言います。「無駄にみえるものにあえて挑むこと」が希望を生み出す「積極的な行為となる」のだ、と宇野氏は考えているのです。

また筆者は、鷲田清一《わしだきよかず》氏の「待たなくてよい社会になった」、「待つことができない社会になった」という言葉にも強い印象を受けた、と書いています。「待たなくてよい社会」は「便利」でしょう。でもそういう社会で待つことを強《し》いられたら、とてもイライラします。待っている時間が「無駄」に思えるでしょう。とくに「無駄な努力の否定派」の人には。でも「無駄」を避け、「最短距離」、「最短時間」ばかり求めたら、「無駄」のなかにこそある「希望との出会い」はなくなります。だとすれば「無駄」を避ける現代社会は、「希望」のない社会になりつつあるということになるのです。

設問 解説

問一 解答どおり。

問二 グラフの問題ですが、こういう問題もちゃんと本文にヒントがあります。第2段落にある数字と照らし合わせれば、[A]は「四四・一%」の人ですから、「無駄な努力はしたくないか」と聞かれて、「そう思う」「まあそう思う」と答えた人たちです。残りの[B]派が「五四・三%」で「無駄になるかもしれない努力をすることを必ずしも否定しない」人たちです。これを**対比的**に考えてみましょう。

A…[A]派と[B]派は**対比的**なグループ。[B]派が「否定しない」のなら、[A]は「否定する」グループのはず。傍線部①の後に「無駄な努力の否定派」という表現もあり、**Aは「否定」**で決まりです。

B…**A**と逆に「否定派」と**対比**されている。それは「無駄な努力の許容派」(ℓ14)だから、**Bには「許容」**が入ればよいのです。

C…「無駄な努力の許容派」が「持ちやすい」ものが[C]です。第3段落に「無駄な努力の許容派では」「より多くが実現見通しのある希望を持っていたのです」と書かれています。ここから**Cには「実現見通しのある希望」**が入ると決まります。

問三「実現しそうにない希望を持つことなど無駄なことだ」という考えは、**問二**で言えば、「無駄な努力の否定派」のものです。そしてそういう人たちは、「希望」が「実現」しなければ意味がないと考えていることが傍線部②からわかります。

問われているのは、筆者の考えであり、こうした傍線部の考えを筆者は「否定」していると設問に書かれています。だから、傍線部の「考え方」と**対比**的な筆者の考えが述べられている部分を見つければよいのです。そしてそれは、**a〈「無駄」を否定しない〉**、**b〈「希望」の「実現」を一番大事だとは考えない〉**、そうした「考え方」です。

それに該当するのは、「**しかし希望は、実現することも大切だけれど、それ以上に探し、出会うことにこそ、意味があります。**」(ℓ26〜)という文です。冒頭で「実現」を一番には考えていないという**b**が示され、後半には、「探」す、「出会う」ことに「意味」があると書かれています。[2]の後に「寄り道をするなかでこそ、出会いは生まれます」と書かれていますから、「出会い」は「寄り道」という〈**無駄**〉にこそあるのです。だから「出会い」を肯定する解答部分の後半は、〈**無駄**〉を否定しない**a**の条件もクリアしています。ただし**「一文」という設問条件は「。」の後から次の「。」まで**、のことです。なので要《い》らないように思える「しかし」という冒頭の語も含めて解答します。

抜き出し問題の設問条件は絶対守ること、かつそれはヒントである

宇野氏の発言部分は筆者の考えにならないので、解答にはなりません。

問四 みんな**譲歩の構文**という文章の形を知っていますね。その字の通り、相手に一歩譲《ゆず》り、その後自分の意見を述べる、というスタイルの文型です。相手に一歩譲ったから、こちらの主張に対して相手も反発できなくなる、という説得上手《じょうず》が用いるスタイルです。具体的には**〈もちろん・たしかに・なるほど+他人の考えを消極的に肯定する+逆接の接続語(しかし、など)+自分の意見の主張〉**という形です。

問三で見たように、筆者は、無駄を評価し、希望の実現を一番大切だとは思っていません。ですが[1]の後には「最短時間で最短距離を進んでいけば〜実現する確率は高くなるでしょう」と書かれています。これは、まるで早い実現がよいことだと言っているようです。するとこれは〈希望は実現することが一番大切なわけではない〉という筆者の考えではないと言えます。

だから、次に「しかし」という逆接の接続語を使い、「寄り道」がよいのだ、と自分の考えを主張しているのです。すると 1 の後の文脈は**〈他人の考え＋逆接＋自分の主張〉**という形になっています。だから 1 に**「たしかに」**を入れれば、譲歩の構文が完成します。

接続語同士の関係では「たしかに」と「しかし」が対応しています。「たしかに」などの後や「逆接」の前に接続語を入れる設問があったら、「譲歩？」と考えてみることも大事です。

2 は「**否定（打ち消し）＋むしろ**」という文型（**地固め編** p.28参照）を覚えましょう。「むしろ」は、直前の部分がある事柄を否定・修正し、違う事柄を示すところで使われます。2 の前でも「起こりにくい」という否定的なニュアンスの言葉が使われて、〈最短距離を進むところでは新しい出会いは起こりにくい。むしろ寄り道のなかでこそ出会いは生まれる〉という文脈を作っているのです。**よって正しい接続語の組み合わせはウ**です。この「むしろ」の使いかたは覚えておいてください。

問五 記述アレルギーを治すのに最適の問題です。**記述問題は自分の言葉で書くのではなく、本文の言葉を用いる、**あとはそれらをうまくつなぐ。だから**問三**の抜き出し問題の発展形。複数の箇所を抜き出すのが記述問題だと思えばいいのです。

ではやってみましょう。この設問は「（筆者が）現代社会をどのような社会と考えているのか」という設問ですが、「現代社会」について書いてあるのは、最後のふたつの段落だけです。ここから「現代社会」についての筆者のコメントを挙げてみましょう。

最後からふたつ目の段落に「かつて〜『待ちぼうけ』をくうことも〜ありました。でも、ずっと信じて待ち続けていたことで、実った恋愛もあった」と書かれているので、「待つ」ことがよくあったのは「かつて」です。

すると「待たなくてよい社会」、「待つことができない社会」とは、「ケータイ」で何でもすんでしまう「現代社会」でしょう。そうした「待たなくてよい社会」は、最後からふたつ目の段落で、

a　便利で効率的な社会
b　出会いを待つという余裕も失われる

と書かれています。また最終段落の「待つことすらできなくなった社会」も「現代社会」ですね。すると、

c　希望との出会いも失われる　（各4点　同様の内容であれば可）

これらが「現代社会」の特徴として考えられているものだと言えます。そしてここが腕の見せどころです。抜き出した要素をどうつなげるか、要素同士の関係を考えると、**a**だけがふつうはよいことですね。だから**a**と、**b・c**グループを〈解答例〉のように「一方」などを使って**対比的に書く**と、工夫してるなと感じさせる解答になります。

ここで記述問題の解きかたについて言っておきます。

記述問題は、たいてい設問文に「説明」せよ、「述べよ」と書いてあります。記述問題での「説明」というのは、ふつうの会話で、相手と自分がともに知っていることをもとにして話すのとは違います。**みんなの答案を見る人は賢《かしこ》い、だけどみんなと同じ情報をもっていない、つまり問題文の内容を知らない人だと思ってください**。そんな人にも伝わる**〈わかりやすい解答〉**を目指してください。それが「説明」ということです。そのためには筋（＝論理）が通った解答でなければなりません。他人の目になって自分の解答が筋が通っているかをチェックしてください。〈記述問題の答えで、本文のツギハギはいけない！〉と言われるのは、本文の言葉を使ってはいけないと言っているのではないのです。本文の言葉を使ってOKです。ツギハギがいけないのは、ただ本文のいくつかの部分

を並べただけで、内容のつながりもないし、主語がコロコロ変わっているし、というような筋の通らなさがあるからダメなんです。そのことをまず意識してください。

次に**〈記述問題の基本〉**です。

> **〈記述問題の基本〉**
> **1　傍線部（および文脈）と設問文に着目する**
> **2　1から何を説明すべきかを具体的に決める**
> **3　2に該当する本文の該当箇所を探す（ないときは自分の言葉で説明する→ムズ）**

まず1について。傍線部のある**記述問題は、まず傍線部の意味を考える。**ただし**傍線部は傍線部だけで独立しているのではなく、文脈のなかにあり、そのつながりのなかで意味や内容を考えていかなくてはなりません。つまり傍線部とその前後の〈つながり＝論理〉を見つける、ということを意識しなければなりません。そのためには、指示語や接続語があれば、その役割も考え、傍線部の前後の内容も頭に入れながら、傍線部の意味を考えてください。**「だいたい、こういうことだな」でいいです。

それともうひとつ、**〈設問文〉。設問文に書かれている、たとえば「問題文中の具体例に即して」というような条件を見逃さないこと！**　とにかく**傍線部と設問文は〈神さま〉**ですから、絶対にその指示に従ってください。

これができたら2にいきます。**たとえば傍線部のなかの言葉で、説明しないといけないものはどれとどれか、設問文の条件、などを考えて、書くべきこと（＝ポイント）を決めます。**

そして3。そのポイントに当たる内容は、どこに書かれているか、を本文に探す。そのとき、**傍線部中や傍線部の前後の表現と同じか類似の表現をチェックして、それらと同じ表現のあるところをつなぐ。**そうすると、傍線部の**イイカエ**・説明、あるいは理由が見つかることがあります。

そしてそれらをうまく結びつけて、よい答案に仕立てるのが4。ここで**大事なのは、先ほど言った〈筋＝つながり・論理〉**です。ポイント同士の内容のつながりと主語述語の関係などを考えましょう。最後に具体的な書きかたのルールを示しておきます。

> **◆記述問題のルール◆**
> **①本文の言葉を使うのが基本。字数短縮が必要なときだけイイカエる**
> **②そのとき、使うべき箇所を、主語・目的語・述語をメインに単純化する**
> **③比喩・特殊な意味が込《こ》められている語は使うのを避ける**
> **④解答の主語を決めると（たとえばこの設問では、「現代社会は」）、その主語に合うところが見つけやすくなり、解答に使う箇所としてピックアップしやすくなる**
> **⑤要素を書く順序を考える**

問六　この文章の「論の展開」を問うています。つまりこの文章の「つながり＝**構造**」がつかめればよいのです。この文章のつながりは、

①　アンケートの結果を示す
②　無駄も大事という主張を行う
③　宇野重規氏や鷲田清一氏の言葉を引用する
④　③に即して、②と同様の主張を展開する

とまとめることができます。なのでこのつながりを押さえている**アが正解**。

イ…〈主張〉と言うべきところを「仮説」と言っているし、宇野氏の発言は「ヒント」(ℓ39)になったのです。それを「自分の仮説」を「他の学者の考え方と対比し」と言うと、筆者の「仮説」と宇野氏の考えが異なるものであると説明していることになり、本文と食い違い、×です。

ウ…「他の学者の考え方」と「相違点」があると説明している点が×です。「相違点」は本文に書かれていません。

エ…**イ・ウ**と同じく「違いを明らかにし」という点が間違いです。

たとえば一度解いた後の解答チェックの段階で、イ〜エの間違いを明らかにし、間違いの横に傍線を引いて、「ナシ（＝本文に書いていないこと）」とかメモを書くようにしてくださいね。

もういっちょ 語句

・ℓ54 **効率的**…ものごとを無駄なく速く行い、成果を出すさま。

『アンドロイドは人間になれるか』 石黒浩《いしぐろひろし》

解答・解説

目標点 30／50点

問題 本冊 66ページ

解答

問一 a 専門書　b 統制　c 幼少　d 脚本　e 示唆 （2点×5）

問二 〈解答例〉実用的なロボットを作るのにほしい、状況に応じて人間らしく振る舞う方法に関する知識 ［40字］（10点）

問三 エ（8点）

問四 イ（7点）

問五 オ（7点）

問六 イ（8点）

チェック問題

解答 機構

解説 「メカニズム」は〈機械装置・仕掛け・仕組み〉のこと。波線部「メカニズム」の次の段落にある「機構」（ℓ44）も〈機械的に構成されている仕組み・組織〉のことです。

復習

解答 A 日常（現実も可）　B 人間　C 他者（他人・相手も可）　D 想像　E 情報

解説 A…第2段落に「日常生活の現実的な場面」（ℓ11）という表現があり、［A］の下にも「生活」・「場面」という語があるので、「日常」が妥当です。ただし第2段落の「現実的」の「現実」を入れても意味が通じるので、「現実」も○。B…第1段落にあるように、ロボットを演劇に使ってもらったのは、「人間らしく振る舞う方法」を見出したいからです。よって［B］には「人間」を入れます。C…［C］の後に「関係性」とあり、波線部「メカニズム」の後に「他者との関係性」とあるので、［C］には「他者」が入ります。D…「心」は「見る者の想像のなかにある」（ℓ40）のだし、「ロボットに心があると思わせる」のは「見る側の想像をどれだけ豊かにするか」（ℓ40〜）にかかっているのだから、［D］には「想像」を入れます。ふたつ目の［D］の後に「力」という語がついているのもヒントになります。「想像力」という語もよく耳にするでしょう。E…「外部の情報を認識する」という表現が最終段落にあります。ここから［E］に「情報」を入れるのは、簡単でしょう。

本文解説

「……（中略）……」で三つに分かれるので、それらを[I]〜[III]としてまとめていきましょう。

（中略）があるので、話のつながりがわかりにくかったかもしれませんが、ロボットがどのようにして人間的になるか、というテーマは一貫しています。最初の読みで、ひとつ目のブロックの最後から、**〈ロボットが人間らしくなること＝ロボットに心を感じること〉**であることを読み取りましょう。そして、後ふたつのブロックは、**〈心を感じるために必要なことをふたつ並列していること〉**を、最後のブロックの「もうひとつ」（ℓ48）という言葉に着目し、つかめたらOKです。

[I] ロボット製作でむずかしいこと（ℓ1〜ℓ26）

ロボット製作でむずかしいのは、状況に応じて「人間らしく振る舞う」ように作ることだと筆者は言います。でもそれを教えてくれる本はほとんどありません。「脳科学」などでもそうしたロボット（＝アンドロイド＝人造人間）の「人間らしさ」の研究は進んでいるのですが、それは「日常生活」とはかけ離れた実験のなかで行われているので、日常生活で人間らしく振る舞うロボットを作るための知識は非常に少ないのです。ところが演劇でロボットを使ってもらうと、日常生活の現実的な場面でどう動けば人間らしいのかという「知識がふんだんに（＝多く）得られる」（ℓ12）ので、「演劇で学ぶ」ことは「大きい」（傍線部①）、と筆者は言うのです。

演劇は本当の日常空間ではなく、「現実と架空の世界の狭間《はざま》（＝あいだ）」（ℓ14）の空間ですが、日常性・現実性があるので、ロボットが社会に出るための準備を積むことができるのです。そしてよく考えれば、人間も小さな頃からたくさんの人と関わりながら、人間としての振る舞い方＝文化を学んでいく。それが「成長」ならば、ロボットも演劇のなかで、人間としての経験を積み重ねていけば「成長」するはずです。そして人はロボットにも「心」を感じることになるかもしれないのです。

[II] 「心」の成り立ち（ℓ28〜ℓ46）

では「心」はどのようにして成り立つのでしょう？ 演劇に出てくるロボットは「無表情」（ℓ28）です。言葉も脚本に合わせて役者と会話しているように見せているだけです。でもその「中途半端」さが「心」を生み出します。人はロボットが無表情であったり、わからない動きをしたりすると、たんに〈おかしい〉と思うのではなく、〈こういうことをしたかったり、感じたりしているのではないか〉と「想像」（ℓ33）するのです。この「想像」がロボットに「心」を与えます。人間同士でも、いつもと違う暗い表情の友だちを見たら、「どうしたんだろう？ なにか辛《つら》そうだけど」と「想像」しますよね。心は「実体（＝他と無関係にそれ自体で存在するもの）」ではなく、自分や他人の「想像」によって成り立つものなのです。

[III] 感覚器の重要さ（ℓ48〜ℓ60）

そして「もうひとつ」（ℓ48）、ロボットに「心がある」と人々が感じるために大事なのは、ロボットが外部の情報を認識するための感覚器、つまり耳や目を持っていることです。それがないと、外部の存在に注意を向け相手を観察することができない。だとしたら人間のありかたも学ぶことができません。人間も同じで、感覚器を通して他人と関わるから、「心」が成り立つ。だから自ら外部を遮断《しゃだん》してしまう人は「心」がなくなってしまうとも言えるでしょう。

[II]・[III]は、「心」はどのようにして生み出されるか、という問いに対

して答える、という流れなので、問題文には、

・心が生み出される（結果）←無表情や不可思議なありかたの意味を想像する（理由①）
←感覚器の存在（理由②）

という**因果関係**があります。

設問解説

問一 e「示唆」は〈それとなく教えること〉。

問二 記述問題は**実践編①**でやりましたが、これも本文複数抜き出し、というパターンの記述問題です。まず p.6でも言った、

傍線部問題は、傍線部の意味を理解することから始まる

ということを忘れないでください。

この傍線部①は〈ロボットを作る側は、演劇から多くを学べる〉と言っています。これが傍線部を理解する、ということです。つまり自分なりに、傍線部の表現に沿って内容を**イイカエ**・解釈する、ということです。

このことと解答欄の形式を結びつけると、ロボット製作者は、演劇から何かを「得られる」から「多くを学べる」と言っていることがわかります（このように**〈理由〉は傍線部とつながりをもっていないといけない**ということは**地固め編⑪**（p.52）でも書きました）。

ではロボット製作者はどんなものを得るのでしょうか？

傍線部の後に「**いくら勉強しても〜ロボットが〜状況〜において、どう目を動かせばいいのか〜わからない**」（**a**）と書かれています。そして目の動かしかたなどのことを「**状況に応じて人間らしく振る舞う方法**」（**b**）、と**イイカエ**ています。どうしてそう言えるかというと、「状況に応じて人間らしく振る舞う方法」も「専門書」に書かれていないので、わからないことだと判断できる。するとわからないもの同士**a**と**b**はほぼ同じことだと言えるからです。

わからないことを「演劇」が教えてくれたら、「演劇で学ぶことは非常に大きい」（傍線部①）と言えますね。たしかに第2段落に「**ロボットを演劇に使ってもらうことで、日常生活の現実的な場面でどう動けばより人間っぽくなるのか、その知識がふんだんに得られる**」（**c** ℓ11〜）と書かれています。ロボット製作者＝筆者がほしかったのはこの「知識」なのです。それを演劇が与えてくれるから、「演劇で学ぶことは非常に大きい」のです。

ただし設問条件は「第一段落の言葉を用いて」ですから、**c**の部分は使えません。でも**c**の「知識」はロボットを人間らしく振る舞わせるための「知識」ですから、**b**とイコールと考えていい。またこの**c**の「知識」は「**ロボット工学者が実用的なロボットを作るのにほしい知識**」（**d** ℓ9〜）とイコールです。なぜなら〈**d**が少ない、[しかし] 演劇では**c**の「**知識**」がふんだんに（＝たくさん）得られる〉という**対比**の文脈だからです。〈Xがほしいけど少ない。だが演劇だとXが手に入る〉ということです。だから、**c**の「知識」と**d**は同じだと考えられます。

そこで第1段落の**b**と**d**を使って、「**〈dであるb〉に関する知識（が得られるから）**（**b・d 各5点**）」という解答を作ればよいでしょう。解答の最後を「方法」で終わらせても○です。これも本文の二か所を編集することで、解答できる設問です。記述問題を恐れることはない！

はじめから、解答欄の「が得られる」という語に着目して、**c**から**d**

に目をつけた、という人もいるでしょう。それはそれでOKですが、**d**だけではその「ほしい知識」がどんなものなのか、また「実用的なロボット」とはどんなものか、がわかりづらいので、**b**を補足し説明してあげる必要があります。

「状況に応じて人間らしく振る舞う方法という、ロボットを作るためにほしい知識」というように、**b**を先に書く解答も○です。

問三 傍線部②を「具体的に説明した」ものを選べ、という設問ですが、傍線部はとくに難しい内容ではありません。「演劇」という芸術は、現実の人間（たまにはロボット）が、現実の場所で現実の人間の前で演技をするわけですから、現実の人間のありかたとまったく異なるというものではふつうありません。でも劇作家の空想や近未来が描かれたりすることもありますから、まったくの現実、というわけでもない。つまり「現実と架空（＝空想・想像）との狭間（＝あいだ）」に位置する、というのが傍線部の意味です。なので正解は、**a〈現実にも関係している〉＋b〈空想や想像世界にも関係している〉**、というふたつのことに触れていなければいけません。

だから**正解はエ**。「実際に観客の目の前で行われる」が**a**と、「内容は架空の設定や場面でもある」という部分が**b**と一致します。

ただこの選択肢、傍線部を説明しなければいけないのに、傍線部の「架空」という語をそのまま使っています。傍線部の内容を説明する設問は古文の口語訳と同じですから、傍線部の言葉を使うのは原則としては×。みんなまねしないように。もし記述問題で、「傍線部はどういうことか」と聞かれたら、できるだけ傍線部の言葉を使わず、**イイカエ**ましょう。

ア…「細かな台本に沿って行われる」が**a**の説明にならない。「台本」がベタな現実ばかりとはかぎりません。想像世界ばかり書いているかもしれません。そうしたら「現実」ではなくなります。**イ**…「実在しないはずのアンドロイド」が×。「アンドロイド」は現実に存在するから演劇に出ているのです。**ウ**…前半も後半も、**a・b**に合致する説明になっていません。**オ**…**イ**と同じ理由で×。「アンドロイド」は現実に存在しているのですから、「実際の世界においてアンドロイドはいまだ架空の存在」だと言うのはおかしい。

問四 傍線部③は、「人生」は「演劇」のなかで行うことを「積み重ね」ていくようなものだ、と言っています。また設問は、「筆者は人生のどういう点が『演劇の積み重ね』だと考えているか」と問うています。だから「人生」の側にある、「演劇」で行うようなことを指摘すればよいと考えられます。

もっと言ってしまえば、「人生」と「演劇」の共通点を示せばよいとも言えるでしょう。そうした観点からもう一度傍線部の後を見てください。そこに「人生」について書いてあるからです。人間は小さなときから、たくさんの人と関わり、「場面場面で振る舞い方を勉強し」ていく。「シーンごとにふさわしいしゃべり方を覚え」る。筆者はそれを「いわば小さな演劇をいくつも学ぶこと」（ℓ20）だと**イイカエ**ています。

すると「人生」で、**a〈たくさんの人と関わり、しゃべり方を覚え、場面にふさわしい振る舞い方を身につけていくこと〉**が人生であり、そこが「演劇」と似ている点だということになります。なので**正解はイ**。**イ**の「様々な経験を積み重ね」、「様々な場面でも適切に振る舞えるようになる」は**a**をまとめた表現だと言えるし、「アンドロイドも、人間と同じように経験の積み重ねを始めている」と傍線部のある段落に書かれているので、人間の営みを「経験の積み重ね」と説明するのは妥当です。「応答」は**a**の「しゃべり方」のことです。

ア…アンドロイドが観客を感動させることは傍線部③の後に書いてあ

りますが、設問で問われているのは「人生」のありかたです。「人生」で、人間が「人に感動を覚えさせる」という内容は、本文にナシだし**a**と合致しません。**ウ**…これも「ロボット」について説明しているので、「人生」（＝**a**）の説明になりません。

設問文は大切に。設問文の要求にきちんと応えること

ただ本文に書いてあればOK、という消去法で解いている人は**ウ**を選んでしまったかもしれません。要注意です。**エ**…「脳科学などの知見〜習得できるようになる」という部分が「人生」（＝**a**）に当てはまる内容ではないし、本文に書かれていません＝ナシです。

問五 今度問われているのは「観客の側に起こっていること」です。設問文をきちんと読むのですよ。そして傍線部④のなかで、観客側のことを言っているのは「（アンドロイドが）人間らしく感じられる」という部分です。傍線部がここに引かれているのだから、「（アンドロイドが）人間らしく感じられる」ということについて、より丁寧《ていねい》に内容を辿《たど》っていけばよい、と考えるのが正しい出発点です。

では「観客」がアンドロイドを「人間らしく感じ」るようになる仕組みを説明している部分を探してみましょう。それは傍線部④の次の段落です。「観客は無表情なアンドロイドの発する声から、彼の心を想像する」と書かれています。またそこからふたつ後の段落には「いかにしてこんな動きをしているのかがわからなくなる。だから、そこに何か（心や感情）がある、と（観客・人間は）思いたくなる」（ℓ45〜）と書かれています。わからないからそこには何かあると想像する。想像されたものが「心」や感情なら、アンドロイドは「人間らしく感じられる」。つまり、

「無表情」＋動きがわからないということ（原因）
↓
「何か（たとえば心や感情）」があると「観客」は感じてしまう（結果）

という**因果関係**によってアンドロイドが「人間らしく感じられる」という仕組みになっているのです。

すると**正解はオ**。「表情が変わらず」は「無表情」、「動きがぎこちない」は「動きがわからない」と合致します。「心に関する〜」の部分は、〈いろいろ心のことを想像する〉ということですから、「彼の心を想像する」（ℓ34）や「何かがある、と思いたくなる」（ℓ46）と一致します。**ア**…「アンドロイドが人間らしい身体や表情をしている」という部分が、傍線部前半の「人間らしくない身体、人間らしくない表情」と食い違い、×です。**イ**…これも「人間と見間違える」と言うと、人間らしいということになるから、**ア**と同じく傍線部前半と食い違います。**ウ**…「アンドロイドに同情」という説明が本文に書かれていません。「何かがある」と「心」を想像することと「同情」は違います。**エ**…「表情が人間と微妙に異なる」が本文に書かれていません。また、傍線部の前に「複雑な表情をしているように感じる」とありますが、それと「様々な種類の俳優に見える」こととは違います。アンドロイドが一人でいろいろな表情をしているように見えると言っているだけで、複数の俳優がいるように見えるとは述べていません。ふたつのことは違うことですから、**イイカエ**として正しくありません。

問六 この設問は、設問文の ヒント にもあるように、Ⅱ・Ⅲ を〈まとめ〉るものですが、Ⅱ の内容を問うた**問五**と半分重なっています。「人が心を感じるのはどのようなロボット」か、という設問ですから、**問五**

で確認したように、**a〈無表情・動きの意味がよくわからないロボット〉**に人は「心を感じ」ます。

そしてもうひとつ、最終段落ラストに「外部の情報を認識するための感覚器を備えているかどうかも、そのロボットに『心がある』と人々が感じるためには、ひとつ重要な点となる」と書かれているので、ロボットも、**b〈外部の情報を認識するための感覚器を備えている〉**という条件を満たさなければいけません。よって**正解はイ**。前半が**a**と、後半が**b**と一致します。「周辺の様子や音など」という部分は、「耳」などが受け取る「外部の情報」を具体的に説明した部分です。

ア…「決まった動き」が**a**と×。「周囲からの刺激にかかわらず」もダメ。この説明だと周囲の情報を受け取らないことになり、**b**と×です。**ウ**…**a・b**に合致する内容がないし、ロボットは意図的に「内発性（＝自分からなにかを行うこと）や意志を極限までなくし」ているのか、本文からは判断できません。**エ**…「普通の人間と見間違える」が傍線部④と食い違うし、**ウ**と同じく、**a・b**に合致する内容がありません。

以上のように、選択肢のある設問は最初から消去法ではなく、**自分で根拠やヒントを探し、それが書かれている選択肢を選びましょう。**消去法で解くときも、傍線部との対応が大事でしたよ。しつこいけど、しっかり選択肢に、「ℓ3と×（＝本文の内容と食い違うこと）」とかメモを書いてください。

もういっちょ語句

- ℓ11 **現実的**…現にあることや実際に即しているさま。⇕観念的＝頭のなかで考えているだけで、現実離れしているさま。
- ℓ30 **脚本**…演劇や映画のせりふや動作などを書いたもの。
- ℓ35 **物理的**…物の状態に関わるさま。

解答

問一　a 社会的　b 伝統的　c 自覚的　d 絶対的（4点×4）

問二　人々を縛り～放すること（6点）

問三　エ（8点）

問四　〈解答例〉自分が他人と同程度には特別な存在として意識されることによって成立する ［34字］（10点）

問五　1 強い自意識を持ち、自分の固有性にこだわ ［19字］
　　　2 （ごく）ありふれた存在 ［9〔7〕字］（5点×2）

チェック問題

解答 ①技術（技能）　②人間を超えた（もの）　③常識と一見異なる（が、真理を示している）考え（や表現）。

解説 ①「スキル」は頻出のカタカナ語。②「聖なるもの」という表現は、一般に神仏について使います。神仏は〈超越者〉とも呼ばれます。字の通り、人間や現実を〈超えた存在〉です。このことを知っていると、「人間を超えたもの」という解答に辿《たど》りつけるでしょう。また知識ではなく、かつて人々に〈進むべき道を示した〉もの＝「指針」だった、という共通点でつなぐことができた人はナイスです。③ほぼ同じ内容ならOK。詳《くわ》しくは設問解説の問五で説明します。

復習

解答 A 自由　B 家族　C 宗教　D 価値　E 固有

解説 A…第1段落末尾に「個人の自由を重視」（ℓ3～）とあり、「選択」とも並列されていることがヒント。「差異」を入れた人もいるかもしれませんが、[A]はまだ近代初期のことを言っているところなので、現代社会に関連する「差異」はここには入りません。B…第2段落で「人間関係を、自分で選んだ関係に置きかえていく」（ℓ10～）とあり、その例として「（核）家族」が挙げられているので、[B]には「家族」を入れます。「関係」は直後と重なるし、「婚姻」を「形成」する、という日本語はおかしいです。C…第4段落冒頭に「宗教からの解放」（ℓ19）とあるのがヒント。D…同じく第4段落に「個人の意志を新たな価値の源泉に」（ℓ23）したとあるので、[D]には「価値」を入れます。E…「性」がついているし、〈[E]性を求めているのに、みんな類似している〉という内容は、傍線部④の前の内容と同じなので、「固有」を入れます。

本文解説

まず最初に〈近代〉という時代について、簡単に説明します。〈近代〉という時代は世界史などでは〈自由と平等〉を宣言したフランス革命を経て18世紀から、というふうに教わるかもしれませんが、ものの考えかたの歴史としてはルネサンス以降が〈近代〉だと言われることが多いです。それは中世の〈神＝「聖なるもの」〉の時代を経て、西欧では、もう神さまに頼らずに、人間が世界の中心になろうという〈**人間中心主義**〉の時代がルネサンス以降やってくるからです。つまり人間が世界の中心になろうとしたのが〈近代〉なのです。そして次のふたつが〈近代〉を覆《おお》う強力な考えかたになります。

・**合理主義**…理性や知性でものごとを捉《とら》え、そこに法則を見出そうとする考え
・**個人主義**…集団よりも個人の意志やありかたを尊重しようとする考え

合理主義は、人間のもっている理性によって、神の代わりに世界を説明しようとする考えです。この考えかたをもとに、〈近代〉から自然科学や科学技術が大きく発展していきます。

また**個人主義**は、フランス革命の〈自由・平等〉と結びつき、人々の価値観を大きく変えました。個人が大事という考えかたが経済の世界に影響すれば、自分の利益を追求する弱肉強食の資本主義的な世界が生まれます。そうした科学や資本主義が、現代でも大きな存在であり、大きな問題を生じさせているために、〈近代〉の価値観を問い直そうという〈**近代批判**〉の文章が多く書かれているのです。

また近代を論じる文章では、**近代を他の時代と〈対比〉することが多い**ことも覚えておいてください。この本文は右に書いたことと通じるところが多いので、これらを頭に入れて、読み進んでください。並列されているふたつの**〈近代の目標〉を理解し、それが現代では〈私〉だけを大事にする個人主義に行きついた、という、近代から現代への変化**がおおよそ読み取れればOKです。その内容に合わせて本文を並列されたふたつの「近代の目標」、と現代、というふうに三つに分けて説明します。

Ⅰ 近代の目標その一（ℓ1〜ℓ18）

フランス革命で自由・平等が宣言されたように、「近代」は古い生活習慣や先祖・親、伝統から自由になり、個人が自分でものごとを選択できる「社会の仕組み」をつくることを「目標」にしました。こわい父親がいて、先祖代々受け継がなければいけない「家」のために、したいこともできず、好きな人とも結婚できず、「家」の仕事や名を守るという近代以前のありかたから、「個人」が自分で選んだ人と、「家族」をつくるという時代へと変わろうとしたのです。

そして今では、人間関係は個人が意識的につくっていくものになりました。人間関係も「財産・資本」なのです。まるで人間関係がお金と同じように扱われていてイヤな感じですが、「近代」の〈伝統的な人間関係からの解放〉という目標は変わり、人間は一生懸命人間関係をつくらなければならなくなっているのが現代なのです。

Ⅱ 近代の目標その二（ℓ19〜ℓ29）

近代では個人の解放の他に、「宗教からの解放」も「目標」でした。これは先に書いた**合理主義**とも関係がありますね。人間の理性で世界を支配するために、わけのわからない「聖なるもの」＝「人間を超えたもの（＝神仏）」は邪魔《じゃま》です。そしてもちろん**合理主義**は**個人主義**とも関係があります。「一番は神じゃない！　個人だっ！」と宣言するために、「聖なるもの」はいなくならなければならないとも言えます。

Ⅲ 現代の状況（ℓ30〜ℓ62）

バウマンという学者は、近代は最初から個人を一番、と考えていたわけではないと言っています。最初は「公正で平和な社会」をつくるという社会に関する理想があったのです。だから社会を変える「革命」という言葉にも魅力がありました。でもいつしか現代社会は〈私〉という個人が絶対的な基準になりました。〈私〉がすべてを決めるのです。ですから「平等」も社会全体の「平等」ではなく、〈私〉が他人と同等に扱われることを求める、という小さな単位の「平等」になってしまいました。これが近代から現代への変化ですが、**個人主義**の行き過ぎた状態と言ってよいでしょう。

そして大きすぎる権限と価値をもった〈私〉は、かつてアイドルグループが歌ったように、「オンリーワン」という「固有性」を追い求めます。でもオンリーワンになりたがるという点では、みんな大差がない。だからどこかみんな似ている、という事態になっているのが現代社会です。こうした〈私〉を抱えた私たちに、激しい社会の変化が押し寄せ、〈私〉というものが揺らいでいるのが現代なのです。

設問解説

問一 [a] は「慣習（＝習わし・習慣）」と並列されています。語と語とのつながりに着目した**地固め編④**を思い出してくださいね。「慣習」は社会や文化によって決まるものですから、それと並列される [a] に「社会的」は入りますね。ただ「慣習」は古くから伝わるものも多いですから、「伝統的」も入りそうです。**設問に「ただし同じものを二度用いてはいけません」とある場合は、〈どこかで迷うかもしれないけど、最後までいくと決まるよ〉というメッセージが含まれています**。だから勇気が要《い》るけど、[a] は保留して次へいきましょう。

[b] は「社会」を修飾します。そしてこの「社会」は、[b] の後で「近代化」と対比されているので、「[b] な社会」は前近代の「社会」です。その「社会」では、「家」の「存続」が「至上命題（＝一番大事なテーマ）」でした。この「家」は「近代化」の結果「解体」したとℓ7〜ℓ8に書かれているので、「家」は古い近代以前のありかたです。すると [b] にも古くからあるという意味の語句が入るとわかるので、[b] には「**伝統的**」を入れます。すると [a] は「**社会的**」に決まります。では次に [c]。[c] の後の「関係」は、[c] の前の「社会関係」を受けていて、「社会関係」はそのもう少し前の「人間関係」（ℓ12）を含みますから、「人間関係」のことだと言えます。つまり「[c] に人間関係をつくらない」といけない、という文脈です。ここで、

> **◆空欄補充問題の鉄則◆**
>
> **＊〈原則〉原文の復元→本文全体の筆者の言葉づかいや内容を壊してしまうものは入れないこと**
>
> **＊〈実際の作業〉空欄の前後とのつながりはもちろん、空欄前後と同様の内容や語句のあるところと空欄部をつなぎ、ヒントをゲットせよ**
>
> **＊〈空欄補充のヒント〉**
>
> **1 空欄前後とのつながり**
>
> **2 同様の内容・表現のある箇所とのつながり**

というルールを確認してください。

すると傍線部①の三つ後の段落に「社会関係は〜〈私〉が自覚的につくっていかなければならない」（ℓ40〜）という部分があります。「社会関係」≒「人間関係」でしたから、この箇所は [c] を含む文とほぼ同じこ

とを言っている**イイカエ**です。するとここにある**「自覚的」**が[c]に入れば根拠のある解答になります。

　最後の[d]にいきましょう。[d]は「価値基準」を修飾し「モデル」と並列されます。「モデル」は〈理想〉です。でも、そういう理想に当たるものやこういうふうにすべきだ、という誰もが認める「基準」が「なくな」ったから、[d]の後に書いているように「すべてを〈私〉が決めなければな」らない、という事態になったのです。だから[d]には、〈〈私〉を超えた・誰も文句を言わず認める・ダントツの〉というような意味の語が入り、そういう「基準」がない、という文脈を作ればいいとわかります。「絶対的」は〈他の何ものとも比べられることがない、ただひとつのものであるさま。他と取り替えがきかないさま〉、それこそ〈ダントツの〉という意味の言葉です。だから**[d]は「絶対的」**で決まり。「相対的」は〈他と関係し合ったり比べられたりして成り立つさま。比べることで価値が決まったり変わったりするさま〉という意味です。どっちにしようかな、と比べられるのだから、〈ダントツ〉じゃない。だから、「絶対的」の反対語。何度も出てくる言葉だからしっかり覚えておいてください。

問二「もう一つ」と言うからには、傍線部①より前に「一つ」目の「目標」が書かれているはずです。そこで第1段落冒頭の「目標」という言葉と**つなぐ**。そこに先の 本文解説 でも触れたように、「近代」の「目標」が書かれています。設問文に合わせ、「〜こと」を最後と決めて、前にさかのぼって切れのいいところを、字数条件に従って決めるといいでしょう。正解はℓ1からはじまる「**人々を縛り〜放すること**」[32字]です。

> **抜き出し問題は、傍線部の表現と同様の表現があるところとをつないで、手がかりをつかむこと**

　このことは、傍線部のある設問全部について言えることです。「**つなぐ**」ことが大事なのです。「これまで人〜を解放する」までを解答とし、「こと」をカットした解答は設問文との形の対応がない分、劣った解答になります。また傍線部は、第3段落の「『伝統的な人間関係の束縛からいかに個人を解放するか』という、近代のはじめの命題」を受けて「もう一つ」と言っているので、このℓ17〜ℓ18の部分も当然解答候補になります。ですが、字数条件に合いません。「伝統的な」をカットすれば字数条件に入りますが、それではすべての「人間関係」を断ち切ろうとしたみたいで、「近代」の「目標」とズレてしまいます。**抜き出し問題では、無理な切りかたはしない**ようにしましょう。無理してるなと思ったら、もっとよいところがないか、探しましょう。

問三「近代」が「折り返し点に達した」、というのは、〈近代の最初のありかた（前半）が終わり、ターンするように次の段階（後半）に入った〉ということです。傍線部はどういう意味だ？　という解釈から設問解法は始めるのでしたね。すると近代のなかにふたつの段階を見つければよいことになります。

　二段階目は、傍線部②直前に書かれている、「いまの時代」のように、**a〈〈私〉の選択が強調（＝重視）される〉**という段階です。このことは傍線部直前に「つまり」とあることからわかります。

　ではそれより前はどういう状態だったのでしょう？　傍線部の6行前に「近代においても、最初のころには」「『公正で平和な社会』」という「目標」の「理念」があったと書かれています。これに関連することとして、第1段落末尾にも、「個人の自由を重視し、個人の選択を根本原則として、社会の仕組みやルールをつくりかえようとし」た（ℓ3〜）と書かれています。つまり「個人の選択」を重視しながら、まず伝統的な慣習などから人々を解放するために「社会」を変える、という、**b〈社会自体の変革が目指されていた〉**ということです。

　すると**正解はエ**です。選択肢前半の第一段階の説明で、bを述べているのは**エ**しかありません。**ア**…「公正で平和な社会」は最初の段階で目指されたのに、後の段階で目指されたように書いているところが×。**解答した後のチェック**で、ちゃんとこういうところに傍線や×をつけましょう。**イ**…「伝統や『家』や人間関係によって〜安定していた」のは近代以前であり、近代ではそうしたものは壊されていくので×。**ウ**…前半の近代初期の説明が、「家」の問題だけに絞《しぼ》って説明されているところが不十分。「家」の問題は、第2段落冒頭にあるように「一例」です。これだけでは近代初期の**b**の内容を説明できません。また「『聖なるもの』からの解放」だけでは、「〈私〉」のことを説明しておらず、**a**の内容も不十分で、**エ**より劣ります。

　選択肢問題は、まず自分で正解の要素を考え、一番マシなものを選ぶ、ということを忘れないでください。

問四 傍線部「〜」とはどういうことか、と問うタイプの設問を、**傍線部内容説明問題**と言います。これは傍線部の内容を傍線部に忠実に**イイカエ**・説明してください、という設問です。手順としては、

1 傍線部のどこをどういうふうにイイカエ・説明したらいいか、というポイントを決める（そのために傍線部を古文の口語訳をするときのように、区切ってそれぞれをブロックとして考えてもよい）

2 本文のなかに傍線部の表現（または右のブロック）と似た内容・イイカエのあるところを探し、傍線部の説明やヒントとして用いる

ことになります。あとは記述型でも選択肢型でも、傍線部を上から下になぞるように、**きちんと傍線部に対応した、直訳型の答案を書く、あるいは選択肢を選ぶ**こと（記述型では、**イイカエ**が本文にないときは、自分の言葉で書かなければならないので、難しくなります）。

　ではこの手順で設問を考えてみましょう。この場合は、傍線部「個人主義」と「平等」という言葉が二回ずつ出てきますから、ポイントはこのふたつと考えていいですが、傍線部前半の「個人主義」については、すでに解答の空欄の前で説明されているので、空欄の主語である「平等」にポイントを絞り、この語が出てくるところに着目しましょう。たとえば、「平等」という語は、傍線部のある段落の前の段落にもあり、それは「個人」という語と並列されて出てきます。傍線部も「個人主義」と「平等」を説明していますから、傍線部は、**前の段落と強いつながりをもっていると考えられます**。**地固め編⑦**の「**段落と段落とのつながり**」です。

　そういう見方で傍線部と空欄を含む設問の文章を見ていくと、傍線部前半の「個人主義」を説明していると考えられる設問の文の前半では、傍線部の前の段落の「『個人』は〜唯一の価値基準」（ℓ45〜）という部分を使っていることがわかります。また設問文の空欄直前は「平等も」となっています。これは「平等」が「個人主義」と並列され、両者が同様の性質をもつことを示しています。その性質は傍線部からわかるように「〈私〉」との関係であり、空欄の前の部分で**イイカエ**られているように「個人を唯一の価値」とすることです。なので空欄には、傍線部の前の段落を参考に、「〈私〉の個人主義」と同様の性格をもつ「〈私の〉平等」についての説明を入れればよいと判断できます。

　そこで傍線部の前の段落を見てみると、「『平等』もまた〜一人ひとりの〈私〉を認め〜自分が他人と同程度には特別な存在として扱われることを求めるのです」と書かれています。この部分で最も「平等」という意味を表しているのは「他人と同程度には」というところです。ですから「平等」は、この語句を中心に**イイカエ**るとよいです。また「〈私〉」

については、「個人主義」の説明で使われていた「個人を唯一の価値」とするという表現と、先に引用した「特別な存在」（b）という語句が対応するので、これを用いて**イイカエ**をすればよいでしょう。つまり、傍線部の前の部分をもとに書いていけばよいのです。解答末尾は「扱われることを求める」、「扱われる」で終わってもOKです。私大などでは、こうした一か所ほぼ抜き出しという記述問題もよく出ます。

「一人ひとりの〈私〉を認め、一人ひとりの〈私〉が特別な存在であること」（ℓ49）という部分にも「平等」と「〈私〉」の意味が、傍線部の前の部分ほどはっきりではないですが、示されていますから、そこを使って解答を書いてもいいです。ただし解答は、「現代」の社会や人間の考えかたとして書くべきなので、「〜が認められ、〜存在であると考えられている」とかアレンジしたいです。そして傍線部にある「〈私〉」は使わずに、設問の文の「平等も〜ということ」にうまく入るようにしてください。

解答は、**「他人と同程度に」「一人ひとり」などの「平等」の意味（a）があって5点、「自分は特別な／唯一の存在だ」という「〈私〉」についての説明（b）で5点**です。「〈私〉」を使った解答は2点減。

問五「パラドクス（パラドックス＝逆説）」は **チェック問題** ③で問うたように、

1 常識と一見異なる（が、真理を示している）考え（や表現）

2 相反する事柄が同時に存在すること

という意味です。どちらの意味が適切かは文脈で判断しなければなりません。ではこの設問ではどうでしょう？　傍線部④の「このようなパラドクス」（ℓ58）という指示語を辿ってみましょう。すると現代の〈私〉は「自意識（＝自分はどういう人間か・どう他人に見えるか、についての意識）」が強く、「固有性（＝自分だけがもっている性質、個性といってもいいでしょう）にこだわ」（a ℓ56）るのです。

ところがみんな固有性を追い求めているという点では**b**「似通っており、誰《だれ》一人特別な存在はいません」（ℓ57〜）。

これは、**a〈みんなと違いたいという意識〉**と、**b〈みんな似ているという状態〉が一緒に存在している状況**です。**a**と**b**は相反することです。するとこれは「パラドクス」の2の意味に当てはまります。「このような」という指示語が受けていたのもこうしたことだとわかります。だから［1］には**a**に当たる**「強い自意識を持ち、自分の固有性にこだわ**〔19字〕（る）という部分を、解答欄に合うように抜き出せばよいのです。

ただし［2］に入る**b**については、傍線部の前から「十字以内」で解答欄にフィットするようにうまく抜き出せる語句がありません。「『特別な存在はいません』でしかない」なんて、変な日本語ですね。そこで、**b**の**〈似通っており、特別ではない存在〉**という意味と同じ意味を表せる語句を本文に探すことになります。そして傍線部④の後、ℓ61の「**（ごく）ありふれた存在**」〔9（7）字〕という**イイカエ**を見つけられるとナイスです。〈何字以上〉という条件がないときは、最大字数マイナス4字（この設問の2だと、10−4＝6字）以上と考えてください。「特別な存在」（でしかない）は内容的に×ですが、字数的にもマズイです。

もういっちょ語句

・ℓ6 **「家」**…先祖代々受け継がれていく、血筋や職業のこと。

・ℓ15 **資本**…事業に必要な元手。資金。

実践編④ 文学

『ことばの処方箋《しょほうせん》』 高田《たかだ》 宏《ひろし》

解答・解説

目標点 29／50点

問題 本冊 78ページ

解答

問一 a 縛（って） b りょうかい c 献立 d すいこう e 警戒（2点×5）

問二 イ（6点） 問三 想像力（5点）

問四 書く前にす～という作業（5点）

問五 ウ（6点） 問六 エ（6点） 問七 ウ・オ（6点×2）

チェック問題

解答 正直／真実

解説 □＝「美徳」です。ふつう「美徳」はプラスイメージだから、□に入る語もプラス。設問文の「空欄を含む文にある語」は□と「正反対」だからマイナスイメージの「嘘《うそ》」です。そして「嘘」と「正反対のイメージをもつ語」は〈正直／真実〉となるでしょう。原文は「正直」となっていますが「真実」もOK。

復習

解答 A 自由 B 事実 C 想像力 D 安住 E 冒険

解説 A…傍線部①と対応。B…ℓ15に「私たちを縛っている……、事実への盲信」とあるので、B には「事実」を入れます。最終段落の「事実信仰」（ℓ69）という語句もヒントです。C…ℓ65に「想像力が加わったとき、事実が意味を持つ」とあるので、C は「想像力」で決まり。D…最終段落の「そこ（＝事実に対する安心感）に安住しているかぎり、書くということにはつながらない」と対応しています。E…「闇夜の冒険」（ℓ72）から決まります。

本文解説

この文章は本文の最初と最後で〈書くことは自由を味わうことだ〉ということを繰り返しています。**繰り返すのは言いたいことだから**、でした。みんなもこのイイカエを押さえて、**〈書くことは自由を味わうことだ〉**という筆者の主張を読み取ればナイスです。

そして本文はそのことと、「事実」への過信を戒《いまし》めること、実用の文章と文芸の文章との違い、ということとがつながり、文章が成り立っているので、その構成に即して説明します。

Ⅰ 書くことの自由（ℓ1～ℓ14）

書くことは地図や案内者、つまり決まったルートや他人の助けなどなく、自分ひとりで未知の世界へいくことです（ここで言う「書く」ことは「地図」≒「設計図」もないまま書くので、「文芸の文章」を書くことです）。その世界は言葉の世界であり、精神の世界でもあるでしょう。そしてそこが未知の世界であるために、書くことは「自由」と結びつき「闇夜の冒険」（ℓ72）とも言われるようなわくわく感をもたらすのです。書いている自分だけでなく、書く内容も社会の「常識」や「ルール」（ℓ59）に縛られず「自由」です。しかし、その「自由」は一方ではひとりぼっちでもあり、自分がすべてを決めるのですから、「おそろしい」ものでもあります。

そして、それを可能にするのは言葉の性質でもあります。言葉は社会共有のものです。だから書くことは社会とつながる面を持っています。でも一方で、言葉は個人のものでもあります。それゆえ書くことは、もちろん書いている間、一時的にということでしょうが、社会から自分を切りはなすことでもあるのです。だから「自由」と「おそろし」さを両方与えます。「社会とのつながりのなかで生きていないと不安な人」（ℓ13～）にとってはとても恐ろしいことでしょう。

Ⅱ 事実への過信（ℓ15～ℓ33）

そういう人にとって「嘘」ではない、社会が認めた「事実」に囲まれて生活するのは、社会とつながっていると思えてとても安心です。「事実」は「社会に共有され、誰が見ても同じもの」（ℓ69～）だと思わせてくれるからです。そうした「事実」を信じる人は、小説以外に「嘘」があってはいけないと考えたり、極端になると、小説でも事実と違うという警戒心を持ちます。でも筆者は「事実はゆらぐ」（ℓ21）と言います。このことは〈フェイクニュース〉のことを考えれば、納得できますね。つまり事実は確かなものではない。なのに事実だとありがたがるというのは「おめでたい」（ℓ23）。たったひとりの人間でも「事実」をいっぱい抱えています。でもどれだけ事実を積み上げても「人間は生きてこない」（ℓ26）。すぐ後に「それ（＝事実の集積）は文章作品ではない」と書いてあるので、これは文芸の文章を書くときのことを意識しているのでしょう。

Ⅲ 実用の文章と文芸の文章の違い（ℓ34～ℓ73）

話が「文章作品（＝「文芸の文章」）」に向いた後、筆者は「文芸の文章」と比較される「実用の文章」の話題を持ち出して**対比**していきます。

まず筆者は「実用の文章」について、「書く前にあらかじめよく考えるほうがいい」と言います。ここで言う「実用の文章」とは、筆者が挙げている「オムレツの作り方」「営業活動報告」「市場調査の分析」などの例を考えると、「事実」をもとにした文章です（だから筆者の頭のなかでは、やはり「事実」の話とちゃんと結びついて、文章がつながっています）。

そうした実用の文章では、「推敲《すいこう》（＝書いた文章を手直しすること）」をして、前もって書こうとしたことを読者に伝える「仕上げ」（ℓ47）をするために、「文章技術」（ℓ48）が必要になります。

でも文芸の文章には「技術はない」（ℓ54）。第1段落に「お手本」（ℓ2）もないのが、「書く」という行為だと書かれていました。それに「書くこと」は「自由」であり、事実に「想像力」（ℓ65）を加えることですから、繰り返し用いることのできる形式や型を提供してくれる「技術」は、「文芸の文章」には必要ないのです。そして実用の文章では必要だと言われた「推敲」についても、筆者はあまりよくは言いません（だからこのことには文芸の文章も含まれると読んでいいと思います）。普段の自分とはちがう自由な発想で書いていたのに、「推敲」は、社会的な言葉の約束事に、自分の文章が合うかどうかをチェックする作業です。そのせいで、自由が削られていくかもしれないからです。

筆者は、言葉は社会的なものであると同時に個人的なものだと言っていました（ℓ9）が、「推敲」は個人的なものを社会的な枠のなかに入れ込む作業だとも言えます。だから「文章」にあった、自由が生み出した力が、「推敲」によって「弱められ」（ℓ63）るということも起こるのです。

筆者に言わせると、文芸の文章は、事実を大事にし事実で成り立っているように思える社会に依存（＝他のものを頼りにすること）せずに、自分の想像力によって「わくわく」しなければならないものなのです。それが「書く」ということなのです。もちろん「実用の文章」には、こうしたわくわく感はないでしょうから、筆者が最後で言っている「書くこと」も、〈文芸の文章を書くこと〉だと言えるでしょう。

設問 解説

問一 aのように、訓読みの漢字は意外と書けないものです。日頃から、漢字が出てきたら、訓読みも覚えるようにしましょう。bの「諒」は常用漢字ではなく、ふつうは「了」と書きます。

問二 **〈理由〉は主語の性質にある**のでした。傍線部の主語は「書くということ」だから、この中身を探ることになります。ただし傍線部のある問題はまず、傍線部の内容を理解することから始めるのでしたね。傍線部①の「その」という指示語は傍線部の前を受けていますから、手がかりは傍線部①直前にあります。その部分で、書くことに関して「おそろしい自由」と言われているのは、「地図も案内者もなく、お手本もなく、自分ひとりで知らないところへ分け入ってゆく」ことです。傍線部は、書くことに付きまとう「自由」が「おそろしい」と言っているので、「書く」ことが「自由」だから、が〈理由〉になります。「安全圏にいたときに自分を縛っていた多くのものから解き放たれている」(ℓ3〜)状態も「自由」なありかたと言えるでしょう。ただし、ただ〈解き放たれたから〉と答えるのでは、傍線部を繰り返しているだけなので、もう少しこの部分の内容を探り、「自由」の中身を考えましょう。ではここで言う、「地図」とか「自分を縛っていた」ものとはどういうものなのでしょう？「自由」は、傍線部の主語である〈書くこと〉がもたらすものです。だから「地図」なども、〈書くこと〉に即して考えなければなりません。〈書くこと〉がどういうものかを説明している部分を他に探しましょう。

傍線部の語句と同様の語句があるところをつないで手がかりを得ることは大切なことでした(これは空欄補充問題でも同じでしたよ)。そこで第1段落の「書くという行為は社会の共通の約束ごとから自分を切りはなすことでもある」(ℓ12〜)という部分に着目してください。すると、

> 〈書くこと〉で「**社会の共通の約束ごと**」と(一時的に)切りはなされる
> ＝
> 〈書くこと〉は「**自分を縛っていたもの**」から解き放たれる

という対応から、「自分を縛っていたもの」とは「社会の共通の約束ごと(＝学校を出たら就職する、とか)」だということがわかります。「地図」なども〈この道を行くとここに着くよ〉という決まったルートを示してくれるものです。それを人生に当てはめれば、誰にも同じ道順＝生きかたを示してくれるものですから、決めごと＝「約束ごと」に近いです。

すると〈書くこと〉がもたらす「自由」とは、a **〈社会の共通の約束ごとから切りはなされ、ひとりですべてを決めること〉**だということになり、それは孤独になることだから「おそろしい」と言えるので、傍線部ともつながります。するとaと一致する**イが正解**です。

ア…ちょっと迷ったかもしれませんが、傍線部は〈書くこと〉を説明したものです。「地図」という表現も喩《たと》えとして使われています。**ア**はそれを実際に旅行するかのように、「ひとりで旅に行く」と説明していて、本文の言おうとしていることとズレています。**ウ**…「新しい言葉をつくる」ということは、傍線部①の後の「書いた本人にしか通じない文字」を「つくる」ということも含むと言えます。するとそうした行為は、「大変な苦労がある」というレベルの問題ではなく、「つくりだすわけにはいかない」(ℓ8)という不可能、あるいはしてはいけないことなのです。また**ウ**の内容はaと食い違っており、傍線部とは関係のないことです。**エ**…これもaと合致しませんし、筆者は、言葉は「社会共有のものであると同時に個人のものである」(ℓ9)と述べているだけで、「言葉は個人のものであるという認識を持つべき」だ、などとは言ってはいません。

問三 傍線部②の「人間は生きてこない」というのは、もう少し広く傍線部の前の文脈も含めて解釈すれば、「事実を積み上げて」も、それだけでは生き生きした人間は表現できない、ということだと言えます。その後では、「事実」を「集積するだけ」では「文章作品ではない」と述べています。だからここは、「文章作品（≒文芸の文章）」を念頭に置いて、書いたものを生き生きさせるためには、他に何が必要かわかればよいのです。

　それは書くときに「必要」なものであるはずですから、本文のなかに、書くときに「必要」なものを探せばいいと考えられます。すると設問文のヒントにも書かれていますが、最後からふたつ目の段落に「事実だけでは何ものでもない。想像力が加わったとき、事実が意味を持ってくる」（ℓ65）と言われています。そして**「意味」という言葉は〈価値〉と言い換えることができる言葉**です。つまり、**事実に想像力が加わったとき、書かれた事実や表現に〈価値〉が生まれる**、と筆者は考えているのです。だから「想像力」は文章の価値を高めるために「必要」なものだと言えます。なので**正解は「想像力」**。他の選択肢の語句は、書くときに「必要」なものではありません。

　傍線部前後の文脈を見る→求められているものを考える→それを本文に探す、そういうルールが身についているか、が試される問題でした。現代文の設問の種類は多くありません。いつも同じルールで解いてください。

問四 **抜き出し問題の設問文はヒント！** でしたね。この設問文も「何をどのように書いていく行為か」と問うていますから、解答は「〜を〜する行為」というような形になるだろう、と考えられます。もちろんそれは「実用の文章を書く」ことの定義にもなることなので、それについて書かれている第7・8段落（ℓ34〜ℓ49）にまず目を向けるべきでしょう。

> **抜き出し問題では、設問文の要求や条件から、最初はある程度、解答を探す範囲を絞《しぼ》ってもよい**

　すると第8段落に「書く前にすでにあるものを、できるだけ忠実に、正確に、明快に、文章に移しかえるという作業である」（ℓ44〜）という部分が見つかります。この文には主語はありませんが、現代文では主語が省略されている場合、前の文の主語を補《おぎな》う、というのが基本でした。ただこの場合は前の文の主語が具体例ばかりで戸惑います。

　でもこれらが第8段落冒頭の「実用の文章」（ℓ40）の具体例だということはわかるはずです。だから先に引用した文の主語も「実用の文章」だと考えられます。すると「書く前に〜」という部分は「実用の文章」の定義であり、「〜を〜する」という形になっています。ただし「移しかえる」という述語で終わると、三十八字になり「四十字以上」という字数条件を満たしません。「作業」までを解答にしなくてはいけません。すると設問文の「行為」と「作業」が対応してよい答えになります。正解は**「書く前にす〜という作業」**［43字］です。逆に言えば「行為」という**設問文の言葉は、「作業」に注目させるサイン＝ヒント**だったとも言えるでしょう。他に、「実用の文章」を説明し、「〜を〜する」という形になっていて、「行為」にも対応する部分はありません。

問五 「表層」は〈表面の薄い層〉。そのなかに「常識人」が住んでいて、「推敲」するときに「頭を持ち上げてくる」と傍線部④前後に書かれています。そして「自由」は押しやられます。すると傍線部④の前の「自由」（ℓ59）だった状態と傍線部④の「表層の自分」は**対比関係**になっていて、

○「自由」＝世間の常識とか暗黙のルールから解放される
⇔
●「表層の自分」＝「推敲」するときに「常識人」になる

というふうにまとめることができます。すると「表層の自分」とは、a**〈自由な自分が押しのけられ〉**、b**〈常識に支配された自分〉**です。

なので**正解はウ**。「常識人」は〈社会でふつうに行われていることをそのまま行う人〉だから、「社会に合わせて生きている」人、と言ってよいでしょう。よって**ウ**の後半は**b**と合致します。「自由な自分のありかた」が「薄まり」というのは、「表層の自分」が「頭」をもたげてくるために「自由」がしぼんでいく**a**のさまを表しています。

ア…「普段」から「自由」だというのが×。「推敲というのは～普段の自分に引きもどすことである」「言葉の力にうごかされて書いていたときには～自由になっていた」（ℓ58～）という記述から、**「普段の自分」＝「推敲」のときの自分＝「常識人」**であり、それと**「自由」**は対立することがわかります。なので、「普段」と「自由」を結びつけた**ア**には**〈対比の混乱（＝対比をごちゃまぜにしてしまうこと）〉**があります。これは**問七**で説明する〈一番悪いタイプ〉の選択肢のひとつです。**イ**…よい文章にしようとして「推敲」をしているのですから、「書くことに嫌気《いやけ》がさして」いるとは考えられません。**a**もナシ。**エ**…「うわべだけで人と付き合っている」というように、「常識人」の中身を、人との付き合いということに限定しているのがおかしい。「常識人」をそのように限定して説明している箇所は本文にありません。「ありのままの自分をさらけだすことをおそれて」ということも本文にナシ。

問六 傍線部⑤を含む一文の言いかたから、「事実信仰」は「素朴な社会依存」とイコールです。傍線部の前の段落に「事実信仰者」についての説明があります。彼らは「〝嘘〟をおそれ嫌う」人たちで、小説でさえ「世の中で認められている事実とはちがうといって、警戒」（ℓ67）するのです。

また傍線部直後にも「事実というものは社会に共有され、誰が見ても同じものである、という安心感の上に座っていたい」（ℓ69～）と書かれています。すると「事実信仰」とは、a**〈世の中で認められている事実だけを信じて安心していようとすること〉**だと言えるでしょう。それは〈世の中〉＝「社会」の言うとおりにすることになるので、「社会依存（＝社会に頼ること）」になるのです。すると**正解はエ**です。**a**の内容に合致しています。

ア…「本当の自分を見つめようとしていない」という部分が、本文にナシ。**a**とも食い違います。**イ**…「事実信仰」に染まっている人が「自分から文章を書くことをしようとしない」とは本文から断定できません。事実だけに即した「実用の文章」なら書くかもしれません。**a**とも合致しません。**ウ**…「事実信仰」に染まっている人のなかに「自由への欲求」があるとは、本文に書いていません。

付け加えれば、傍線部の「素朴な」というのは、ほめ言葉ではなく、「事実」を過剰に重んじる態度を否定している筆者の立場からすれば、〈単純な〉というマイナスの意味で使われていると考えるべきです。

問七 選択肢問題全般に言えることですが、とくに内容合致（趣旨判定）問題では、次のようなことを覚えておいてください。

◆選択肢のランク◆
- **一番悪い選択肢…本文に書いていることと食い違う→×**
- **二番目に悪い選択肢…本文にないことが書いてある→ナシ**

本文に「～かもしれない」と書かれているのに、「～である」と断定しているというような、表現上のちょっとした違いは大したキズではないので、他の選択肢が先の赤枠《わく》のなかのようなものばかりなら○になります。ひとつ選ぶ場合にも、ランクづけをして、**パーフェクトなものを選ぶのではなく、一番マシなものを選んでください**。

また、今回の問題は「二つ」選べ、という問題です。こう問われると、どうしても100点のものを「二つ」選びたくなるでしょう。

でもそうではない。あくまでランクですから、「二つ」というのは、ランキングしてみて、上から「二つ」ということです。ひとつは100点かもしれませんが、もうひとつはあんまりよくなくて、二番手は、たとえば40点とかかもしれません。たとえばクラスから体育祭のリレーに、タイムのいい二人を代表として出すとき、一人はメチャ速い、だけどそのクラスの二番目に速い人は、一番の人よりかなり遅いかもしれません。それでも二人代表を選ばなくてはいけないとしたら、だいぶ遅い二番手の人も選ばないといけませんね。それと同じで、

ふたつ選べと言われたら、ランキングを考えて、上からふたつ（「適当でないものをふたつ」という場合は下からふたつ）、を選ぶ

という意識をもってください。では始めましょう。

ア…**ア**のように言うと、「小説」では「事実」を適当に扱ってもよい、ということになります。「事実だけでは何ものでもない」ですが、「想像力が加わったとき、事実が意味を持ってくる」（ℓ65）と書かれていたことを考えると、「小説」で「事実」を「慎重」に扱わなくてもよい、とは言えません。これは本文にナシ、二番目に悪い選択肢パターンですね。

イ…「日本語には日本語の約束ごとがあって〜本人にしか通じない文字をつくりだすわけにはいかない」（ℓ6〜）という記述と、「日本語の約束ごとにとらわれる必要がない」が食い違っていて×。本文の内容に反する一番悪い選択肢です。書くときに、一時的に切りはなされる社会の約束ごとと、「日本語の約束ごと」とは別ですよ。

ウ…「実用の文章を書くときは推敲するのもよい」という部分は「実用の文章は〜推敲するのがいいのである」（ℓ40〜）と一致します。また、「推敲が文章の魅力を失わせることもある」という部分は「推敲によって文章の力が弱められていることが実に多い」（ℓ63〜）と一致します。これは100点ですね。**ウがひとつ目の正解**です。

エ…「文芸の文章」にも「技術が必要」だという説明は、「文芸の文章には技術はない」（ℓ54）と明らかに×です。

オ…「面白さ」は「わくわくする」（ℓ73）の**イイカエ**と考えればいいでしょう。「書くこと」で「わくわくする」のは「自由」だからです。最終段落に、単純に事実や事実がもたらす「安心感」に安住していては「書く」ということにはつながらない」と書かれています。だから「書くこと」の「自由」は、「事実の世界」をベースにしていたとしても、それにとらわれないことなのです。また「書くという行為は社会の共通の約束ごとから自分を切りはなすこと」（ℓ12〜）だとも書かれていました。「社会の共通の約束ごと」は「約束」だから「ルール」ですね。その「ルール」が第10段落では「世間の常識」（ℓ59）と並列され、「言葉の力にうごかされて」書くときには、そうしたものから解放され「自由」になると述べられています。すると「書くこと」は、「事実の世界や社会の常識を超えた自由を獲得する」という内容は正しい。なので**オがふたつ目の正解**です。

オは本文にない言葉が出てきましたが、それをすぐに「ナシ（＝本文に書いていない）」としないで、本文のあの言葉の**イイカエ**ではないか、と考えられる**語彙力《ごいりょく》と読解力**を身につけて、**オ**を上位にランキングできる力がついてくれれば、内容合致問題も傍線部問題も大丈夫です！

もういっちょ 語句

・ℓ13 **四六時中**《しろくじちゅう》…一日中。いつも。

・ℓ21 **確固不動**…しっかりして動かないこと。

『うわさとは何か』 松田《まつだ》美佐《みさ》

目標点 31／50点

問題 本冊 84ページ

解答

問一 a 頻繁 b 担保 c 一斉 d 促進 e 検索（2点×5）
問二 イ（8点）
問三 ア・ウ・オ（3点×3）
問四 ウ（8点）
問五 アB イA ウA エB オB（3点×5）

チェック問題

解答 危険（危機なども可）

解説 「リスク」は、もとは保険関係の用語でしたが、「危険」という意味でふつうに使われるようになりました。

復習

解答 A 興味（関心も可） B 分極化 C 虚偽 D 日常化 E 接触

解説 A…第2段落末尾に「自分が興味を持つ情報だけを選別し」（ℓ7）とあるので、［A］には「興味」を入れます。B…「集団」という語につながり、「同じような考え方の人間が集まり極端なものにな」ることと関係する語句を入れるべきなので、「分極化」を入れます。C…「カスケード」でみんなが支持する「情報」のひとつの性質を表す語が入ります。第4段落にカスケードにおける情報は「虚偽」（ℓ21）でもよいと書かれているので、［C］は「虚偽」が適切。「情報」自体の性格だから、「陰謀」はおかしいです。［D］・［E］…最終段落の最後の一文の「インターネット利用がより日常化する」「情報に接触する」がヒント。

本文 解説

本文は、インターネットで生じる現象を、サンスティーンという学者の説に従いながら、述べています。**その現象とそれに対する筆者の立場を最後の段落から理解**できれば、最初のつかみはOKです。

Ⅰ 集団分極化（ℓ1〜ℓ15）

キャス・サンスティーンは、インターネット技術が民主主義を危うくすると警告しています。民主主義とは単なる多数決ではなく、共通の知識や問題関心の上に立って議論する仕組みです。そのためには自分が興味を持っていない話題や自分とは異なる「視点（＝ものの見方）」にも触れる必要があります。でもインターネットはその人が興味を持つ情報だけを選び、提供する技術を発達させています。これが品物ではなく、ものの考え方となると、インターネットでは、考えの似た者同士が結びつきやすいということになります。

すると考え方の似た者同士で盛り上がり、人々は、より過激な立場をとるようになります。これを「集団分極化」と言います。これは意見の違う人の言うことにも耳を傾けるという民主主義の原則を犯すものですから、たしかに、民主主義の危機と言えるでしょう。

Ⅱ カスケード（ℓ16〜ℓ41）

重大な事柄なのに、そのことについて自分がよく知らないとき、人間は誰かの情報に頼るしかありません。よく知らないため、ある一部の人の考えかもしれないのに、多くの人がそれと同意見だと聞かされると、みんながそう言うならそうだろう、というように、大勢の意見だと言われることに従ってしまう。それが「虚偽」（ℓ21）かもしれないのに、です。「カスケード」とはこうした多数派と考えられる意見がどんどん広まっていく事態を指しています。自分では何も考えずに、多数派だからいいか、みんなと同じだからまあいっか、という態度は、つねに多数派と思われる側が力を手に入れることにつながります。また誰かがこっちが多数派だとウソを流せば、選挙に勝てるかもしれません。これも民主主義を壊す可能性があります。だからこうしたインターネットの特徴を知ると、きっと「人びとが知らないところで巨大な権力が世界を動かしている」（ℓ24）んだ、という「陰謀論」がささやかれるようになります。

それはインターネットを批判している立場からも言われることでしょう。でも単純に「陰謀論」の中身を信じてしまった人は、それを「事実」だと思い、そうしたサイトに入り、そしてそうした「陰謀論」を「事実」だと信じる多くの仲間と出会うことになるでしょう。これもまたカスケード状態です。

Ⅲ インターネットの特徴（ℓ42〜ℓ63）

インターネットが悪者のように、サンスティーンは述べています。ですが、インターネットにもよいところがあります。インターネットは、個人的な会話とは違って、「やりとりが保存され、公開されている」（ℓ43）。またインターネットでは、「多種多様な情報と多種多様な人とコミュニケーションする場」（ℓ47〜）が開かれています。みんなたしかによいことのようです。でもそれだからこそ、時空間を超えて考えの似た者同士が集まりやすくなり、集団分極化やカスケードが生じやすいのです。

こう考えると、似た者同士の人々とは立場が違う人たちには、似た者同士の人たちが、たんなる「うわさにみえるもの」（ℓ65）をまきちらし、そうした曖昧《あいまい》な情報をふやしている人に見えるでしょう。

Ⅳ 筆者の考え方（ℓ64〜ℓ70）

サンスティーンはかなりインターネットを否定的に見ていますが、サンスティーンとは違い、インターネットの利用者は自分の見たい情報だけに接触しているわけではないという研究もあります。筆者は、サンスティーンの言うことを全面的に支持しているのではなく、サンスティーンとは異なった見方も踏まえ、これだけ日常生活にインターネットが入り込んでいるなかで、人々は実際どのように情報に接するようになるかを見守っていかなければならない、と考えています。

設問解説

問一 b 「担保」は〈保証のために提供するもの。保証すること〉。

問二 空欄の直前には「集団分極化とは」という語句があります。「〜とは」は、「集団分極化」を**定義**する形の文型です。ですから空欄には「集団分極化」の特色・本質（＝事物の奥に潜《ひそ》む、あるものをそのものとして成り立たせている独自の性質。たとえば、人間の本質＝人間を人間として成り立たせている性質）を入れればよいことになります。「集団分極化」については、「集団分極化」という語が出てくる箇所を空欄部と**つないで**考えましょう。たとえば第10段落には「時空間を超えて考えが似た者同士が集まりやすく、そのなかで議論が繰り返されることによって、集団分極化が促進される」（ℓ50〜）と書かれています。また空欄の前には、「集団分極化へのリスク」という表現があります。「集団分極化」は「リスク」になるということです。

「リスク」と「集団分極化」との関係については、社会心理学によれば、「集団分極化」は「リスキーシフト」と言われ、「一人ひとりの個人より集団による意思決定がより過激なものとなることを指す」（ℓ38～）と言われています。

これらをまとめると、「集団分極化」とは**a**〈**意見の似た者が結びついて議論していくうちに、主張や立場を過激なものにしていくこと**〉と言えるでしょう。それぞれの集団が、他よりきわだっていくので「分極化（＝ふたつ以上に分かれること）」なわけです。空欄の後にも同様の内容が書かれているので、こうした内容が空欄に入れば、文の流れ＝文脈がうまくつながっていきます。すると**a**と最も合致する**イが正解**です。「極端」は「過激」の**イイカエ**です。

ア…「対立する意見との理論闘争」が**a**と×。「集団分極化」は似た意見の者が集まるという現象で、空欄を含む段落の末尾にも「反対意見を聞く機会があまりなくなる」と書かれています。**ウ**…「さまざまな考え方のなかから～探し出し」という部分がナシ。「集団分極化」が起こる前に、「さまざまな意見」と出会うということは本文に書かれていません。**a**にまとめた内容からすれば、「集団分極化」は、はじめから〈自分と同じような考え方の人間と出会う〉ことで生じると考えられます。「日常生活では接する機会の少ない意見や立場にも接触でき」（ℓ48～）と書かれていますが、これはインターネットの性質で、「集団分極化」自体の説明ではありません。**エ**…「反対意見を持つ者との対立を鮮明にした」という部分が**ア**と同じ理由で×。**オ**…「より過激な意見を持つ者が主導権をとり、支配していく」という波線部分が本文にナシ。

問三 傍線部②に書かれたインターネットの性格がどのような「効果」をもたらすか、が問われています。このことについては、傍線部の後で「日常生活」と**対比**しながら説明されています。とくに第10段落にまとめられているのでそこを整理しましょう。

「対面での会話」は人が限定され、その場で消えていきますが、「やりとりが保存され、公開されている」インターネットだと、「多種多様な情報と多種多様な人とコミュニケーションする場が常に開かれている」（**a** ℓ47～）し、「日常生活では接する機会の少ない意見や立場にも接触でき」る（**b** ℓ48～）。また「自分の都合に合わせて議論に参加することができる」（**c** ℓ49）のです。まず**ア**が**a**と対応していると言えます。「コミュニケーション」や「議論」をするということは、自分も「自分の考え」を述べることになるはずです。そしてインターネットは世界に「開かれている」のですから、「世界に向けて述べる」ことになります。また**b**の「接する機会の少ない意見」を「少数派である意見」と考えれば、インターネットはそれらもそのまま「保存」しますから、**ウ**のように「差別されることなく」、「消されることがない」と言えるでしょう。もちろん「集団分極化」などが起これば、少数派の意見は無視されるでしょうが、この設問は、傍線部のような「インターネット」自体の性格を問題にしているのですから、「集団分極化」とは切り離して考えるべきです。だから**ウ**もOKです。さらに**オ**は**c**と対応しています。よって**正解はア・ウ・オ**です。**イ**の「非論理的な意見」は「批判され」る、**エ**の「厳しい議論」という内容は、本文に登場しません。

問四 **問三**の文脈と同じように、この設問の傍線部でもまだインターネットと日常生活の**対比**が続いています。日常生活では「周囲の人たち」の考えがわかりにくいのに対し、インターネットでは「周囲の状況」が見られる、と述べられています。まさか隠しカメラでもあるわけではないでしょうから、「周囲の状況」というのは、隣近所とかではなく、インターネットのなかで出会う空間や情報だと考えられます。そして注意しないといけないのは、筆者は一度「周囲の状況」という言葉を傍線部直前で用いながら、それを「個人が見たいと望む『周囲の状況』」と言い直していることです。ではインターネットを通して、「個人が見たいと望む

『周囲の状況』」とはどのような「状況」なのでしょう?

そこで傍線部③の次の段落冒頭を見てください。「インターネット上では個人が望む立場を支持する情報に数多く接することができる」(ℓ59〜)、「特定の立場からの情報に接する」(ℓ60〜)とあります。傍線部の「個人が見たいと望む」という表現と「個人が望む」という表現がほぼ同じ意味であることからも、「個人が見たいと望む『周囲の状況』」とは、**a〈個人(自分)の立場=「特定の立場」、を支持している周囲の状況〉**だと考えられます。そしてそれは、a′〈自分と異なるものを支持している状況は見たくないということ〉でもあります。すると**正解はウ**です。**ウ**は自分と同じように考える人が多い状況を示していますから、**a・a′**と一致します。

ア…「誤った情報は〜」という内容が本文に書いてないし、**a・a′**とも×。**イ**…自分と同じ立場が支持されていることを知りたいのですから、自分と違う立場にはあまり目を向けない(=a′)はずです。だから「視野を広げる」ことにはならないでしょう。**エ**…「多くの人の知恵が結集」ということが本文には書かれていないし、**エ**の後半は、自分の立場が支持されていることを知りたいという**a・a′**とズレています。**オ**…「多様な集団が十分に議論し合う場が開かれていて」という部分が**a・a′**と一致しません。

実践編③問三 p.18にも書いたように、**文脈や内容から正解となる要素を見つけ、それが含まれる選択肢を選ぶことをまずは心がけましょう。**消去法はそれができないとき! ということを忘れずに。

問五 内容合致(趣旨判定)の問題ですが、一つひとつ○か×かをチェックする形の問題です。こうした問題では、△みたいな、ちょっとキズがあるぞ、という選択肢をどうするか、で迷いますが、**実践編④問七** p.24に書いたように、**〈選択肢のランク〉**を意識して○×を考えましょう。

ア…「『フィルタリング』の技術をより発達させる必要がある」などとは、本文のどこにも書いていませんね。なので**アはナシの選択肢→B**。

イ…「よく知らないことであれば、何人がある意見を支持していると聞かされると、支持する(=「同調する」)」(ℓ18〜)と一致します→**A**。

ウ…最終段落の最後の一文の内容と一致しています→**A**。

エ…集団分極化やカスケードはインターネット上だけで起こる現象ではありませんし、社会心理学で言われてきたことでもあります。だから「以前から見られた現象」だと言っても間違いではありません。でもそうした現象とインターネットで起こる現象の違いが「量」だけだとは、本文に書かれていません。これも**ナシ→B**。

オ…「情報が多すぎると〜」という内容が本文に**ナシ→B**です。

もういっちょ語句

- ℓ7 **フィルタリング**…ある基準によって、情報を選んだり、排除したりすること。
- ℓ11 **分極化**…本文のように、〈かたよること〉も言いますが、ふつうはふたつ以上に分かれること。
- ℓ21 **虚偽**…うそいつわり。
- ℓ32 **巣窟**…悪者のすみか。
- ℓ68 **日常化**…ふつうのこと(当たり前のこと)になること。

『増補 日本美術を見る眼 東と西の出会い』 高階秀爾《たかしなしゅうじ》

解答・解説

目標点 30／50点

問題 本冊 90ページ

解答

問一 A たとえば　B もちろん　C そして　D もともと（3点×4）

問二 ウ（8点）

問三 ア（8点）

問四 一定不変［4字］（5点）

問五 三次元の奥行（4点）

問六 細部（5点）

問七 エ（8点）

チェック問題

解答 しんざんゆうこく（の）おもむき

解説 「深山幽谷」は、〈奥深い静かな山や谷〉のこと。「趣《おもむき》」は〈ものごとの味わい、おもしろみ〉のこと。

復習

解答 a 縮小　b 画家　c 統一　d 装飾　e 至近

解説 a…第1段落（ℓ2）に「微細なもの」などと「『縮小されたもの』」が並列されているので、[a]には「縮小」を入れます。b…西欧の遠近法について、第4段落に「一定の視点――それはすなわち、画家自身の視点にほかならない」（ℓ51～）とあるので、[b]には「画家」を入れます。c…西欧の「空間」については、第4段落末尾に「統一的な空間」（ℓ64）とあるので、[c]は「統一」で決まり。ℓ20に「統一的空間表現」という語句もあります。d…第2段落に「平面的」と「装飾的」（ℓ18）が並列されているので、「装飾」を入れます。e…最終段落に「至近距離から描いている」（ℓ76）とあるので、「至近」が○で正解。

本文解説

『縮小されたもの』は、日本人の感受性に強く訴えるものを持っている」（ℓ5～）＝「『縮小されたもの』に対する愛着を示している」（ℓ15～）、『縮小された世界』に美的喜びを見出す日本人」（ℓ27）、というイイカエに着目して、〈縮小されたものを好む日本人の感受性〉という、本文のテーマを押さえよう。また本文の流れは、日本の美の特色を述べた後、西欧絵画と日本絵画とを対比して論じる、というものです。ではまず日本の美の特色を見ていきましょう。

Ⅰ 日本の美の特色（ℓ1～ℓ49）

日本人は「小さなもの、微細なもの、あるいは『縮小されたもの』」を好みます。その理由は本文に書かれていませんが、そうしたものを「うつくしい」と感じる感受性が日本人にあることは確かです。わざわざ木をミニチュア化して「盆栽」を作る。現代のフィギュアとかも「縮小されたもの」と言えるかもしれません。そういうものを作った職人たちの技巧を見て感嘆する、そうした美意識が日本人にはあるのです。「縮小されたもの」への愛好は、日本の絵画にも見られます。みんなの日本史の教科書にも載《の》っているかもしれませんが、「風俗図屏風《びょうぶ》」や「洛中洛《らくちゅうらく》外《がい》図」などには無数の小さな登場人物たちがひしめき合っています。

Ⅱ 日本の絵画表現と西欧の絵画表現（ℓ50～ℓ79）

こうした絵画の画面で重要なのは、全体の構成よりも「細部の緻密《ちみつ》な描写」（ℓ30～）です。たしかに町並は雲の上から見下ろしたように描かれている。でもそれはあるひとつの視点から描かれたわけではありません。もし絵の真ん中に視点を決めてリアルに（＝写実的に）描いたとしたら、そこから北に見える建物は南の面だけを、南に見える建物は北の面だけを描くことになるでしょう。でも日本の絵はどの建物も「ほぼ同じ角度で眺められている」（ℓ35～）。ということは、画家は自由に空中を移動して、ときには近づき、ときには離れ、こみ入った町の、いろいろな建物の、さまざまな側面を見るようにして描いているということになります。

そして画家は必ずしも見下ろすのではなく、すぐそばからも見ているように描いている。よく見れば、女の人の着物の模様まで見分けられるくらいに。だから実際は近くで見たはずなので、その人物の大きさがわかっているはずです。でもそれが絵のなかでは小さく描かれているとすれば、それは「縮小され」たからです。

これは西欧の空間表現とずいぶん違います。西欧の絵画は、まず「一定の視点（＝画家の視点）」（ℓ51）を固定して、すべてをそこから見えたとおりに描きます。事物や人間の大きさは、画家の視点からの距離によって決められます。これが「遠近法」です。また色の濃淡でも画面に奥行きを作ります。これは「明暗法」です。もしある人物の服が不鮮明な暗い色で描かれているとしたら、それは画家から遠いところにいることを示します。だから「明暗法」も「遠近法」と同じく、画家からの距離を設定して、画面に「三次元」という現実と同じ空間を作ります。なので「写実（本文下段ヒント参照）的」だと言われます。そして画家の視点だけがすべてを決めているので「統一的な空間」（ℓ64）と呼ばれます。

では日本の絵画には「写実」的な性質はないのでしょうか？　たしかに画家はいろいろと動き回っているので、空間の統一はありません。でも画家が近くで見た着物の柄《がら》など「細部」（ℓ42）はとてもリアルに描かれているのです。そういう意味では日本の絵画にも「写実」という性格はある。ただ「写実」の仕方や意味が日本と西欧では違うということなのです。日本と西欧の絵画の違いを以下にまとめておきます。

日本の絵画
a 画家の視点の移動
b 細部を細かく描写＝日本的写実
⇔〈**対比**〉
西欧の絵画
a′ 画家の視点の固定→統一的空間の形成
b′ 三次元の表現＝西欧的写実

設問 解説

問一 接続語補充の問題です。**地固め編⑥** もういっちょ **の接続語の表**（p.28）も思い出してください。

ではまず A 。 A は、 A の前の一文の主語である「日本人の美意識の特質」を、「小さなもの、微細なもの」などの例を挙げて、それらへの「強い好み」だと、具体的に示すところです。なので具体例を導く例示の **「たとえば」が適切**。

次に B 。**実践編①の問四**で、**譲歩の構文**を確認しましたね。〈**もちろん・たしかに・なるほど＋他人の考えを消極的に肯定する＋逆接の接続語（しかし、など）＋自分の意見の主張**〉という形でした。接続語の空欄の後に〈逆接〉があるときは要注意！ B の後にも「あろうが」の「が」があります。祖先たちは巧みに作られた微妙なものに職人の優れた技巧も感じたであろうが、そうした細かな細工に、日本人の美意識は「うつくしい」ものを感じたはずだ、と「が」の後で自分の主張を強調しています。譲歩の構文は、自分と異なる見方を受け入れつつ、自分の主張や説を強調する形の文です。ここもそういう流れになっていますね。だから B **には「もちろん」を入れて譲歩の構文を作ればよい**のです。

C は少しメンドウ。あまり手がかりがない、というか、なにも入れなくても文脈が続くところです。こういう所には〈強調〉の接続語が入ることが多いですが、この場合で言えば、「そして」です。ですが「もともと」を入れてもおかしくはありません。〈二度用いてはならない〉という設問条件は、迷うところがあるというサインでしたから、ここはスルーして、 D を考えてみましょう。

D は「わが国の絵画」の歴史を「上代」にまでさかのぼって説明するところです。すると過去のことを話し始めるときに使う **「もともと」が** D **にはふさわしい**。すると、 C **は「そして」で決まり**です。

問二 傍線部①の一行前、 B 直後の「そこ」は蒔絵《まきえ》などの「精巧微妙なもの」（ℓ8～）を指しています。なぜならそれは「そこ」の後の「技巧の冴《さ》え」と似たものだからです。そして傍線部の「そこ」は「それと同時に」と並列されているので、一行前の「そこ」と同内容だと考えられます。なので傍線部は、直前の内容を踏まえ、このような **「精巧微妙なもの」に美を見出す**、と述べているのです。

また日本人にとって「うつくしい」ものとは、「縮小されたもの」（ℓ2）などとあり、「『縮小された世界』に美的喜びを見出す」（ℓ27）と書かれています。また傍線部の前のℓ7～ℓ8に「微細な点まで丹念《たんねん》に」と書かれています。「微細」なものはこまかく小さい状態を指しますから、「縮小されたもの」でもある。すると傍線部の「そこ」は、ℓ7の「微細」ということまで含んでいて、「**微細で精巧微妙なものに美を感じた**」というのが傍線部の内容だと考えるほうが、本文全体の内容とも合います。

このように指示語などを辿《たど》って、傍線部を理解していくと**最も適切な選択肢はウ**だとわかります。**ウ**の前半の「技術面」のことは、傍線部の大事なポイントではないですが、傍線部の一行前の「そこ」＝傍線部の

「そこ」が「技」のことだし、傍線部の「また」を「技」だけじゃなく、美も「また」と作問者が読んで、選択肢を作ったのかもしれません。どの選択肢もこうした形になっているし、本文に書いてあることなので、OKとしましょう。**ウ**の「繊細」は「微細」の**イイカエ**です。

ア…傍線部の「そこ」、は「工芸」などのことです。「絵画」のことは傍線部直後で「そして」と話がひとつ進んでからなので、「絵画」は傍線部で述べられているものではありません。**イ**…「そこ」が指している内容がまったくないし、「統一的な全体のうつくしさ」は西欧的なものなので、日本の「うつくしい」ものとは無関係です。**エ**…「全体についても美的喜びを感じていた」という部分が本文にナシ。

問三 傍線部②は、簡単に言うと、〈日本の画家たちも現実世界を観察し、「写実的」に描こうという意欲はあった〉ということです。難しかったり、長かったりする傍線部は、まず自分で本文や文脈に即した解釈をすべきです。そして次に何を答えればよいかを考える。この場合は、〈日本の画家たちも現実世界を写実的に描こうとしたと言える〉ということの「説明」です。このことと関連する部分としては、傍線部②直後の「細部の描写において『写実的』であった」、「普通の人間の視点で、すぐそばで見ているように綿密に描き出されている」（ℓ41〜）、「ひとつひとつの場面をこまかく見るために、自由に京都の町を動き回っている」（ℓ76〜）などがあります。

「場面」の「細部」を「綿密に描き」出そうとしたことは、〈現実をありのままに描こうという〉「写実的」な態度ですね。だから筆者は、日本の画家たちも「写実」に対する意欲はあった、と言っているのです。

でもなぜ筆者はあえて「『写実的』意欲に欠けていることを意味するものではない」などという回りくどい言いかたをしているのでしょう？ それは傍線部②の前の文脈からわかります。ここも**譲歩の構文**が使われています。「**たしかに、**西欧において〜発達してきた〜統一的空間表現を知らないという点では日本絵画は『写実的』ではない。〜**しかし**〜傍線部②」という文脈を見ると、筆者は「写実」の元祖である西欧流の「写実」は日本にはないと認めているのです。でも日本的な「写実」はあるのだ、と述べるのが、傍線部②なのです。つまり本場の西欧から「写実的」じゃないと言われたら、そのとおりかもしれないけど、というちょっとした弱みが、傍線部の少し複雑な言いかたに現れているのかもしれません。

そして日本と西欧の絵画の違いは先にまとめました。そのときにも書きましたが、日本と西欧の「写実」には違いがある。ですが、日本の絵画も写実的だと言える。このことは、**〈日本の画家たちは写実をしなかったのではない。ただそれは西欧とは違う形のものなのだ〉**と言い直しても内容は同じですね。するとそれは**ア**の選択肢の内容と一致します。だから**正解はア**。西欧の「写実」は「（画家の）統一的な視点から」描かれるものだということも先に確認しましたから、**ア**の内容は正しいです。

イ…「日本の画家たちは現実世界を写実しようとしてはいない」が×。**ウ**…「全体の空間構成において写実」という部分が×。傍線部②直後にあるように、日本の絵画は「全体の空間構成においてではなく、細部の描写において『写実的』」なのです。**エ**…「異なった現実を見ている」という部分が本文にナシ。見ている「現実」が違うのではなく、細部をあちこちから見るか、空間をひとつの視点から見るか、という現実の見方が違うのです。

問四 傍線部は正確には、〈日本の絵画では〉という語句を冒頭に補うべきです。すると日本の絵画において「西欧的な意味での統一ある空間が生まれてこない」理由が問われている、とまず理解できます。そして傍線部を、〈日本の絵画〉を主語にして、〈日本の絵画は統一ある空間を生み出さないのも当然だ〉としても、内容は変わりませんね。**〈理由は主語の中身にある〉**。ならば主語の〈日本の絵画〉の性質を探りましょう。そうすれば何をすればいいかがはっきりするはず。そしてそのとき〈日本の絵画〉が西欧の絵画と**対比**されていたことを意識してください。これも先にまとめましたが、西欧の絵画で「統一ある空間」が生じるのは第4段落冒頭（ℓ50〜）に書かれているように、「遠近法」の仕組み、つまり「一定の視点＝画家自身の視点」からすべてを捉えることで作られるからです。もちろんこのときは画家と描くものとの間の「距離」が大切なことも第4段落に書かれています。だから日本のように、画家があっちこっち動いて、ひとつの風景を描くということはありません。距離が定まらないからです。つまり、

画家の視点の固定（原因）→統一ある空間の誕生（結果）

という**因果関係**が成立するのです。そしてこれを日本の絵画と**対比**的に考えれば、統一した空間ができていない理由は、日本の絵画は画家の視点が固定されていないから＝動き回るから、ということになります。こうしたことは最終段落にも「自由に京都の町を動き回っている」（ℓ77）と書かれています。あとは解答欄の「画家の視点が」に合うように「最終段落」に「動き回っている」「固定していない」という意味を作ることのできる語句を探せばいいのだ、と考えるのです。そして「一定不変の視点というものは存在しない」（ℓ71）という部分に着目し、「一定不変（＝ひとつに定まり変わらないこと）」という語句を抜き出し、空欄下の「ではない」で打ち消せば、〈ひとつに定まらない〉という意味になると考えて、**「一定不変」を正解**にできたらナイスです。

問五 E 直後に「統一的な空間」とありますから、これは西欧絵画の空間ですね。すると E は西欧的な空間が、「統一的」という性格の他に、どのような特徴をもっているかを本文に探ればよいとわかります。**空欄補充問題でも傍線部問題・抜き出し問題でも、空欄の前後や傍線部自体にある言葉と同じ、あるいは同様の表現があるところはつなぐ**、というのがルールでしたね。今書いたように、E 直後には西欧的な「統一的な空間」という語句があります。この「統一的な空間」という語を本文に探していくと、第2段落に「三次元の統一的空間」（ℓ20）という語句があることに気づきます。これを根拠にして**「三次元の奥行」を正解にする**、というのが正しいやりかたです。答えが合うだけではなく、解答を出す手順を大切にしてください。

「色彩の美しさ」は西欧絵画だけにあるとは言えないし、「明暗法」などを用いれば、「不鮮明な色」（ℓ61）にもなるので、解答にはなりません。「距離」も遠近法などでは重要ですが、「均等の距離」と言うと、描かれたものがみんな画家から等しい距離にある、と説明していることになります。それでは「遠近」感がなくなり、「遠近法」でなくなってしまいますし、E の前で説明されている「距離」の話と食い違ったり、ダブったりします。間違えないでくださいよ。「宇宙的な広がり」「宗教的意味」は入れる根拠がまったくありません。

問六 ふたつの X を含む最後の段落は、日本の絵画のことを説明しています。だからこの設問は、日本の絵画の「写実的」なありかたを表す語（漢字二字）を抜き出す問題です。探す場所が限られていますが、やはりふたつ目の X の直前の「写実的」という語に着目し、日本の「写実」について書いてあるところと**つなぎましょう**。すると傍線部②直後に「日本の画家たちは〜細部の描写において『写実的』であった」という部分が見つかります。X は二か所あるのですが、同じ語が入るのですよ。ひとつ目の直後には「描写」という語があり、今探した「細部の描写」という表現とも対応します。日本の絵画のありかただし、ふ

たつ目の［X］の前の文の「こまかく」とも対応し、「こまかく見る〜そのため〜画面は〜細部で埋められている」というスムーズな文脈が作れます。**正解は「細部」**で決定。「画面は〜微細で埋められている」というのは、日本語として変なので、「微細」はふたつ目の［X］とミスマッチです。

問七「**合致しない**」ものを選ぶ、ということを意識してください。「**合致しない**」ということは、**実践編④問七** p.24に書いた、ダメな選択肢を見つけるということです。ではひとつずつ選択肢を見ていきましょう。

ア…冒頭から「〜見られ」までは第1段落冒頭の内容と一致しています。また「風俗図屏風」は第1段落で説明された「小さなもの」「縮小されたもの」を描いた「小さな登場人物たちが画面でひしめき合う」（ℓ16〜）ものですから、「例外ではない」。よって**ア**の説明は妥当です。

イ…「ルネサンス期以来発達してきた遠近法や明暗法」（ℓ19〜）という箇所や、「一定の視点〜からすべてを捉えようとする」（ℓ51〜）と一致します。ただし「写実的に描写し、再現」する「ために」遠近法などが「洗練されていった」というつながり（＝**因果関係**）には、そうだとはっきり言える根拠がありません。内容はほぼ合っているので、**実践編④**の**問七**で挙げたものよりは許せますが、つなげかたがおかしい、というのはキズです。だからここは〈ランクづけの意識〉をもって、残りふたつの選択肢と比べてください。

ウ…傍線部②直後に「細部の描写において『写実的』であった。そしてそのことは、『縮小された世界』に美的喜びを見出す日本人の感受性と無縁ではない」（ℓ26〜）と書かれているので、「細部」を描くことは「『縮小されたもの』を好む感受性と関係している」と言えます。もちろん日本の絵画が「統一的視点を持たないながらも細部を詳細に描く」というのも本文最後の一文などに書かれています。また「風俗屏風」は、第3段落で「細部の緻密な描写」（ℓ30〜）をもつものだと言われているので、「風俗屏風」が「細部を詳細に描く」というのも合っています。だから**ウ**はキズなしで○。

エ…「日本の風俗屏風」が「ただ一つの視点から見下ろされている」が明らかに×。「ただ一つの視点」は西欧的な絵画の特徴でした。ここには対比をごちゃまぜにしてしまう〈**対比の混乱**〉があります。これは**実践編④問五**にも出てきた、一番悪いランクのキズでしたね。本文の内容とも違います。「風俗屏風」は「一視点から見下ろして描いたものではない」（ℓ34〜）と書かれていることと×。つまり**エ**は一番悪いキズをもつ大物。**イの因果関係**のキズより悪いので、「**合致しない**」**のはエ**です。このようにして、どれがよりマシ？　より悪い？　という**ランクづけをしながら選んでいけるように**なってください。

もういっちょ語句

・ℓ1 **美意識**…美に対する感覚や判断。
・ℓ8 **丹念に**…心を込めて念入りに。
・ℓ51 **典型的**…同類のもののなかで、最もその特徴を表しているさま。

実践編⑦ 科学

『科学・技術と現代社会』 池内《いけうち》 了《さとる》

解答・解説

目標点 30／50点

問題 本冊98ページ

解答

問一 a 発端 b 契機 c 寄与 d 言下 e 不可欠（2点×5）

問二 芸術（6点）

問三 ウ（8点）

問四 エ（8点）

問五 ウ（9点）

問六 オ（9点）

チェック問題

解答 食い違い（同様の意味であれば可）

解説 「齟齬《そご》が生じる」などと使います。よく出てくる語なので覚えておきましょう。

復習

解答 A 科学 B 純粋（純真も可） C 頓着 D 技術 E 文化

解説 A…［A］直後の「身を捧《ささ》げている」は傍線部①の「殉《じゅん》じて」のイイカエです。だから［A］には「科学」を入れます。B…「［A］のための科学」をしているときの科学者の様子《ようす》を表す語句が［B］には入ります。と同時に［B］は「危うさ」と対になっています。これらから、［B］には第7段落冒頭の「純粋」（ℓ46）を入れる。ほぼ同じ意味の「純真」（ℓ39）もOK。C…「研究から何が生じるかについては」は、第7段落の「どのようなものが飛び出してくるかについて」（ℓ47）とほぼイコールなので、［C］は第7段落の「頓着《とんちゃく》」（ℓ48）で決まり。D…「技術に近接している場合」（ℓ54〜）→「『道具としての科学』」（ℓ56）と書かれているので、［D］には「技術」が入る。E…「貢献」は「寄与」とイコールなので、最終段落（ℓ73）から、科学は文化に「貢献」するべきだと理解し、「文化」を入れます。

本文解説

「科学のための科学」・「道具としての科学」・「社会のための科学」という三つの科学のありかたが並列されていることを初読で押さえられればOK。これに即して本文を三つに分けて説明していきます。

Ⅰ 科学のための科学（ℓ1〜ℓ53）

科学の「第一要件」（ℓ1）は知識の創出＝「新しい発見」（ℓ3）です。それらが積み重なって大きな功績が成り立つ。まるでその功績はピラミッドのような「階層構造」（ℓ7）の上に輝くものとしてあるのです。そしてその発端となるのは、科学者一人ひとりの「好奇心」です。科学者は自らの「想像力」によって「仮説（＝推測）」を立てます。でも最初はその「仮説」も根拠を持ったものではありません。思いつき、などと呼べるような過程を辿《たど》りながら、想像から論理へ、そして実験や理論へと進んでいくのです。その過程でも想像力（＝「イメージ」）（ℓ28〜）は重要で、自分の「イメージ」と、計算や実験結果に食い違いがあった場合は、再びやり直す。「仮説」が間違っていると思えば素直に変えます。そういう意味では科学者は「真実に忠実である」（ℓ32）。こうした純真な研究者は、「名声や褒賞（＝ほめられることやご褒美をもらうこと）」（ℓ42）など考えることなく、ひたむきに研究に集中する。こうした科学者が取り組んでいる科学のことを、〈科学そのもののために行われている科学〉という意味で、「科学のための科学」（ℓ42〜）と筆者は呼んでいます。

このありかたは純粋ですが、熱中しているうちに、自分が作り出しているものが、恐ろしいものであることに気がつかない「危うさ」（ℓ46）もあるのです。研究は自由だと言い張って、使いかたは社会が決めるのだから、開発者の自分には責任はない、というような態度をとる科学者もいるかもしれません。でも社会と切り離された科学というようなものはあり得ないのですから、そうした態度は社会的責任を果たさない「無責任」（ℓ51）なものだということになるでしょう。

Ⅱ 道具としての科学（ℓ54〜ℓ60）

科学と技術は本来違うものですが、現代ではその結びつきが強くなってきています。原子物理学という科学が、原爆という兵器を開発する技術と結びついた「マンハッタン計画」は、その最悪の例かもしれません。「科学のための科学」にも危険性がありましたが、「科学そのものが目的」ではなく、「科学を道具に使う」という「道具としての科学」の場面では、科学の「応用」だけが目的となり、それもまた危険（＝リスク）を招きます。

Ⅲ 社会のための科学（ℓ61〜ℓ75）

現在「社会のための科学」ということが広く言われるようになりました。科学が社会的なものである、という性格は、「道具としての科学」にもありました。でもそれは「有用性（＝役に立つこと）」「実利」つまり現実的、具体的に社会に役立つ、ということでした。アメリカでは「原爆は第二次世界大戦の終結に役立った」という意見もよく聞かれます。でもその役立ちかたは、多くの犠牲を伴《ともな》ったものでした。今言われる「社会のための科学」は、ノーベル賞受賞者の小柴《こしば》氏が答えたように、そうした実利的「有用性」のある科学のことではありません。それは、「文化」に寄与（＝役立つこと）する科学のことだと筆者は言います。

ではこの「文化」とはどういうものでしょうか？　あくまで本文のなかで解釈できるものは、本文のなかで理解しなくてはいけませんよ。「文化」という語が登場するところがあります。傍線部①のすぐあとに「科学のための科学」を**イイカエ**て「文化としての科学」と言ってもいい、と述べ、「科学は文化の一部門として、主として人々の精神的活動に寄与する」（ℓ44）と述べています。つまりここで言う「文化」とは、「精神的活動」のことなのです。

ではここで言う「精神的活動」とはどのようなものでしょうか？　筆者が「科学のための科学」を「文化としての科学」と**イイカエ**ていたことを考えてください。「科学のための科学」は[I]で確認したように、「好奇心」や「想像力」そして「ひらめき」などに関わる面を持っていました。すると筆者が言う「精神的活動」とは「好奇心」や「想像力」などのことを言うのだと考えられます。ただし「科学のための科学」は社会的な無責任に陥ってしまう危険がありました。「文化」に寄与するのは「社会のための科学」なのですから、「好奇心」や「想像力」も個人を超えた、社会的な広がりを持ち、人々と共有できるものでなくてはならないでしょう。それが筆者の言う、文化に寄与する「社会のための科学」なのです。

I　科学のための科学
＝科学そのもののために行われる科学
＝科学者の好奇心と想像力がベースとなる科学

II　道具としての科学
＝科学を技術として応用するための科学
＝ex：原子物理学→原爆

III　社会のための科学
＝実利という意味で社会の役に立つ科学（＝IIの科学）とは違う科学
＝想像力など、人々の精神的なもの（＝文化）と結びついた科学

設問解説

問一　**b**「契機」は①きっかけ、②大事な要素、ふたつの意味を覚えましょう。頻出語です。**d**「言下（に）」は〈言い終わるか終わらないかくらいのとき。すぐに〉という意味。**e**「不可欠」は〈必要〉という意味。

問二　科学が□と「変わるところはない」ということは、「科学」＝□だということです。ではどういう点が一緒かと言うと、□の後に書いてあるように、**「想像力を駆使して新しい着想を得る点」（a）**です。こうした特色をもつものは選択肢のなかではどれでしょう？

実はこの問題にはもうひとつヒントがあります。第4段落の「この作業も芸術家に似て極めて感覚的」（ℓ34）という部分です。「この作業も」の「も」は、この場合並列の役割をしていますが、並列の「も」を使うということは、それより前に、「科学」と「芸術」が似ている、という話をしていないといけません。だから□に「芸術」を入れて、文章のスムーズな流れを作るのです。**正解は「芸術」**です。「芸術」ならaにも合致しますね。

実践編③問一 p.16で**空欄補充は原文の復元だ**、と書きましたが、空欄に入れた言葉が文章の流れを作り出していくことを見破り、そうした流れを作ることのできる言葉を空欄に入れて、原文のスムーズな文章の流れを復元できるようになると、かなり「おお、腕を上げたな！」ってことになります。「文化」も「精神的活動」（ℓ44）に関わるので、「想像力」などと関わります。でも「科学は文化の一部門」（ℓ44）と書かれているので、「科学」は「文化」という大きなもののひとつです。□には「科学」と同じレベルのものを入れなければなりません。それに「文化」を入れると、ℓ34の「この作業も芸術家に似て極めて感覚的」が浮いてしまいます。このフレーズがあるかぎり、これにつながる言葉を入れなくて

はいけないので、「文化」はもちろん、他の言葉も入りません。「技術」・「発明」・「文明」もそうです。たぶん多くの人は、空欄の後の「想像力」、「着想」という言葉を手がかりに解答したと思いますが、**あまり手がかりが見つからない語句補充問題では、選択肢（長い選択肢は別）を見ると、今回のように、遠いところにある手がかりを見つけられる**ことがあります。

問三「科学のための科学」という表現は、傍線部①直前に書いてあるように、「純粋な好奇心のみに基づいた」科学的な探究を行っているさまを言います。そうした科学には「結果やその応用」、そして「名声」などへの「欲望」もなく、ただただ科学によって「自然の法則を明らかにしたい」（ℓ40〜）ということしかありません。

傍線部①の「殉《じゅん》じている」は本文下段の ヒント にあったように、〈ものごとに命を投げ出すこと〉です。すると傍線部①の内容は、**a〈ひたすら科学だけのために法則を探究することに命を捧げている〉**という意味になります。**aに最も対応している選択肢はウ**です。

「法則」は「理論」によってもたらされるので、「法則」を「理論」と言い換えることは可能です。「より妥当な」ものを目指して、「研究に徹する」という表現は、「科学のための科学」と、「殉じている」の意味とを表しています。

ア…「国民の生活向上に役立つ」というのは自分の研究の「応用」を考えていることになるので、「応用については何ら気にせず」（ℓ41〜）と×。**イ**…傍線部直前にあるように「ひたすら研究に集中」（ℓ42）しているのですから、「名誉を求めるための科学研究を排除」しようという〈余計〉な意志はないはずです。aや「殉じている」という表現とも一致しません。**エ**…「文明への貢献をめざし」も、「結果」とその「応用」を意識していることになるので×。**オ**…「有用性を無視せず」が×。「有用性」は「無視」するのです。

問四「道具としての科学」は傍線部②の前に書いてあるように、「技術に近接している場合」、「どのように科学が使われるかを予想する心構え」が生じて成り立つものです。つまり「科学のための科学」とは違い、**a〈使いかた・用いかたが重んじられる〉**ということです。ですから**正解はエ**。「実用」が〈使いかた・用いかた〉と一致します。

ア…「科学者の好奇心を尊重せずに」がおかしい。たしかに「科学者の好奇心」から出発する「科学のための科学」と「道具としての科学」は違いますが、だからと言って「道具としての科学」が「科学者の好奇心を尊重」しないとは本文に書かれていません。それにaの内容がありません。**イ**…「仮説検証の手段」がaと一致しないし、「仮説検証」はどんな科学でもするはずですから、「道具としての科学」だけの特徴の説明にはなりません。**ウ**…「マンハッタン計画」（ℓ57〜）は「道具としての科学」の「典型」ですから、「道具としての科学」も「社会的責任を自覚して」いるとは言えません。またaとも一致しません。**オ**…「原理を求める必要のない科学研究」が「道具としての科学」だとは本文に書かれていません。ナシです。aとも一致しません。

問五「広く社会との関係を強く意識した科学研究」は傍線部③の前からのつながり＝文脈を見るとわかるように、「社会のための科学」のことです。**現代文で主語が省略されているときは前の文の主語を補えばよい**のでした。ですから「社会のための科学」とはどういうことか、を考えましょう。

まず筆者が考える「社会のための科学」は傍線部③直後にあるように、**「社会との接点」を意識し（a）、「国家の庇護」（ℓ68）を受けたりせず（b）、「社会からの信頼や付託（＝頼んでまかせること）」（ℓ63〜）、「要請」**

に応える（c）ものでなければならないと書かれています。**こうした内容に一致するのはウです**。「社会的な期待や要望（＝「付託」・「要請」）に配慮し、社会の求めるものである」という部分が、今言ったa・cと一致しています。

ア…「社会からの要請は副次的（＝中心や主ではないさま）に満たされるべき」という部分が×。「要請に応じること」（ℓ64）は「社会のための科学」の大切な要素であり、その「要請」を「副次的」に扱ってはいけません。**イ**…「社会はその研究成果を正当に評価する必要がある」が本文にナシ。傍線部は「科学」の問題で、「社会」がどうすべきか、ということは関係ありません。**エ**…社会と科学が「絶えず牽制《けんせい》し合うほうが望ましい」い、とは本文に書かれていないし、このように説明すると、社会と科学が対立するみたいで、**a**・**c**と合致せず、×です。**オ**…「国家の庇護のもとに」が**b**と×。「社会に対してその威信（＝威厳）を保つ」という部分も〈社会に対してオレはえらいんだぞ〉というイメージですから、社会と対立しているようで**a**・**c**と×です。

問三・問四・問五と、三つの「科学」のありかたを並列した本文の構造に即して、設問が作られていることを確認してください。ということは

本文の構造を読み取ることが、設問解法にもつながる

ということになります。だから本文の構造を読み取ることが大事なのです。

問六 文化と科学との関係については、**本文解説**の最後でも触れました。両者の関連については、傍線部①直後に書かれていました。そこには「文化としての科学」（＝「科学のための科学」）という表現もあり、「**科学は文化の一部門（a）**として、主として人々の精神的活動に寄与する」（ℓ44）と述べられていました。この「精神的活動」は「科学のための科学」においても触れられていた「**好奇心**」や「**想像力**」（**b**）のことだと考えられます。そして「文化」に寄与するのは傍線部③の後に書かれているように「社会のための科学」であり、**b**が「社会」と結びつくというのが「文化」と「社会のための科学」との関係だということになります。つまりその「好奇心」や「想像力」も、個人を超えた、**社会的な広がりをもち、人々と共有できるものでなくてはならない（c）**ということです。なので**正解はオ**。「人間の好奇心や想像力」が「精神的な役割をもつ」という説明が**b**と、「社会との関わりの中で」が**c**と、「文化の一要素」が**a**と合致します。

ア…「文化とは異質」が**a**と×。**イ**…「道具として利用されるという側面」という部分は、ここで説明しなければならない「社会のための科学」と関係がないし、**a**・**b**に触れていないので、「文化と社会の関係」に答えるものになっていません。ふと選んでしまいそうな選択肢ですが、**設問の要求や傍線部との対応が大事、ということを忘れない**でください。**ウ**…この説明だと、「芸術家」は「社会的な名声を求め」てよいということになりますが、そうしたことは本文には書かれていません。また「文化」との関わりで「芸術」をもち出してくるのも、本文では、直接「文化」と「芸術」が関係づけられていないので、おかしな説明です。**b**もありません。**エ**…「直接目に見える形での効用や利益がない」ということを、「社会的効用」（ℓ61）を求めず、「精神的活動」という外からは見えない部分に「寄与」することだと考えると、**エ**の前半は**b**と合致するとも言えます。でも「文化」が「科学の一種」が×。この表現だと、「科学」のほうが大きくて「文化」はそのなかのひとつ、というイメージですが、本文では逆に「科学」が「文化の一部門」（ℓ44）。「文化」のほうが大きい。だから**a**と×です。

少し言葉づかいが難しい文章でしたが、そういうときには、設問が意外と簡単にできていることもあります。だから文章の難しさにビビらずに、がつんと立ち向かいましょう。

もういっちょ 語句

- ℓ54 **懸念**…気がかり。
- ℓ66 **機能**…働き。
- **副次的**…中心や主となるものではないさま。

実践編⑧ 随筆

『たんぽぽの日々』 俵《たわら》 万智《まち》

解答・解説

目標点 28/50点

問題 本冊 106ページ

解答

問一 a のんき　b つら(い)　c ひた(る)　d いと(おしい)　(2点×4)

問二 エ (4点)

問三 〈解答例〉日本人が桜ごときに心乱されているのが理解できないという気持ちから。 [33字] (12点)

問四 〈解答例〉子どもが歩いたり話をしたりし始めたこと。 [20字] (8点)

問五 ア (6点)

問六 〈解答例〉辛《つら》いことや大変なことがあっても、やがては必ず解決されていくということ。 [35字] (12点)

チェック問題

解答 センチメンタル

解説 「感傷」は〈感じやすく、寂しがったり悲しがったりする傾向〉。

復習

解答 A 短歌　B 実感　C 桜騒動　D 成長　E 発見

解説 A…「短歌」(ℓ5)で決まり。B…ℓ20から、B には「実感」を入れます。C…子どもの成長の節目節目にもあるものだから、ℓ26から「桜騒動」で決まり。D…ℓ38に「感傷に浸るまもなく、目の前には、さらに成長を続ける子ども」とあるので、D は「成長」。E…「すばらしい発見だ」(ℓ53)とあるので、E は「発見」。「実感」も入り得ますが、「同じ語は不可」という条件からダメです。

本文解説

筆者の主張や感覚が評論より色濃く出ている文章をエッセイと言いますが、問題文冒頭(本冊p.106)にも書いたように、エッセイにはひとつの主張やテーマが一貫している文章が多いです。この文章では「桜」に関連することが一貫したテーマとなっている、と読めたらナイスです。

またエッセイは筆者の連想でイメージがつながっていくことも多いです。この文章も「桜」から「子ども」へと連想がつながっていきます。

ではこの本文を「桜」と「子ども」とに分けて説明していきましょう(短歌はひとつの段落とは見なさず、後の段落に含めます)。

I 日本人にとっての桜 (ℓ1〜ℓ21)

筆者俵万智さんは、本文からもわかるように歌人ですが、彼女はデンマークの高校生に短歌の話をしたことがあるそうです。そのときは彼らが日本人の高校生とはちがって、あまりお行儀がよくなかったので「カルチャーショック」(ℓ7〜)を受けましたが、話は熱心に聞いてくれました。筆者は、古典の短歌に詠《よ》まれた心情は今にも通じるものがあると思い、その例として在原業平《ありわらのなりひら》の歌を一首紹介しました。それは桜のために落ち着かない、という内容の歌でした。でもそれを聞いた「彼《か》の地(=デンマーク)の高校生」(ℓ15)は、ぽかんとしていました。なぜ大人が花ぐらいでそわそわしたり、振り回されるのか、わからない、という顔をして。

そこで筆者が「桜前線」の話をすると、今度は「花が咲きそうかどうかがニュースになるなんて」(ℓ17〜)おかしいとばかりに、笑い始めました。考えてみれば、たしかに桜の花が咲くかどうかを心配する、というのは「呑気《のんき》」(ℓ19)な話かもしれません。でも日本人は「桜に心乱されているというのが実感だ」(ℓ20)と筆者は思うのです。

Ⅱ 子育てと子どもへの愛(ℓ22〜ℓ54)

「桜」に心乱される「桜騒動」(ℓ26〜)と同じように、子どもの成長の「節目節目」に心乱される「騒動」があると筆者は思います。

子どもが小さい頃は、「いつになったら歩くんだろう」というのと同じように、「いつになったら桜は咲くのだろう」などと心穏《おだ》やかではない時期があり、そして本当に歩けば「大喜び大騒ぎ」(ℓ23〜)するのです。子どもが小さいですが、子育ては楽しいことばかりではありません。子どもが小さい頃は寝不足・反抗期・そして受験と「辛《つら》いこと大変なこと」も多くあります。それでも過ぎてみれば「そんなこともあったっけなあ」(ℓ37〜)と振り返ることができる。感傷に浸《ひた》っているまもなく、子どもは成長し続けます。

そんな子育ての大変さのなかでは、過去を思い出したり、未来を想像したりしがちです。ですが大先輩の歌人、河野《かわの》裕子《ゆうこ》氏は、過去でも未来でもなく、「子どもはね、いつも、そのとき(=「いま」という瞬間)が一番かわいい」(ℓ45)と言ったのだそうです。どんなに子どもが大きくなっても、「いま」が一番かわいいと。本人も「不思議だ」(ℓ50)と言うのですが、そこには子どもと過ごす「いま」という時間を喜び、大切にしてきた人の実感があり、そうした人ならではの「発見」(ℓ53)だと筆者は思います。そして自分の息子との時間が、河野氏の「まじないのような」言葉によって、いっそう「愛《いと》おしいものに見えてくる」(ℓ53〜)のです。

設問解説

問一 やはりb〜dのような訓読みが難しいと思うので、訓読みもしっかり覚えていってください。

問二 第2段落冒頭に「古典の短歌は古めかしく見えても、そこに詠まれた心情は、今に通じるものがある……その例として」(ℓ9〜)在原業平の歌を紹介した、と書かれています。なので、筆者がこの歌を紹介することで「どのようなことを述べ」たかったのか、と言えば、**a〈古典の短歌に詠まれた心情は、今に通じるものがある〉**ということになります。だから**正解はエ**。「古今を問わず」は〈昔も今も〉ということ。「心に感じるものがある」という部分は〈心情は〜通じるものがある〉ということと合致します。**ア・イはa**に合致しないだけでなく、本文に書かれていない内容ですし、**ウもa**に合致しません。「そわそわ」(ℓ12)とは書かれていますが、「日本人」がいつも「落ち着きがない」わけではないし、このことを述べたかったのではありません。

問三 〈ぽかんとする〉というのは、〈驚いたり、わけがわからなかったりして、ぼんやりしている様子〉を表します。「ぽかんとしていた」のは「デンマークの高校生」です。「桜の季節が近づくとそわそわ」するという在原業平の歌を紹介した後です。傍線部②直後に書いてあるように、彼らは「なぜ大の大人が、花ごときにそんなに振り回されるのか、という顔をしてい」たのですから、**a〈日本人が桜の花に振り回される〉**、**b〈そのわけがわからない(そういうことが理解できない)、という気持ちから〉**「ぽかん」としていた、と考えられます。

bを解答に入れると、〈わけがわからない〉という「ぽかんとしていた」の意味が解答に含まれるので、傍線部とのつながりもスムーズになります。〈スムーズ〉だということは、解答が傍線部や問いかけとうまくつながり、〈論理的〉だということです。**地固め編⑪**(p.52)で言ったよ

うに、

理由説明問題（選択肢型）では、「～から」が、問いかけや傍線部（の述語）にスムーズにつながるものを選ぶこと

このことは記述問題でも同様で、解答末尾に、傍線部（の述語）につながる内容を書く意識をもちましょう。

設問に戻りますが、**「本文中の言葉を使って」という設問条件は、①一か所抜き出しみたいな形でもOK、②本文中の比喩的な表現を使ってもOK**、というようなメッセージでした。だから「心乱されている」は、傍線部直後の「振り回される」でもいいです。**a・b各6点**です。

この設問でも、「ぽかんとしていた」という**傍線部の状態がどのような意味を表すのか、ということを探ることから出発したことを忘れないでください**。記述問題ではとくに、何を書けばいいのか、を考えるために、傍線部の意味を考えることが大切です。そして「ぽかんとしていた」がどういう状態を言うのか、がわかる**語彙力**《ごいりょく》、それを表す**表現力**が記述問題では必要になることもしっかり意識してください。解答の末尾は問いかけに合わせて「～気持ち（から）。」としましょう。

問四 「そわそわ待っていた時期から、③大喜び大騒ぎの時期がきて」と書かれているので、「待っていた」ものがついにやってきて「大喜び大騒ぎ」になったと考えられます。「待っていた」のは、傍線部③直前に書かれているように、子どもが歩いたりしゃべったりすることです。これらは設問文の「本文中の例を使って」という条件にも合うので、これらを用いて解答を書くとよいでしょう。

ただ解答例は「大騒ぎ」も「大喜び」と同じように、「待っていた」ものがやってきて、これはめでたい！　と「大騒ぎ」していると解釈したものです。ですが、みんなのなかには「大喜び」は当然いいことがあって「大喜び」だが、「大騒ぎ」はそれと対比され、よくないことが起こって「大騒ぎ」なのではないか、と考えた人もいると思います。そうした解釈も間違いではないと思います。そのときは第7段落以降にある「受験」や「寝不足」・「ウンチ（＝排泄《はいせつ》）」・「反抗期」などの例を挙げることになると思います。

a〈歩く〉、b〈しゃべる（話す）〉で各4点としますが、右に書いたような例を挙げた人は、**a**〈歩く（しゃべる・話す）〉、**b**〈「受験」などの例〉、というふうに採点してください。「～始めた」という部分はなくてもよいです。

問五 この□に短歌を入れるということは、短歌を**〈引用〉**するということです。**〈引用〉は例と同じ**ように扱うということは、**地固め編⑨**（p.39）でも少し触れました。つまり**例とまとめはイコールだ、というルールは〈引用とまとめ〉にも適用される**、ということです。だから解答の手がかりとして、□の前後にある〈まとめ〉とイコールの関係を作ることができる短歌が正解になります。□の直前には、「若木だった子どもも、いつしか大木になってゆくのだろう」と書かれています。これを一言で言えば、〈成長〉ということになります。この部分が〈まとめ〉ですから、同じく〈成長〉の内容をもつ**アが正解**。「木は育ちゆく」という〈成長〉のフレーズがあり、□の前とイコールになります。

□の後の「子育ての『桜騒動』には、嬉《うれ》しいこと楽しいことばかりではなく」という部分が〈まとめ〉だと考えることもできますが、そうした内容に該当する短歌はありません。**イ**は桜の「輝《かがやき》」を詠《うた》っています。**ウ**と**エ**の桜は〈老い〉ていく桜です。

問六 記述問題が3題ありますが、これが一番難しいでしょう。「たとえ」を説明する問題を、比喩説明問題、と言いますが、たとえ＝比喩は、本文中であまり説明されていません。比喩というのは、ある事柄を、共通点のある別の具体的なイメージと結びつけて表現するワザです。簡単な例で言えば、今はあんまり見かけませんが、昔の子どもは、ほっぺたが赤い子がなぜか多かった。そんな子のほっぺたを〈リンゴのようなほっぺた〉とよく言いました。〈赤い〉という共通点によって、ほっぺたとリンゴの具体的なイメージが結びつけられているので、これは比喩です。でもいちいち「どうして『ほっぺた』が『リンゴ』かと言うと〜」などと説明しないでしょう。だから比喩についての説明は本文にあまりない。それでも説明しろということは、今までの記述問題と違って、自分の言葉で説明しないといけないから難しいのです。

ただ文脈＝文の流れがヒントをくれることはあります。この問題でも「先が見えない不安でいっぱいだ。けれど『④明けない夜はない』」という文脈。「けれど」という逆接の接続語が使われているということは、傍線部④は〈不安がなくなる状態〉を表していると考えられる。この「不安」は「受験」などの「辛いこと大変なこと」（ℓ30〜）が原因で生じた気持ちです。だから傍線部は、**a〈辛いことや大変なこと（から来る不安）がなくなる〉**という意味になります。ここで傍線部の「夜」が、〈暗い〉という共通点で〈大変・辛い〉ことと結びつけられていることがわかりました。

また**比喩説明問題では、傍線部の表現を大事にして、それが表しているものをイイカエていく**ことも必要です。「明けない夜はない」という「ない」を二回使った二重否定のこの文は、「夜は必ず明ける」という強い意味を表す表現です。ですから解答には**b〈必ず・絶対〉**という内容が必要です。**a**は「たとえ今は不安でもいつかなくなる」などと書いてもいいです。「辛いこと」「大変なこと」「不安」のどれかがあればよくて、**a8点・b4点**です。**b**を意識して解答に入れられた人はナイスです。

3題の記述問題はどうでしたか？　記述アレルギーはなくしましょうね。最近の入試では私立大学でも記述問題がふえています。だから早めに記述アレルギーをなくしていかなくてはなりません。**実践編①**（p.6）で言った**◆記述問題のルール◆**をしっかり身につけてください。

俵万智さんの短歌が出てきたところで、ちょっと面白い大学入試の問題を紹介しましょう。2012年に千葉大学で出題された問題です。

本当はおまえがみんな見てるのね小さき丸き粒にささやく

これは俵万智さんの短歌で、設問はこの短歌で詠まれている「丸き粒」とは何か？　です。他にはなんのヒントもありません。まず左を見ずに、考えてください。さあなんでしょう？　「見てる」丸い「粒」…。

難しいなぁ、と思う人にはヒント①〈カタカナ8字〉。

わかりましたか？　それでも頭を抱えた人にはヒント②〈目の悪い人が身につけるもの…〉。

正解は、**コンタクトレンズ**、でした。自分の目にくっついて、誰も知らないはずの私の行為を、「おまえ」だけはみんな知ってるんだよねってコンタクトレンズに語りかけているのかもしれません。コンタクトレンズに話しかける…。ちょっと怖いけど、ふつうは思いつかない発想です。**地固め編①**にも書きましたが、こういう想像力を問う問題もあるのです。だけど受験生は参ったでしょうね。

もういっちょ語句

- ℓ7 **カルチャーショック**…ちがう文化の習慣などに衝撃を受けること。
- ℓ51 **ニュアンス**…意味や感覚などの微妙さ。機微。

解答

問一　a むぞうさ　b ばくだい　c みづくろ（い）　d なぐさ（め）　e おお（い）（2点×5）

問二　〈解答例〉一つ一つが持ち主の生と死を意味する大量のメガネの堆積が示す大量虐殺を見ること。［39字］（10点）

問三　〈解答例〉腕に刻まれた番号は、アウシュヴィッツで単なる数字として扱われるという、非人間的で悲惨な体験を強いられたことを示しているということ。［参考65字］（14点）

問四　ウ（7点）

問五　イ（9点）

チェック問題

解答　抽象的

解説　「具体的」は地固め編p.18にもあるように、〈現実の物事に即していて、わかりやすいさま。目に見える形をもつさま〉という意味です。その反対語は同じくp.18に書いてあるように、「抽象的（＝現実から離れていて、わかりづらいさま）」です。これは評論用語のテッパン、基本のキ。

復習

解答　A 略奪　B 以外　C 人生　D 数字　E 象徴

解説　A…問題文冒頭に、「メガネ」などの遺品は、「収容者からの略奪品である」とあるので、[A]には「略奪」が入るのは簡単にわかったでしょう。B…傍線部①の前と傍線部①自体に、こうした悲惨な出来事は「これからもアウシュヴィッツ以外の場所で」、「あってはならない」という筆者の願いが書かれています。だから[B]は「以外」。C…ℓ20～ℓ21に「メガネ一個一個にそれを掛けていた人の生活があり人生があった」とあるので、[C]には「人生」を入れます。D…ℓ52～ℓ55を読むと、写真に写った「入れ墨」が「囚人番号」を表す「数字」だとわかります。「番号」という語は、[D]の直後に書かれているので入りません。E…「写真は、ドイツ軍が強制したその規則正しさの異様さを象徴している」（ℓ88～）とあるのを根拠にして、「象徴」を入れます。

長いエッセイなので、要約として字数を短くするために、タクシーの運転手や女性の手記などのことは「その身体に刻まれた番号は、生き残った人の心にも長く傷を残した」とまとめました。また、最後の住居の展示室について書かれていることも、「再現された収容者の住居からは、非人間的な生活の様子が想像された」と抽象化しました。「非人間的」は「家畜小屋」という言葉に込められている意味をイイカエました。今回は解答することとともに、要約として、自分の言葉でまとめたり、具体例を抽象化したりする必要があるよ、ということを見てほしいと思います。

本文解説

〈エッセイ＝随筆〉は、筆者が「私」などの一人称で自分の体験や思い、考えを書いたものですが、みんなのなかで、〈エッセイは評論よりも難しい⁉〉と感じた人はいませんか？　たしかにエッセイは難しい。それは、評論が客観的な〈論理〉というつながりで展開していくのに対し、エッセイは筆者の主観的な思いによってつながっていくからです。なので自分の頭を柔らかくして、筆者の頭のなかの動きを考えながら読んでください。**実践編⑧**の**本文解説**のはじめのところでも言いましたが、エッセイは、文章全体でひとつのテーマを語っていることが多いです。ですから設問を解くときには、

> **1　傍線部とその前後の文脈だけでなく、全体のテーマと傍線部とをリンクさせて設問を解き、解答を考えましょう**
>
> **2　比喩表現などが多く、設問でもそれが問われるので、比喩が何をたとえているかを傍線部前後の文脈と全体の内容から判断しましょう**
>
> **3　とくに記述問題では、解答に使いたい本文の部分が比喩表現や説明に使うには適切ではない筆者独特の感覚的な表現だったりしたときは、自分の言葉でイイカエなければなりません。難しいですが、頭のなかから言葉をひっぱり出して、イイカエにチャレンジしてください。そして傍線部の表現のニュアンスを再現した解答を書いてください**

ということを意識しましょう。

Ⅰ　アウシュヴィッツ収容所の展示Ⅰ（ℓ1〜ℓ44）

みんなも知っていると思いますが、アウシュヴィッツ強制収容所は、ナチスドイツがユダヤ人らを虐殺した場所です。作家である筆者がそこを訪れて最初に目にしたのは、収容者のおびただしい数の「メガネ」が積み重ねられた「山」でした。ドイツ軍に略奪され積み上げられたメガネは、「一つの巨大な物体」（ℓ7）となっていました。その「メガネの山」の前にたたずんでいると、まるで「幻想的な抽象的な風景を見せられている気分に陥《おちい》」（ℓ9）って、筆者は「現実的な感覚」が「麻痺《まひ》」（ℓ11）させられてしまうと述べています。目の前にあるものはまさしく現実であるにもかかわらず、それがあり得ないものに見えて、自分が目にしているものが非現実的なものに見えてきたのです。そしてこのようなものは二度と目にすることがあってはならない（＝このような悲惨な出来事は二度とあってはならない）ものだ、と筆者は想《おも》うのです。

その「メガネの山」に少し近寄って、筆者は一つ一つのメガネを掛けていた人を想います。近眼の人、老眼の人、このメガネ一個一個にそれを使っていた「人の生活があり人生があった」（ℓ20〜）のだと筆者は想います。数の多さに圧倒されるだけでは「想像力が働かなくなる」（ℓ21）、人間が想像力を失えば現実のうしろにある隠れたものが見えなくなる、それは作家だけではありません。私たち一人一人が、目に見えるものの背後にあるものを、想像力によって考えなければいけないのだと筆者は言いたいのだと思います。この「メガネの山」のその裏側に筆者が「想像力」で見出《みいだ》した一人一人の人生、そして一つ一つの死があり、それがこの山に重なっているのです。

次に見たブラシの山もそうです。使い込まれたさまざまなブラシ。歯ブラシもあります。これらも収容所に入るときに、ドイツ軍によって奪われたものですが、歯を磨くという自由さえ奪われるなどと、収容された人々は考えもしなかったでしょう。筆者はやはりブラシを「一本一本見つめて」（ℓ42）、そこに「見たこともない誰かの姿を一人一人思い浮かべ」（ℓ43〜）ます。Ⅰの部分では、何度も筆者が「一人一人」、「一つ一

つ」という言いかたをしていることに着目してください。筆者は数の多さに目を奪われることなく、「想像力」を働かせて、その「一つ一つ」に「一人一人」の人間の生死を想い浮かべているのです。

・アウシュヴィッツ収容所にあるおびただしい遺品
↓
・その一つ一つは、一人一人の生と死を語るものだ

Ⅱ アウシュヴィッツ収容所の展示2（ℓ45〜ℓ119）

「囚人服」（ℓ45）や靴の展示のあと、筆者は囚人番号を腕に刻まれた写真を見ます。そして、あるエピソードを読んだことを思い出します。『アンネの日記』（ℓ57〜）というのは、ユダヤ人であるがゆえにある隠れ部屋で暮らさざるをえなかったアンネ・フランクという少女が、少女らしい想いや想像を綴《つづ》ったものです。そして彼女は最後にはナチスに囚《とら》われ、収容所で病死します。その父である「オットー・フランク」がニューヨークで乗ったタクシー運転手が偶然ユダヤ人で、オットーに囚人番号の刻まれた左腕を無言で差し出したというエピソードです。筆者は、皮膚ごと削り落とした女性の手記などのことも想い出します。

　そして「黒、白」（ℓ70）と表現する以外にない食事のサンプルのある部屋を出ると、展示館の廊下の壁には、すきまなく収容者らの顔写真が掛けてあります。そしてその廊下に出るたび、たくさんの収容者の写真から発せられる視線によって、身体中がおおわれるという感覚を覚えた、と筆者は記しています。彼らの表情は助けを求めるなんていうありふれた感情がすでに失われ、「もっと奥深いところにある、意識の源泉だけが彼らを支えている」（ℓ77）と筆者は書いています。この「意識の源泉」とは、人間の根源にある生きたいという本質的な欲望なのかもしれません。あるいは常に死と向かい合っている緊張した意識の状態なのかもしれないし、絶望の果てに辿《たど》りついた虚無の世界なのかもしれません。「唇はしっかりと閉じられ、瞳《ひとみ》は一点を見ている」（ℓ77〜）のでした。

　収容所全体には完璧と言えるほどの「規則化」（**傍線部③**）＝画一化が徹底していて、写真に写った収容者たちも全員縦縞《たてじま》の囚人服を着せられ髪の毛を剃《そ》られている。なおかつ写真のポーズ、顔の角度、視線の方向がすべて厳密に決められています。少女、少年、中年のポーランド人、さまざまな人の写真が展示されている。筆者の横にいた白人女性はしきりに指で涙をぬぐっていたと書かれています。

　最後に筆者は再現された収容者たちの住居をガラス張りの壁越しに見ます。住居といっても、部屋は床に麻袋か藁《わら》が置いてあるだけ。それは家畜小屋のようで、筆者は子供の頃近くにあった牛小屋の様子をふと想い出します。ずっと忘れていた記憶なのに不意にそれが、この再現された住居を見ているときによみがえってきたのです。別の住居にはレンガを積んだ、幅二メートルほどの三段ベッドがありました。強制収容所に入れられた経験をもつフランクルは、『夜と霧』という収容所経験をもとに書いた本のなかで「一段に九人で寝た」と書いています。上を向いて寝ることはできず、横を向いて身体《からだ》を密着させて、まるで「スプーンの束《たば》のようになって」眠ったのだ、とそのときの様子を筆者は想い描いています。

・筆者は腕に刻まれた入れ墨の写真を見た
↓
・囚人番号を入れ墨された人の話を思い出した
↓
・廊下にある収容者たちの顔写真の視線が筆者の身体をおおう
↓
・その写真までが規則化され、顔の角度が統一されていて異様に想う
↓
・再現された住居は家畜小屋のようでベッドは狭く、収容者は身体を密着させて眠ったのだと想う

設問解説

問一 **a**「無造作」は〈慎重にではなく、気軽に、あるいは投げやりに行うこと〉です（「無雑作」とも書きます）。**c**「身繕い」は〈身なりを整えること〉という意味。

問二 今回は記述問題が二題あります。国公立大のいわゆる二次試験では、記述問題を出題するところが多いです。中堅の大学でもそうです。今回の出題校は琉球大学なのですが、実際に出題されたときは全問記述問題でした。ただしこの問題集をやってくれている人たちがみんな国公立大志望というわけではないと考え、**問四・問五**を選択肢型問題に変えています。少し問いも変更していますが、**問五**の解答を記述して答えるのはかなり難しいと思います。ですが、やらねばならない！　国公立大志望の人はもちろん、**実践編⑧**（p.47）でも言いましたが、私立大学でも記述問題はふえる傾向にあるので、**実践編①問五**（p.6）で言った**〈記述問題の基本〉**や**◆記述問題のルール◆**を踏まえて、しっかりアタックしてください。

傍線部は主語がないですが、**現代文では主語が省略されているとき、補うべき主語は前の文の主語であるというのが原則**でした。前の文の主語は「目にすること」ですね。筆者が「目に」したのは「莫大《ばくだい》な数のメガネ」（ℓ13）ですが、もう少し詳しく言えば、その大量の「メガネ」が「積み上げられ山となった」（ℓ10〜）状態です。つまり、**a〈大量の／莫大な数のメガネの山〉**が「あってはならない」と筆者は思ったのです。「山」は比喩的な表現で、**解答に比喩表現を用いるのは避ける**のが原則ですが、一般によく使われ誰でも意味がわかるような比喩は避けなくても大丈夫です。もちろん避けられるなら使わないほうがいいので、〈解答例〉では「山」を「堆積《たいせき》」と**イイカエ**ていますが、「山」もOKです。

この「大量の／莫大な数のメガネの堆積／山」が解答のメインになります。でもこれだけではまだ不十分な説明です。そうしたメガネの堆積は「アウシュヴィッツ以外の場所で、目にすることは決してないだろう」と傍線部の前で筆者は言っていますが、それはたんなる推測でないことは、「あってはならないのだと思う」と言い直していることからもわかります。この「あってはならないのだと思う」という筆者の「思」いが、傍線部で述べられているのです。つまり筆者があってはならないと思っているのは、莫大な数のメガネでできた山なのですが、それがたんなる「メガネの山」ではなく、その「メガネ一個一個にそれを掛けていた人の生活があり人生があった」（ℓ20〜）からです。それがふみにじられたことを山が示しているから「あってはならないのだと思」っているのです。「一つ一つの死の重なり」（ℓ23）がこの「メガネの山」なのです。だとしたら、**b〈メガネの一つ一つが持ち主の生と死を示すものだ〉**と説明することで、傍線部の筆者の「思」いを説明することになるでしょう。傍

線部が筆者の「思」いを語っており、なおかつ設問文も「思」っているのか、と問うていますから、筆者がこのメガネをどのようなものだと思っているのかということを説明することは必要なことです。そういう意識をもってこの問題を解けたらエライ！　エッセイは筆者の頭のなかの思いを辿っていくということでしたね。そういうことをここでも行ってほしいのです。

そしてこれだけ多くのメガネの山があるということは、それだけ多くの人々がここで殺された、虐殺されたということを示しています。そういう残虐な行為を示しているものだから「あってはならない」と筆者は「思う」のだと考えられます。つまり、

・メガネの山＝大量虐殺＝あったこと

⇔

・あってはならないこと＝（再びの）**大量虐殺（c）**

なので、「あってはならない」こととは、「メガネの山」自体ではなく、それが示す〈大量虐殺〉なのです。

こうした筆者の思いも、解答のなかにきちんと書いていけるとナイスです。最初に積み上げられたメガネの山というような解答のベースを作り、そのメガネの山が何を示していると筆者は思ったのか（**c**）、そしてそのメガネに筆者は何を「思」ったのか（**b**）、そういうことを付け加えていって解答を作り上げましょう。

◆採点のポイント　計10点

a　大量の／莫大な数のメガネの堆積／山…2点

＊「数の多さ」が示されていないものは1点減。

b　aは一つ一つが持ち主の生と死を示す…4点

＊bはaが0点のときは与えられない。

＊「一つ一つ／一個一個」「個人」という意味の語句がないものは2点減。

＊「生／生活／人生」と「死」のどちらかが欠けているものは2点減。どちらもないものは0点。

c　（再び）大量虐殺（を見ること）…4点

＊「多くの」＝1点＋「（人が）殺された」＝3点。

＊「多くの人が亡くなった／死んだ」などは「虐殺」と異なるので2点減。

問三　「どういうことか」という傍線部内容説明問題は、傍線部を直訳的にイイカエるのでした。**実践編③問四**（p.18）でも言ったように、記述問題も、まず**傍線部の意味を理解することが出発点**でしたよ。これらのことを踏まえ、まず傍線部の意味を考えましょう。傍線部は「象徴的な傷」です。たとえば〈現代的なファッション〉という表現は、〈ファッション〉が〈現代的だ〉と言っているのですよね。「〜的」という言葉は形容詞の役割をするのです。だから傍線部をこれと同じように言い直すと、〈傷が象徴的だ〉となります。傍線部の「象徴的」の「象徴」は**地固め編** p.18にあるように、〈ある抽象的なものを具体的なものに置き換えて示すこと〉でした。そしてこの言葉もよく出てくる基本単語ですから、絶対忘れないでください。

またこの「傷」は傍線部の前にあるように、「身体に刻まれた数字」、「囚人番号」です。これは目に見える形をもつものですから〈具体〉です。ではその「囚人番号」が暗示している〈抽象的な＝目に見えない〉ものは何でしょう？　傍線部の前に「囚人番号を入れ墨したのはアウシュヴィッツだけだった」と書かれています。だから傍線部を言い直した〈傷が象徴的だ〉ということは**a〈腕の番号（＝傷）〉**が、**b〈アウシュヴィッツに収容されていた（ことを暗示している）〉**ということです。

でもそれだけでしょうか？　その「傷」は傍線部を含む段落とそれに続くふたつの段落に書かれているように、削り取りたいほどの**d〈絶望**

的な体験をした〉ことを示してもいるのです。
そしてもうひとつ、名前が彫られるならまだましです。少しは人間として扱ってくれている気がするから。でも自分は〈数字〉でしかない。それは**c〈人間としてではなく、数（字）として扱われた〉**ことを示しています。それは歯ブラシさえ奪われたことや寝床の描写からもわかります。だから**d〈絶望的な体験〉**なのです。解答では**c**と**d**を結びつけて書くとよい構成になると思います。傍線部の「傷」を**a**のように**イイカエる**のも、傍線部内容説明問題では大切です。**a**のような説明をせず、たんに「傷」は**a**×です。〈**b**を示す**a**は**c・d**だ〉という形などもOK。あと、設問文にも書いてありますが、今回の設問のように、**マス目のない解答欄（空行）については、他の設問でも1行MAX35字と考えてください。**

◆採点のポイント　計14点

a　腕／身体に刻まれた番号／数（字）は…3点

b　アウシュヴィッツにいた…3点

＊たんに「収容所にいた」、「ユダヤ人であることを示す」などは本文の内容とズレるので1点減。

c　（単なる）数（字）として扱われる／人間として扱われない／人間の尊厳を奪われる…4点

＊たんに「囚人として扱われた」は「非人間的」のニュアンスが弱いので2点減。

d　絶望的な／悲惨な／残酷な／消し去りたいほどの体験を強いられたことを示している…4点

＊「悲惨な／つらい体験をした」という内容があればよい。

＊解答中に「示している」「表している」「印だ」などがないものは、「象徴」のニュアンスが弱いので1点減。

問四　「　」など、「符号」の意味を問う今回のような設問は、よく出題されます。符号を用いたのは筆者ですよね。つまりこうした設問では、符号を用いた筆者の意図が問われているのです。だから書いてないけど、選択肢の主語は「筆者」ですよ。そのことを確認し、ではこの設問を解きましょう。

「見事」という言葉は、ふつうはプラスイメージの言葉です。でも筆者がアウシュヴィッツで行われたことをプラスに捉《とら》えることは考えられません。傍線部①でも、筆者はアウシュヴィッツでの出来事を「あってはならない」と記していました。そんな筆者が、アウシュヴィッツの写真を「見事な」と言うはずはありません。その証拠に筆者は、「斜め横を向いた写真は、ドイツ軍が強制したその規則正しさの**異様さ**を象徴している」（ℓ88〜）と書いています。

また筆者は、メガネやブラシの持ち主（ℓ20）・（ℓ43）、写真に写った人々（ℓ100）について、いろんな人がいると書いています。でも傍線部の後に書いてあるように、**a〈アウシュヴィッツはそうした人々の多様性を奪い〉**、**b〈徹底的に／すべて「規則化（＝画一化）」した〉**のです。すべてが徹底的に「統一」（ℓ86〜）され「規則化」されている状態を、筆者は**c〈こんなの「異様」だと思った〉**のです。それなのに、筆者はどうして本心と異なる表現をしたのでしょうか？　本心と表現が異なることを**〈皮肉・反語〉**などと呼びます。本当にあきれるぐらいバカだなと思ったときに、「お前ほんと賢いねぇ」などと言ったりするのが皮肉です。そうした**皮肉や反語には、ストレートな表現よりも相手に対して強い攻撃力を発揮することがある**のです。だから筆者も用いた。本当は**「見事」という肯定的な表現とは反対に、「異様」だという否定的な気持ちがあった**のです。でも筆者はその気持ちをストレートには言わず、**d〈本心と異なる「見事な」という皮肉な表現を使い〉**、**e〈その異様さを強調するために符号を用いた〉**のだと考えられます。「〃　〃」という符号は、一般的にも〈強調〉のために使われることが多く、ここでも筆者が特別な用いかたをしていると考える根拠はないので、〈強調〉の用法と見なしてよいと思います。

　このように本文に従って筆者の意識を考え、客観的な推論をしましょう。とくにエッセイの場合は推論して解答を考えなくてはならないことも多いので、こうした姿勢を忘れずに。

　そしてこうしたことを考えると、**正解はウ**です。「多様な人々の人生を奪い去り」が**a**と、「徹底的に収容者を画一的な存在として扱おうとした」が**b**と、「ドイツ軍のこだわりの異常さ」が**c**と対応しています。また「あえて逆の表現をした」が**d**と、それを「強調しようとしている」が**e**と対応します。

　ア…「自由」が「奪われ」たことについてはℓ39に書いてあります。ですが「自由な表現が認められなかった」と説明すると、自分らしいポーズが取れなかったとかいうことになります。こうした説明は、傍線部が〈写真の写しかた〉の「異様さ」を指摘していることと食い違います。それに、もともと写真を撮《と》られること自体が強制であり、「自由な表現が認められなかった」というと、写真を撮られることは嫌ではなかったけれど、もっと自分を自由に表現したかった、というようなことを説明しているとも解釈できてしまいます。また筆者は「異様さ」を言いたかったのであり、「驚き」を読者に示そうとしたのではありません。**イ…**筆者は「分からなかった」のではありません。ドイツ軍の「異様」さ（**c**）が〈分かった〉のです。だから「分からなかったという事実を」「読者に示そうとした」という説明も成り立ちません。**エ…**筆者が「ふとその規則性に心惹《ひ》かれてしまった」とは断定できませんし、やはり**c**と食い違います。**オ…**少し迷ったかもしれません。後半の途中までは正しいとも言えるからです。でも「現代の人々に向けて告発しようとしている」とは断定できません。とくに「告発」は〈社会に知らせ、犯罪の処罰を求めること〉です。ドイツ軍の犯罪的行為は、認めない人もいますが、一般には事実としてあったとされています。筆者がそれをあえて「現代の人々」に知らせ、処罰を求めているとは、本文からは読み取れません。

問五 **本文解説** でも言いましたが、筆者の見方の特徴は、アウシュヴィッツの遺品の多さに圧倒されないように、**a〈遺品の一つ一つが一人一人の生と死を語るものだ、と思い、「想像力」を働かせている点〉**にあると言えます。このことについては筆者自身が「数の多さに圧倒されているだけでは、想像力が働かなくなる」、「今ここにあるのは、一つ一つの死の重なりだ」（ℓ21〜）と述べています。「想像力」というのは、目の前にないことを思い描く力です。それを働かせて、メガネひとつにしても、それはどんな人が掛けていたのか、と想いを巡《めぐ》らせています。この「想像力」の働きは、自分が読んだ本や手記のことを想い出し、その内容と目の前の入れ墨の写真とを結びつけているところにも発揮されていると言えますが、それよりももっと明確に想像力を働かせているのは、最後の住居の展示室を見たときです。筆者は、再現された収容者の住居を見ながら、b′〈その住居が家畜小屋のようだと想い、ふと昔の牛小屋のにおいなどを想い出します〉。そして最後には、フランクルの本に書かれていたことを想い出しながら、目の前にはいない収容者らの寝姿を「スプーンの束のよう」だと、具体的なイメージとして想い浮かべています。これも目の前にないものを想い描いているという点で「想像力」の働いているところだと言えます。つまり**b〈自分の知識や経験と結びつけながら、収容者の悲惨な経験を具体的に想い描いている〉**という特徴も、筆者の見方として挙げることができます。一言で言えば、筆者の見方の特徴は、やはり目の前にないものを見ようとする「想像力」です。よって前半が**a**と、後半が**b**と合致する**イが正解**。

　ア…「かつて収容者が使っていた品物と現代のものとを一つ一つ比べ」が、本文と食い違います。筆者が現代のものと比べているのは、「歯ブラシ」の「持ち手」（ℓ29）だけです。だから「一つ一つ比べ」と言うと、他の品物も現代のものと見比べたと説明しているとも受け取れるし、**a**と合致しません。**ウ**…前半は**a**と合致しますが、「写真」に「涙」したのは、「白人女性」（ℓ102）であり、筆者が「感情移入」しているとも言えません。**エ**…これも**a**はありますが、「（かつて収容者だった人の書いた手記の内容を想い出し、）その人の生活も自分が今いるアウシュヴィッツにあったのだと想像し、その痛みを共有しようとしている」と推測できる根拠が本文にありません。**オ**…これも**a**はありますが、「政治犯のマークがついている」（ℓ96）と書かれているだけで、「少女が政治犯としてでっち上げられ」たのかどうかは本文からは判断できません。また「まともな服も与えられていない様子」を見ている筆者に「深い憤《いきどお》り」があったのかも断定できません。

もういっちょ 語句

- **想起**…思い起こすこと。
- **感情移入**…人物や対象に対して自分の感情を移し入れ、自分と対象がひとつになるような体験をすること。
- **憤《いきどお》り**…激しく怒ること≒憤慨。

『明治の表象《ひょうしょう》空間』松浦寿輝《まつうらひさき》・『文字禍《もじか》』中島敦《なかじまあつし》 解答・解説

目標点 28／50点

問題 本冊 122ページ

解答

問一 ア（8点）

問二 イ（8点）

問三 ア（8点）

問四 イ（4点）

問五 〈解答例〉単なる線の集まりや形なのに、意味や生命を宿しているように感じられる点。［35字］（12点）

問六 ウ（10点）

チェック問題

解答 どこでも誰にでも、すべてのものに当てはまること（同様の内容であれば可。）

解説 「普遍」は大頻出評論用語。反対語は〈特殊・個人〉。

復習

解答 ① 言語 ② 平凡 ③ 生命 ④ 触発 ⑤ 言霊

解説 ①…本文冒頭で「言語学」が「植物学」と並列されています。②…第2段落に「ごく平凡な構成要素」（ℓ13）という語があります。③…第2段落（ℓ17）で『生命』と『意味』が並列されているので、③には「生命」を入れます。④…ℓ23に「不思議に触発されて」とあるのが根拠です。⑤…本文ラストに「言霊《ことだま》への信」という表現があり、これが「⑤を信じる発想」と対応するので、⑤は「言霊」で決まり。

本文解説

Aについて。ここでは植物学と言語学の共通点、そして植物や言語に宿る「生命」や「意味」の不思議さ、という二点を押さえることができればいいでしょう。本文は三つの段落に分かれているので、それに基づいて解説していきます。

Ⅰ 植物学と言語学の共通点（ℓ1〜ℓ11）

この文章は、基本的には言語について語っていますが、筆者はまず言語を植物と結びつけて論じ始めます。

植物学と言語学にはいくつかの共通点があり、それは、

a ふたつの学問が対象（＝構成要素）とする植物も言語もありふれたものである（ℓ2）

b 植物も言語も、知的に認識しなくても、体系的に（＝組織立てて）考えなくても何の支障も不便もない（ℓ4）

という点です。もちろん薬用植物を栽培するとか敬語をうまく使うという「技術的な知」はありますが、それは植物や言語の本質を問うというような「学知（＝学問的な知）」ではありません。するとそのように、植物や言語について現実の必要性を離れて理解しようとする学問は、「治療」に役立つ薬草や、「コミュニケーション」の手段としての言語という「実用知（＝生活に役に立つ知）」という次元とは別の、日常世界を超えてはいるが、どこの世界にも当てはまる「普遍知」の空間に属す、と考えられます。

Ⅱ 植物学や言語学の出発点（ℓ12〜ℓ23）

それでも植物や言語がありふれた「平凡な」ものだという事実は変わりません。たしかに植物学が「植物にとって『生命』とは何か」、言語学が「言語にとって『意味』とは何か」というような問いを発するなら、現実を離れた抽象的な段階へと至るでしょう。それでも学問の対象は、目の前の草や口から出る言葉の響きや日常で使う文字の形というところから出発するのです。

ではどうしてそれらが学問的探究の対象になるのでしょう？ 筆者はそのわけを、ひとつの草や文字に「生命」や「意味」が宿る、ということ自体の不思議さが人々を惹《ひ》きつけ、学問へと発達するからではないかと考えています。

Ⅲ コトバに宿る生命力と霊力（ℓ24〜ℓ31）

日本語の「言葉」は「言の葉」という植物めいたイメージを持っています。おそらく筆者が言語学と植物学を結びつけたのも、こうしたイメージがあるからでしょう。古今集の小野小町の歌にも、「コトバ」と「草木の葉」がダブらされて表現されています。こうした発想から、植物に生命があるなら、コトバにも生命がある、という考えかたが生まれてもおかしくないですね。「アニミズム」は自然の草木にも霊魂があるという考えかたですが、これを言語にも当てはめれば、言語にも霊魂がある、という考えかたになります。先の小野小町の歌でも、「コトバの植物的な生命力」が「エロス（＝性愛）」という人間同士を惹きつけ合う「磁力」に通じるものとして考えられています。そしてコトバの生命力はさらに「詩歌に宿る言霊《ことだま》」への信仰につながっていきます。「言霊」とは〈言葉に宿る神秘的な霊力〉ですが、日本の古代では、言葉には現実を変える不思議な力があると考えられていました。それを「言霊信仰」と言いますが、たとえば口から発せられたコトバには、山を動かしたり、人の生き死にを左右したりする力があると考えられていたのです。

こうした発想の根底においても、植物の生命的イメージがコトバと結びつけられている、と言えるでしょう。

Bについて。中島敦は昭和十年代に活躍した小説家です。中国の古典に題材を採った『山月記』は、よく教科書にも載っていました。

この『文字禍』は古代メソポタミアのアッシリアを舞台に、どこからともなく聞こえる文字の霊の声を、王から命じられたナブ・アヘ・エリバという博士が研究するという話です。博士は、文字の霊というものが本当にいるのか、そしてそれがどんなものなのかを、探ろうとするのですが、本を見てもわかりません。

そして、占い師のようにじっと文字の書かれた瓦《かわら》を見ているうちに、文字が解体して、バラバラの「線」に見えてきます。博士はどうして「単なる線の集まり」(ℓ62)が、音や意味をもつのか、わからなくなってきます。そして文字が音や意味をもつのは、「文字の霊」のしわざなのではないかと考えはじめます。その上、文字の精霊は地上に満ち、「野鼠《のねずみ》」(ℓ74)のようにふえる、ということを知るのです。これは**A**に書かれた文字の〈生命力〉を暗示しているところです。

付け足すと、最後に博士は、博士の上に落ちてきた文字の書かれたたくさんの瓦に押しつぶされて死んでしまいます。中島敦という、言葉を用いる小説家が、文字や言葉の不思議さを描いた作品です。

設問解説

問一 植物学と言語学の「共通点」は、傍線部①の直後に書かれています。それは **本文解説** Ⅰ にも書いたように

a ふたつの学問が対象(=構成要素)とする植物も言語もありふれたものである

b 植物も言語も、知的に認識しなくても、体系的に(=組織立てて)考えなくても何の支障も不便もない

ということでした。するとこうした内容に対応している**アが正解**です。

イ…「学問としてはなかなか成立しがたい」という説明がおかしい。「植物学」も「言語学」も「学」がついているかぎり、すでに学問として存在しています。**b**がない点もダメ。

ウ…「本質を問い」「総体として理解しよう」という表現は、第1段落(ℓ7)にも出てきます。それは「現実的な要不要を超えたところで『植物』や『言語』の世界内でのありようを理解しよう」(ℓ8〜)という「普遍知」(ℓ11)です。ですが、「そうした普遍知」の対象も、「ありふれた現実世界のごく平凡な構成要素でしかない」(ℓ13)と書かれています。つまり「普遍知」の対象は現実世界をつくる「ありきたりのモノ」(ℓ15)なので、「具体的な植物や言葉といったものが知の対象とはならなくなる」というのは×。**b**もナシ。

エ…第2段落の最後ℓ22〜ℓ23に「植物学や言語学」が「『生命』や『意味』が宿ることの不思議に触発されて」「始動」すると書かれています。これもふたつの学問の共通点と言えないことはないです。でもこれが**b**と関連すると考えたとしても、明確な共通点である**a**がありません。さらに、「それら(=生命力)に価値を与えようという動機」があるとは本文に書かれていません。

オ…「植物」が「言葉で命名されることによって生命を持つ」という説明が本文にナシ。

問二 三つの「知」を整理しましょう。

a 技術的な知=有用性(=役に立つこと)の側面に関わる。栽培・表現の習熟など

b 実用知=治療・コミュニケーションなどを目的とする

c 普遍知=現実的な要不要を超え、本質やありようを理解する

aと**b**は、ともに日常のなかでの「用」いかたに関係がある点で、仲間だと言えます。これに対し「普遍知（**c**）」は、「日常世界を超出した」「空間に所属している」（ℓ11）ので、**a**・**b**とは「異質」です。すると三つの「知」は、**a**・**b**対**c**、という「関係」にあると言えるので、**正解はイ**です。

ア…「技術的な知」〜「普遍知」がそれぞれ「自然科学」〜「人文科学」と対応するというようなことは、本文にナシ。**ウ**…「普遍知（**c**）」は、「技術的な知（**a**）」「実用知（**b**）」を「合わせたもの」だというと、「普遍知」が後のふたつと同類だということになり、先に説明したことと×になります。**エ**…「技術的な知」が「普遍知」に含まれるという説明が、先に述べたことと×。**オ**…この選択肢は「技術的な知（**a**）」が一番範囲が狭く、それを含んでいるのが「実用知（**b**）」で、「さらにそれらを一般的に言う語として『普遍知』（**c**）」があるというのですから、**ウ**と同じく、三つが同類だと言っていることになります。だから×です。また三つの「知」を「言葉」の使いかたとして説明している点も適切ではありません。

問三「抽象性」は、「抽象的」が〈現実離れしているさま〉を表すように、〈現実離れしていること〉を言います。また「階梯《かいてい》」は〈階段〉でした。すると傍線部は、**a**〈**どうしようもなく、現実を離れていく（階段を昇らざるをえない）**〉と言っていることになります。

そしてこの設問は、傍線部の意味・内容を問う、傍線部内容説明問題です。**実践編③の問四**（p.18）で言ったことをまとめてみます。

> **・「傍線部『〜』とはどういうこと（意味）か」という記述問題では、傍線部をなぞるようにイイカエ・説明をしていくこと**
> **・傍線部内容説明問題（選択肢型）では、傍線部をなぞるように説明・イイカエをしている直訳型の選択肢を選ぶこと**

この大事なルールを確認してください。そして選択肢問題の場合には、傍線部のこの言葉を**イイカエ**たのが、選択肢のこの言葉だ、とわかる**語彙力《ごいりょく》**が必要です。

この問題の**正解はア**なのですが、それは**「観念」**という語が、**〈頭のなかにある考え〉**のことで、**「観念的」**が**〈頭のなかだけで考えていて、現実離れしているさま〉**を言うので「抽象性」の**イイカエ**になるからです。「観念的」の**反対語が現実的**（実際的）だということも知っておきましょう。このことを知っていれば**ア**が**a**の内容に最も近く、傍線部⑤を**イイカエ**ているとわかります。「余儀なくされていく」という表現も〈そうせざるをえない〉という意味ですから、傍線部の「否応《いやおう》なしに〜ざるをえない」という表現を直訳している点で、**先の〈選択肢を選ぶ基準〉に合致**しています。選択肢に対してこういう見方ができるように、評論用語集や漢字の問題集などで**語彙力**をしっかり身につけてください。「個別の事象に基づき」は、傍線部を受けている、傍線部直後の「その場合」で始まる一文の「対象〜は〜この草、この花〜」という内容と一致します。

イ…「形而上的な（＝目に見えない）世界を主体的（＝自分の意志をもって行動する）に目指し」という部分が本文にナシだし、「否応なしに〜ざるをえない」という表現と「主体的に目指し」も食い違います。**ウ**…「明確な良し悪《あ》しの答えを持たない曖昧《あいまい》な議論」という部分が本文にナシだし、**a**と無関係です。**エ**…「技術的な知」は現実的なものであるのに対し、傍線部は現実から離れていく（a）のです。それを「技術的な知に向かっていく」と言うと、aと逆方向で、現実に近づいていくことになります。**オ**…「順番に」「機会が生じる」という表現が、傍線部の表現ともaとも無関係です。

問四「問題」とは、〈世間の注目を集めている事柄。解決すべき面倒な事柄〉という意味です。この「問題の図書館」という表現のときの「問題」は、どちらの意味でもよいですが、〈注目を集めている〉〈解決すべき面倒〉な事柄＝「問題」は、図書館から不気味な声が聞こえるという噂《うわさ》があること（ℓ34～）です。だから「なぜ『問題』なのか」と問われたら、**a〈図書館から不気味な声が聞こえるという噂があるから〉**が答えになります。なので**正解はイ**。他の選択肢はaとまったく関係ナシ。

問五 これは一番大事な問題です。**ふたつの文章を並べた問題では、ふたつの文章の内容の共通点や相違点が問われることが多い**のです。この問題は〈共通点〉が問われています。それも「文字の不思議について」、です。ではまずAの文章で、「文字の不思議について」書いてあるところを見てみましょう。

第2段落に「『**意味**』が宿ることの不思議」（ℓ22～）という記述があります。これは設問の「不思議」という言葉を手がかりに見ていけば見つかるでしょう。ただしよくその部分の文脈をさかのぼって見てみると、「この草、この花、この音の響き、この文字の形態」（ℓ19～）を「そんな自然」という指示語で受けています。とすると、この「自然」のなかには、草木だけではなく、「文字」も含まれることがわかります。そして「文字」を含む「そんな自然」に「意味」や、**「意味」と並列されている「生命」も「宿る」のが「不思議」だ**と言われているのです。

ではBの文章ではどうでしょうか。B文も最後からふたつ目の段落にある「この不思議な事実」（ℓ65）という語句に着目すると、「この」が指している「単なる線の集まりが、何故《なにゆえ》、そういう音とそういう意味とを有《も》つことが出来るのか」（ℓ62～）という部分をピックアップできるはずです。ただこの問題は「両方の文章が共通して指摘している点」を書けという問題なので、B文しか指摘していない「音」は解答に入れないほうがよいでしょう。A文でも「音の響き」（ℓ20）という語は出てきますが、それ自体が「不思議」だとは言っていないです。ただB文では、博士がその不思議な文字のなかに「霊」の存在を感じとります。A文でも「生命」が宿る不思議さを述べていましたし、「生命」を「生命力」（ℓ29）さらに「言霊」（ℓ30）と言い換えています。ですから、**「文字」のもつ「意味」（a）と「生命（あるいは霊）」（b）**は、A・Bの文章に共通した内容として解答に書きましょう。

解答例の**「単なる線の集まりや形」（c）**という部分は、B文にある表現ですが、たんに、「力をもっている」と書くより、〈ただの線のようなのに力をもっている〉と書いたほうが「不思議」な感じが出ると考えて解答に入れています。「不思議」さはA文でも指摘されているので、それを強調するだけなら、B文の表現を使っても問題ありません。B文では「意味の無い一つ一つの線」（ℓ62）、「単なる線の集まり」（ℓ62）、「単なるバラバラの線」（ℓ68）などと書かれていますが、どれかを使ってcの要素を書いてほしいと思います。〈～という不思議〉というように「不思議」の中身を説明していればよいですが、たんに「不思議」は、設問が問うている「不思議」の内容を説明していないので×。

a・b（各5点）、c（2点）です。「言霊」「生命力」はA文にしか出てこない言葉なので、これだけだとb△3点。

問六 内容合致問題と同じですが、**問五**同様、**A・B**両方の文を結びつける問題です。ひとつずつ選択肢を見ていきましょう。

ア…**A**が現実的な言語の「使用法を重視している」とは断定できません。また**A**は「言霊」（ℓ30）にも触れているので、その**A**に「対し」、**B**は「神秘性を論じている」というように、「神秘性を論じている」のが**B**だけだと受けとられるような**対比**的な説明は適切とは言えません。

イ…**A**の文章の筆者が「現実から遊離しつつある（＝抽象的になる）現代の言語学」を「批判する立場」からこの文章を書いているとは断定できません。傍線部⑤では、ときとして生物学や言語学は、「否応なしに」「抽象性」をもた「ざるをえない」というように、筆者は抽象化することが必然である場合があると言っていて、それを「批判」してはいません。

ウ…**B**の文章では本文の最後に「文字の精は野鼠《のねずみ》のように仔《こ》を産んで殖《ふ》える」と書かれています。つまり「動物」的なイメージです。それに対して**A**の文章では、日本語では「コトバ」が「葉」という「植物的なイメージ」として捉えられています。どちらも「生命」的なものを示していますが、両者の「表現上の」「イメージ」は「異なる」と言えます。よって**正解はウ**です。

エ…**A**の文章にはたしかに「技術的な知」「実用知」「普遍知」という三つの知が挙げられていますが、たとえば「技術的な知」と「実用知」の間に「段階」があるとは断定できません。だから「エリバ」がその「段階を忠実に辿《たど》」ったとは言えないし、そうした記述も**B**文にはありません。

オ…**A**の文章で取り上げられている、「コトバ」と「言の葉」の結びつきは筆者の想像です。また「さらに進めば～言霊への信さえ呼び起こすことにもなろう」（ℓ30～）というのも筆者の推測であり、「実証性のある学問的な知識に基《もと》づいた」「論」とは言えません。

もういっちょ語句

・ℓ60 **静観**…静かに、成り行きを見守ること。

『アカシヤの大連《だいれん》』 清岡卓行《きよおかたかゆき》

解答・解説

目標点 26／50点

問題 本冊 130ページ

解答

問一 a ア b オ c オ（3点×3）

問二 ア（6点）

問三 ウ（8点）

問四 イ（7点）

問五 オ（8点）

問六 エ・オ（6点×2）

チェック問題

解答 客観的

解説 □部分の文脈は、「主観的には〈真実のふるさと〉だが、□には〈にせのふるさと〉になる」というもの。「真実のふるさと」「にせのふるさと」という**対比**的な語句があり、その**対比**が□に「主観的」の反対語を入れることでより強調されるという文脈です。「主観的」は〈自分だけの考えかたや見方にかたよっているさま〉。反対語は「客観的」で〈個人の考えから離れ、誰にとっても変わらないさま〉を言います。

復習

解答 自己（自分も可）

解説 あとでも説明しますが、この小説は、〈にせのふるさと〉に愛着を感じる自分に自信がもてなかった「彼」が、同じ「にせ」という名前をもつ「にせアカシヤ」が本物より美しいことと重ね合わせて、「にせ」であることを肯定していく物語です。そしてそれは、〈にせのふるさと〉に愛着を感じていた自分をも肯定していく物語だと言えます。だから□には「自己（自分）」を入れればよいでしょう。「大連」や「故郷」を肯定することよりも、自分を肯定する、ということがより大事なテーマなので、「大連」「故郷」というのは正解とはなりません。難しい設問です。

小説について 解説

本文解説に行く前に、小説の読みかた・解きかたと、小説を読むときに必要なことについて少しお話しします。

◆**読みかた**

1 最初に書かれている、どういう場面か、どういう人間関係かなどを説明した部分（＝リード文）をしっかり読む。

2 小説の本文を読むときは、どんなに長くても**最後まで通して一度読み、頭のなかで簡単にテーマをまとめる**→エッセイと同じで、全体でひとつのテーマを語っていることが多いため。

3 誰の心理でもよいので、**心理描写をチェック（傍線かチェックマークをつける）**しながら読む。

4 セリフも誰の発言かを意識して読む。

5 **回想など時間の順序（＝時系列）に注意する。**

◆**解きかた**

1 設問を解くときには、**できごと→気持ち→しぐさ（発言・行動など）、という三つの要素の因果関係**を考える。

2 本文に書かれていない気持ちが問われたら、右の「できごと」と「しぐさ」で〈気持ち〉をはさみ撃ち。どんな〈気持ち〉があれば、**因果関係**が成り立つか（筋が通るか）、を考える。

3 表現の問題では、**誰の目を通して描かれているか**や、時系列を意識する。また「淡々と（＝感情を込めずあっさりと）」など、表現を説明する語句を覚えていく。そして、小説の問題の選択肢は本文の表現をそのまま使わず、**イイカエ**ている場合が多いので、**語彙力**《ごいりょく》が必要。また勝手な解釈をしないように、**手がかりの少ない設問や表現の特徴を問う問題などでは、消去法**で取り組んだほうがよい。

◆**小説を読むときに必要なこと**

現代が舞台で、みんなと同じ世代の人間が主人公の小説では気にしないでよいが、古い小説になると、その時代のことを知らないと話がよくわからない、ということが起こる。とくに明治〜昭和初期の小説では、人間や社会のありかたがちがうので注意する。たとえば、

・人間…古い「家（＝先祖代々の家柄や職業）」を重んじ、恋愛・結婚は自分の思うようにはいかず苦しむ。
　…男尊女卑の傾向が強く、男性は女性の知性を低く見る傾向がある。
　…女性は、男性（夫とか）や年上の人に対して敬語を用いる。

・社会…共同体（＝血や土地のつながりによってできる人と人との強い結びつき）の意識が強く、自分の知り合いだけでなく、仲間であるという意識が広い範囲の人々に向けられる。

他に今回の文章にも出てくるような戦争の状況や学校制度についても、できるだけ知識をもっておいたほうがよいです。また現代の小説でも、みんなとは関係ないと思えるかもしれないけれど、確実に来る〈死・老い〉に対するイメージも必要です。小説を読むということは、知らなかった社会や人生と出会うことでもありますから、大変ですが、できるだけ多くの小説を読んで、いろいろな知識やものの見方を身につけてください。

本文解説

〈**にせアカシヤとにせの自分（ふるさと）とのつながり**〉というテーマを、「偶然に似てしまった言葉」（ℓ44）という部分から読み取ればOKです。この小説では主人公である「彼」の気持ちの変化がポイントになるので、それに合わせて解説していきます。

Ⅰ 本当のふるさと＝「大連」（ℓ1〜ℓ16）

リード文（＝本文最初の線で囲まれた部分）にもあるように、舞台は戦争中の中国東北部大連。当時、日本は中国を植民地とし、多くの日本人が中国に渡っていました。中学時代までを大連で過ごした主人公の「彼」は、大学生になった今、大学を休学して再び大連を訪れています。大連の「五月」（ℓ1）は、アカシヤの花が薫《かお》る季節です。夕ぐれどきは独《ひと》りで町を散歩しながら、アカシヤの匂いを全身に吸い込んだり、その花の蜜《みつ》を味わったりします。その行為は大連での小学生時代を思い出させ、「彼」は大連こそ「自分の本当のふるさと」（ℓ14〜）なのだと「肉体を通じて」感じるのです。

Ⅱ 「彼」のなかの矛盾（ℓ17〜ℓ43）

「彼」は、「戸籍」の上では「彼」の父母が生まれた日本の高知が「ふるさと」でした。戦争中の「徴兵検査」や戦争に「召集」されるときには、「戸籍」のある場所に行かなければなりません。ですから「彼」も、高知へは二度ほど行ったことがあります。

そして「彼」は高知に「好意」を「覚え」、おいしいごちそうを食べました。でも「これが自分のふるさとだという実感は、どうしても湧《わ》いてこない」（ℓ24〜）のでした。

しかし日本人であるのに、日本の植民地である大連に「ふるさと」を感じるということには、「彼」自身「引け目（＝劣等感や心の弱み）」（ℓ27）を感じていました。誰に対してかと言えば、まず「彼」の父親の世代、「彼の前世代の日本人」（ℓ30）に対して、です。大連とその周辺には、中国人（＝「土着人」）の墓場しかありませんでした。ということは、大連に住んでいる前世代の日本人は、死んだら大連ではなく、日本の「ふるさと」に骨を埋めてもらおう、と考えていたということになります。そうした、ふるさとは日本以外にないと思う世代に対して、「彼」は「引け目」を感じていたのです。

また「彼」と同じ大連で生まれ育った「植民地二世」は、年齢のせいもあるでしょうが、「ふるさと」なんて考えてもいないかのようでした。この自分と同世代の人間にも、自分だけは大連を「ふるさと」と考えている「引け目」を感じていたと言えるでしょう。

すると自分が大連を〈真実のふるさと〉（ℓ35〜）だと感じても、他の人から見れば〈にせのふるさと〉にしかならないとも思えてきます。こんな「彼」の気持ちは、大連にいる日本人から見れば、「愛国心」（ℓ38）の欠乏ということになるのかもしれません。

そしてまた、中国人からしてみれば、日本人が大連を「ふるさと」などと思うことをバカな話だと思うかもしれない、とも「彼」は考えます。これも「引け目」でしょう。「彼」は親の世代・同世代・一般の日本人・中国人の四者に対して、「引け目」を感じていたのです。

少し横道にそれますが、現代のみなであれば、自分が一人で考えていることを、同じ日本人がどう思うか、などとはふつう考えないでしょう。友だちがどう思うか、ぐらいは考えるかもしれませんが、「彼」のように、ただ考えただけで「引け目」を感じるというようなことはないと思います。こうしたところに、先に書いた〈共同体〉の意識が現れていると言えます。戦争中ということもありますが、「彼」は日本人の一人として自分を捉えています。また大連に住む人間の一人として、中国人のことも気にしています。こうした精神的な結びつきを感じることが〈共同体意識〉ですが、現代では失われつつあるので、こうした小説を読むとなんかよくわからない、と感じるかもしれません。

さてこうした〈共同体意識〉は日本人にも中国人にも向けられています。このことは、「彼」の内部にある「矛盾に対応している」（ℓ40）と書かれ、その矛盾とは〈風土のふるさと〉は大連にしか感じない一方、〈言語のふるさと〉は日本語にしか感じないことです。つまり「彼」のなかでは、日本と中国が同居しており、それゆえ日本（人）のことも中国（人）のことも気になるのです。「彼」の心は、引き裂かれている。だからこんな中途半端な人間が、大連を〈真実のふるさと〉だなどと思っていいのかと思い、「引け目」を感じてしまうのです。日本と中国のどちらにもしっかりと自分をつなぎ止めておくことができない。そんな自分を「彼」が、人間として〈にせもの〉だというように思ったと解釈しても間違いではないでしょう。〈にせのふるさと〉の住人なのですから。**実践編**③の本文下のヒント（p.74）に「確かな自分」という意味の「アイデンティティ」という言葉が出てきましたが、この言葉を使って言えば、「彼」は確かな自分を感じられないでいる、つまり〈アイデンティティ〉が揺らいでいるのです。

Ⅲ 自分を肯定する「彼」（ℓ44～ℓ71）

〈にせのふるさと〉という言葉が思い出させたのは、中学校のときに知った「にせアカシヤ」という言葉でした。「偶然に似てしまった言葉」とは「にせ」という言葉のことです。第8段落は「中学校の三年生のとき」（ℓ49）にワープするので、こういう「回想」は現在ときちんと分けて読んでください。中学と言ってもこの時代の中学というのは「旧制中学」と呼ばれ、12才～16才の男子が通う学校です。旧制中学に通っているのは、エリート候補生です。こうした知識も昔のことを語る小説を読むときには必要です。

そしてその中学の先生は、大連のアカシヤは、本来「にせアカシヤ」と呼ばれるべき種類のものだと言ったのです。「彼」はそれが気になったのか、先生が「本当のアカシヤ」だと言ったアカシヤを学校の帰りに見にいきます。そして「安心」（傍線部②）します。それは「本当のアカシヤ」が美しくなくて、「にせアカシヤの方がずっと美しいと思ったから」（ℓ57～）です。

ここには「彼」の大連への愛着があります。大連に多く咲くアカシヤが、たとえ植物学的には「にせ」と呼ぶべきだとしても、とにかく美しかった。それは大連のアカシヤを肯定する根拠になる、と「彼」は思ったのでしょう。その根底には、大連を「ふるさと」として肯定したいという思いがあると言えます。

話は最終段落で現在の時点に戻ります。そして再び訪れ、その「甘美《かんび》（＝甘くこころよく感じられること）な匂《にお》い」に酔い、蜜を味わいもした、この美しい大連のアカシヤを、「にせ」と呼ぶことに怒りを感じ、「にせアカシヤ」から「『にせ』という刻印（＝しるし）を剝《は》ぎとって」（ℓ69）、「単にアカシヤと呼ぼう」と考えます。

でもこのとき「にせ」が外《はず》されたのは、アカシヤだけでしょうか？「にせ」という言葉は「ふるさと」にもついていた言葉です。そこから「彼」は「にせアカシヤ」という言葉を思い出したのでした。つまり「にせアカシヤ」と〈にせのふるさと〉とは重なり合っています。だとすれば、「アカシヤ」から「にせ」が取れたのであれば、「ふるさと」からも「にせ」が外れるはずです。つまり誰にも「引け目」を感じることなく、大連が自分の「ふるさと」だと思えるようになったのです。たとえ他の人には〈にせのふるさと〉と感じられたとしても、少なくとも「彼」には〈真実のふるさと〉であると。

そしてそれは、先に書いた〈アイデンティティ〉ということで言えば、「彼」は大連という土地との結びつきを固くしました。そういう「彼」は、確かな自分＝〈アイデンティティ〉を得たと言ってよいでしょう。それはアカシヤの匂いに酔い、〈にせのふるさと〉に愛着を感じていた「自分」を、これでいいんだ、と肯定できるということです。自分が「にせ」ではないと思えると言い換えてもよいでしょう。それゆえ、

・「にせアカシヤ」は美しかった（＝**できごと**）
⇐
・「にせアカシヤ」の肯定＝〈にせのふるさと〉の肯定（＝**心理１**）
⇐
・**〈にせのふるさと〉や「矛盾」を抱えていると思われた自分の肯定**（＝**心理２**）

と考えることができます。そして「引け目」を感じていたり、矛盾があると思っていたりした**自分を、これでいいんだと思うようになる「彼」の内面の変化**こそが、この文章の〈**テーマ**〉なのです。

設問解説

問一 こうした語句の意味を問う問題は、基本的に辞書に載っている意味を答える問題です。だから文中での意味を考えすぎないようにしましょう。あくまで知識問題だと考えてください。

a…傍線部**a**は「土着の」と「気骨《きこつ》ある」のふたつに分けることができます。「土着」は①**〈ずっとその土地に住んで根づいている〉**という意味、〈気骨ある〉は②**〈物事に屈しない意気や気概（＝困難に負けない強い意志）をもっているさま〉**という意味です（「気骨《きぼね》」と読む場合は、〈心配、気遣《づか》い〉という意味になり、「気骨が折れる（＝気疲れする）」、などと使います）。

この①・②の両方の意味と的確に合致している**アが正解**です。

イ…①の「ずっと」という意味がないし、②の意味とも「固有の気質や骨格をもっている」という部分が合致しません。**ウ**…「土着」の人が「農民」とは限らないし、「土地に対する愛着をもっている」という部分が①と合致せず、②の意味もありません。**エ**…①・②の双方に合致しません。とくに、その人が生きている「風土」が「厳しい」という意味が、「土着」にはありません。**オ**…「風土に適応するように形成された」という部分が①と一致しないし、「肉体」は②「気骨ある」と関係がありません。

b…傍線部**b**もふたつに分けることができます。「根なし草」は①**〈どこにも定かな居場所やよりどころをもたないさま〉**、「たわごと」は②**〈ばかげた話〉**。この①・②双方に合致する**オが正解**です。「さすらい人」が①「定かな居場所」がないことと一致し、「ばかげた言いぐさ（＝ものの言いかた）」が②と一致します。**ア**…①の意味がないし、「（根拠のない）うわさ」も②と一致しません。**イ**…「自分の意見をもたない者」が①と×です。**ウ**…「植民地二世」は本文では「彼」をも指し、「彼」は自分のことを「根なし草」だと言っているので、「植民地二世」＝「根なし草」と考えるのは、間違いではありません。ただし先にも書いたように、本来この種の問題は辞書的な意味を解答するので、本文にだけ合うという説明の仕方は好ましいとは言えません。また「あさはかな言いわけ」は②と合致しません。**エ**…「空想的なつくり話」が②と合致しません。

c…「義憤」は**〈正しいことに反することへの強い怒り〉**という意味なので、この意味に一致する**オが正解**です。他の選択肢は「怒り」という意味がないので、×です。

問二 先に［B］を考えましょう。「彼」は大連のアカシヤの匂いを「全身で」吸い、その花を「噛《か》みしめ」（ℓ10〜）ています。

すると「彼」が大連を「自分の本当のふるさと」だと感じたのは、彼の「肉体」の感覚を通してです。だから［B］には「**肉体**」が適切です。そして［A］には手がかりがありませんが、「［　］」ではなく、［　］」というような、

対比的な文脈にある空欄には、できるだけ対比が明確になる語句を入れる

というのがルールです。すると「肉体」と反対語となるのは、〈肉体と精神〉と言われるように、「精神」であり、「精神」の営みとして「思考」がありますから、[A]には**「思考」**が妥当です。よって**正解はア**です。

イ…「彼」は「現在」「蜜」を「味わ」いながら、「蜜を嘗《な》めた」「小学生の頃」＝「過去」、を思い出しています。「現在」も「過去」も同じことをしているのですから、**イ**を入れて、「過去」を通じてではなく、「現在」を通じて、というふうに、「現在」と「過去」を分けてしまうのはおかしいです。**ウ**…B「空間」は、匂いや味という肉体の感覚を通して「ふるさと」を感じている文脈に合いません。また大学生になった今と小学生の頃がつながって「ふるさと」を感じているので、[A]で「時間」ではなく、と言い切るのはおかしいです。**エ**…B「精神」は「肉体」の反対語です。今「彼」は自分の「肉体」の感覚で「ふるさと」を感じているのですから、**エ**の「精神」を入れると正反対の意味になるので、×です。**オ**…[B]の「皮膚」は蜜を味わう口や味覚を含むことができません。また「彼」は「肉体」を通じた「経験」をしているので、[A]で「経験」ではなく、と言い切ることはできません。

問三「彼」が大連を「ふるさと」と感じることに「引け目（＝劣等感や心の弱み）」を感じていたのは、まず「前世代の日本人たち」に対してでした。前世代の日本人たちは、日本をふるさとと感じ、死んだら日本に骨を埋めてもらおうと考えていました。そうした**a〈日本をふるさとと思う前世代の日本人に対して、大連をふるさとと思うことの引け目〉**です。

また「彼」は「植民地二世」にも複雑な感情を抱いていました。「植民地二世」は「彼」と同世代です。ですが、「植民地二世」は「ふるさと」ということについて何も考えていないようでした。だから**b〈他の植民地二世と自分とのちがいを意識すること〉**も、「引け目」と関連すると言えるでしょう。また日本人全般から見れば、大連をふるさとと感じる「彼」は「愛国心が欠乏している」（ℓ38）と感じられるかもしれない。だから、**c〈愛国心が欠乏していると一般の日本人に思われるという引け目〉**があったと言えます。最後に土着の「中国人」から見ても、植民地としての大連にきてそこをふるさとだなどと感じている日本人は「たわごと」を言っているとしか思えないかもしれない。こうした**d〈土着の中国人に対する引け目〉**もありました。

こうしたことを踏まえて、選択肢を見て、「不適切」なものを探します。

ア…**c**と一致します。「恐れ」は「愛国心が欠乏している！」と非難されるのではないか、という「引け目」から導かれる感情だと考えれば問題ないです。**イ**…**a**と一致します。「申し訳なさ」も「引け目」から生じる感情と言えるでしょう。**エ**…**b**と合致すると言えます。「疎外感」は〈仲間はずれになっているという感覚〉ですが、「彼」は他の「植民地二世」とは違う感じかたをしていました。それが他の「植民地二世」に対する「引け目」＝〈弱み〉となっていたから、彼らに対して「疎外感」を感じていたと考えることができます。**オ**…**d**に合致します。「気後《きおく》れ」は〈自信がなく、心がひるむこと〉なので、「引け目」＝〈劣等感〉と近い意味の言葉です。

これらに対して、**ウ**は「驚き」が「引け目」の言い換えとしては適切ではありません。だから**ウが「不適切」で正解**。

問四「安心した」理由は傍線部②のすぐ後に書いてあります。「なぜなら」という理由を導く接続語がありますから、すぐわかりますね。そこには**「にせアカシヤの方がずっと美しいと思ったから」**と書かれています。「幹は真直《まっす》ぐすらりと伸び〜枝も素直に横にひろがって、全体として実にすっきりした形」だったのです。だから**正解はイ**。「生命」という語が気になった人もいるでしょう。ですが、最終段落に「生命の自然な美しさ」(ℓ67)とあるのは、「『にせ』という言葉が不当にも」「冠せられている」ものにある性質です。それはにせアカシヤですね。だから「生命の自然の美しさ」は「にせアカシヤ」の「美しさ」のことです。なので「にせアカシヤ」に「生命の美しさを確認した」という説明は、本文と一致します。

ア…「先生の説明通り、生命のバランスを失っていた」という部分がおかしい。「先生」は本当のアカシヤが「生命のバランスを失って」いるなどとは「説明」していません。また「にせアカシヤ」には生命の美しさがありましたが、逆に本当のアカシヤが「生命のバランスを失っていた」とは本文に書かれていません。**ウ**…「本物のアカシヤに風格を感じ」が本文にナシ。**エ**…「陰気」(ℓ59)だったのは「にせアカシヤ」で「本物のアカシヤ」ではありません。**〈対比の混乱〉**パターンの選択肢です。細かいところですが、間違えないでください。しっかり本文と照らし合わせましょう。**オ**…「本物のアカシヤは美しかった」という部分が×。本物のアカシヤは「どうも恰好《かっこう》が悪いように見えた」(ℓ62)のです。「本物のアカシヤは美しかった」の後に「が」がついていますが、この「が」が前の内容を否定しているわけではありませんから、間違えないでください。この部分は「本物のアカシヤは美しかった」と断定しているのです。だから×。

問五 **本文解説** でも説明しましたが、〈「にせアカシヤ」が美しかった(＝**できごと**)〉から、その「にせ」という言葉を剝ぎとり、たんに「アカシヤ」と呼ぼうと思ったときの「彼の思い」(＝**心理**)が問われています。そのとき「彼」のなかで、この美しい「アカシヤ」の咲く大連は、より美しい町になったと言えるでしょう。それは、もう〈にせのふるさと〉ではない、〈真実のふるさと〉になったからです。そのとき大連をふるさとだと感じることに対する**「引け目」**や、**〈風土のふるさと〉は大連だが、〈言語のふるさと〉は日本語だという「矛盾」(ℓ40)も乗り越えられ(a)**、〈言語のふるさと〉がどうであろうと、大連が「ふるさと」でいいのだ、という確信が「彼」のなかに根づいたと言えます。そしてそれは **本文解説** にも書いたように、**大連にふるさとを感じる自分を認める、肯定する(b)**ことでもありました。すると**正解はオ**になります。「言語としては〜感じない」は彼が抱えていた「矛盾」ですが、「彼」はそれを乗り越え、「自分を」「積極的に肯定しよう」と思ったという内容は、**a・b**に合致しています。

ア…「周囲の〜人たちに植民地二世の自分を認めさせよう」という内容が本文にナシ。**イ**…「愚かな博物学者」(ℓ68)に「反抗」する気持ちがあったとは言えますが、「理屈の通らない社会に反抗しよう」と思ったと言える根拠は本文にナシ。**ウ**…この場面で「日本人たち」に意識が向いているとは読めないし、彼らに「共生することの意味を考えさせよう」と思っているとは本文に書かれていません。**エ**…少し迷ったかもしれませんが、「彼」が「にせアカシヤ」の「にせ」を剝ぎとろうと思ったのは、実際に「本物のアカシヤ」よりも「にせアカシヤ」のほうが美しかったからです。だから**エ**のように「本物のアカシヤ」と「にせアカシヤ」を「同じ」だと「みな」してはいません。「にせアカシヤ」のほうが、高く位置づけられているのです。

それに**エ**は、「〜みなすことで〜自分自身の迷いを解消しよう」と説明しています。つまり、アカシヤへの見方を変えることを〈手段〉とし、自己を変化させるという〈目的〉を達成するという〈意図〉が、「彼」にあるように書いています。ですが、傍線部③の場面に、そうした意図が働いた、と解釈できる根拠はありません。「彼」は自然に「にせ」という言葉を外し、「単にアカシヤと呼ぼうと思った」だけであり、そのことが同時に「彼」の気持ちを楽にすることになったのです。〈こうすることでこうしよう〉というような意識が働いたとは断定できません。こうしたことは、**ア・ウ・エ**の選択肢についても言えます。

問六 表現に関する問題ですから、p.63に書いたように、消去法でいきましょう。ただし表現の問題と言っても、表現についてのコメントだけで、選択肢ができているわけではありません。本文中のできごとや心理（=気持ち）なども含まれていることが多いです。〈表現のコメント〉のよい悪いを判断するのは難しいので、

◆表現の特徴について問う設問（選択肢型）
まず内容が本文中のできごとや心理（気持ち）と一致するか判断
↓
残った選択肢について、表現のコメントの○×を判断する

ほうが効率的です。ではひとつずつ選択肢を見ていきましょう。

ア…「かくれんぼ」をした小学生の頃の午後は「明る」（ℓ14）かった。また中学のとき見た「にせアカシヤ」は本物のアカシヤよりも美しかったのだから、「少年時代の不快な思い出」は本文と×。これは〈心理（=気持ち）〉の部分で切れますね。

イ…「高知」は「ふるさと」とは思えなかったのだから、「高知」を含めて、「ふるさとへの思いを感慨深く表している」という説明はおかしい。これも〈心理〉で切れます。

ウ…「ふるさとでの思い出や幼少期の記憶が人生にとって重要な意味をもつことを示唆《しさ》している」という部分がおかしいです。「ふるさとでの思い出や幼少期の記憶が人生にとって重要な意味をもつ」というような「人生」に関する見方はこの文章のなかに書かれていません。これも本文の内容で切れます。

エ…「他人にどう思われるかよりも」というのは、他人は自分をおかしなやつだと思っているのではないかという「引け目」を感じていた主人公の「彼」が、そうした気持ちを乗り越えることを示しています。また「自分の実感を大切にしようと思うに至る」という部分は、「にせアカシヤ」は美しいという「実感」を得て、「にせ」という言葉を取り去ろうとし、大連を、自分の「ふるさと」と呼ぼうとする主人公の気持ちの移り変わりと一致しています。すると〈心理〉についてのコメントが○なので、表現をチェックしなければなりませんね。つまり「ふるさとについての主人公の思いをアカシヤの描写と重ね合わせて表現し」ているというコメントは正しいか？ ということです。第3段落（ℓ9〜）を見ると、アカシヤの「匂い」や「蜜」の味、「枝の豊かな緑」が描かれ、そしてそうした描写の後に「この町こそやはり自分の本当のふるさとなのだと〜しみじみと感じた」と書かれています。すると「ふるさとについての主人公の思いをアカシヤの描写と重ね合わせて表現し」ていると言えるので、**エがひとつ目の正解**。

オ…まず〈心理〉についてのコメントから。「その土地に対する主人公の思い」とは大連（や高知）についての「思い」と考えれば問題はないです。では表現のコメントはどうですか？「土地の風物」を、アカシヤだけではなく、大連の空も含めて考えると、第1段落の空の青さの描写は〈視覚〉的な表現と言えます。アカシヤの花の匂いはもちろん〈嗅覚《きゅうかく》〉。アカシヤの蜜を（高知で料理を）味わうのは〈味覚〉です。するとこの三つの「感覚に訴える表現を用いて描いており」というコメントは正しい。なので**オがふたつ目の正解**です。

実践編④問七（p.25）に〈**ふたつ選べという問題は、ランキングしてみて上からふたつ（下からふたつ）選ぶ**〉と書きましたが、小説の設問

でも複数解答問題は同じように考えてください。やはりまず、本文の内容に反する選択肢、本文に書いていないことが書いてある選択肢を切るようにしましょう。

もういっちょ 語句

・ℓ7 **純潔**…汚《けが》れがなく清らかなこと。
・ℓ50 **俗称**…正式ではないが、世間《せけん》で通用している呼び名。
・ℓ66 **エピソード**…ちょっとした面白い話＝逸話《いつわ》。
物語などの本筋から外れた話＝挿話《そうわ》。
・**道義**…人間の守るべき道徳や正しいありかた。
・**気後《きおく》れ**…自信がなく、心がひるむこと。
・**軍配を上げる**…一方を勝者と判定すること。
・**陰影に富んだ**…「陰影」は暗い部分。暗く感じられるもの。「陰影に富む」という形で、文章などに〈微妙なニュアンスや深みがある〉ことを言う。
・**示唆《しさ》**…ほのめかすこと。暗に示すこと。

『ナウシカとニヒリズム』

重田園江《おもだそのえ》

解答・解説

合格点 35／50点

問題 本冊138ページ

解答

(一) 1 浪費　2 犠牲　3 暴虐
4 封印　5 奏（でる）（1点×5）

(二) ア 7　イ 5　ウ 9
エ 2　オ 10（2点×5）

(三) P 13　Q 10　R 2（1点×3）

(四) 3（4点）

(五) Ⅰ 無軌道　Ⅱ 醜く愚か　Ⅲ 世界の悲惨（4点×3）

(六) 4（4点）

(七) 5・7（6点×2）

本文解説

学習院大学経済学部の問題です。今までの文章より長く、出てくる言葉も少し難しいですね。でも、①**筆者が繰り返し述べていること＝イイカエ、をテーマとしてつかむ** ②ナウシカの話を**具体例として読み、そのまとめの内容を考える**、という**地固め編**で身につけたルールに従って考えていけば、**テーマ**は、〈**ニヒリズムとは無を認めることを避け、現実を直視しないことだ**〉ということがわかります。

第7段落に「ニヒリズムは〜無を認めることを避け、現実から目を逸《そ》らしたまま生の意味を肯定できる場所にとどまろうとする態度なのだ」（ℓ21〜）とあります。また第14段落には「ニヒリズムの本質が、この世界を見た上で否定することではなく〜」（ℓ44〜）と書かれています。さらに第21段落には、「ニヒリズムとは、この世界が苦しみに満ちていることを、恐怖や臆病《おくびょう》ゆえに直視しない態度だ」（ℓ67〜）と書かれています。これらをまとめると最初に書いたような内容になります。これらは同様の内容を**イイカエ**ている部分であり、繰り返されている内容だから、これがこの文章の**テーマ**だと言えるのです。

またナウシカの物語の内容は、第5・6段落（ℓ13〜ℓ19）と、第9段落から第20段落（ℓ26〜ℓ65）までで説明されます。これらはいわば具体例の部分です。ですから右に示した第7段落や第21・22段落はまとめの段落と考えられます。そうした〈**例とまとめ**〉の関係からも、この**テーマ**を読み取ることができます。難しい問題文だからといっても、読みかたは変わりません。難しい問題文に動揺せず、いつもの自分の読みかたを貫《つらぬ》くのです。忘れないでください。

またこの文章には**対比**もあります。ではその**対比**を押さえながら本文を見ていきましょう。

Ⅰ 一般に考えられるニヒリズムと筆者の考えるニヒリズム（ℓ1〜ℓ25）

「ニヒリズム」は虚無主義と訳されることが多く、第2段落に書かれているように、「人間の存在には」「価値などがない」と考える立場です。もっと極端に言えば、〈人間にも人間の住む世界にも意味はない。無だ、虚無（＝何もなく、むなしいこと）だ〉と考えることです。そこから、「生きていてもしかたない」（ℓ6）というような、「厭世《えんせい》主義（＝人生や世界には生きる価値がないとする悲観的な考えかた）」や「どうせ意味などないのだから」（ℓ7）ひとときの快楽を追い求めればいいのだという「刹《せつ》那《な》的（＝ほんの一瞬の）快楽主義」が生じたりします。「厭世主義」は暗くて、「快楽主義」は明るい、という正反対のイメージがあります。ですが、どちらも〈この生に意味はない〉という考え、つまり「ニヒリズムという一つの共通項」（ℓ11〜）から生じたものです。

筆者もこうした一般的な「ニヒリズム」の定義を受け入れてきました。ですが、宮崎駿《みやざきはやお》の『風の谷のナウシカ』を読んで考えが変わりました。

この物語の主人公ナウシカの前に広がる世界は無数の生命が踏みにじられていく世界です。そうした世界を生きていくナウシカに、〈生きることは無意味だ〉という「ニヒリズム」のささやきが忍び寄ってきて、彼女はそれに「呑《の》まれそうに」（ℓ16）なってしまいます。また、世界の「虚無」は、「骸骨《がいこつ》のような醜さ」（ℓ17）で現れたり、「楽園」（ℓ18）の姿でナウシカに近づいたりします。それは、この世界は「骸骨」のように醜いからこの世界など捨ててこちらにおいでと言い、あるいは「虚無」の世界は現実の薄汚さを忘れさせてくれる「楽園」だよ、と誘うためです。

そのとき筆者は気づいたのです。「ニヒリズム」は「厭世主義でも刹那的快楽主義でも」ない。そして「生の意味を否定する態度」（ℓ21）でもなく、この世界が「無」であることを直視せずに、「現実から目を逸らしたまま生の意味を肯定できる場所（＝「楽園」）にとどまろうとする態度」（ℓ21〜）だということに。

たしかに「この世界に意味などない」（ℓ23）と認めるのはつらいことだし、自分の生が崩れるのですから、「恐ろしいこと」（ℓ23〜）です。でも「厭世主義者や快楽主義者は、この『無意味さ』を進んで受け入れ」（ℓ24）る。

一方ニヒリスト（＝ニヒリズムをもつ人）は、世界の「無意味さ」を受け入れる「勇気」がない。ふつうの定義では一緒に扱われていた「ニヒリズム（ニヒリスト）」と「厭世主義者や快楽主義者」がここでは区別されるのも、筆者が考えた「ニヒリスト」には世界の「無意味さ」を認める「勇気」がなく、厭世主義者たちにはそれがある、と考えるからです。

つまりここには、

> ● 一般に考えられる「ニヒリズム」…世界や人間の生に意味がないと考える態度＝厭世主義者・（刹那的）快楽主義者（ex：「ナムリス」）
>
> ⇔
>
> ○ 筆者の考える「ニヒリズム」…世界の無意味さから目を逸らす態度（ex：「トルメキアの王子たち」）

という**対比**があります。**対比**はたんにふたつのものを対立的に取り上げるのではなく、**近代と他の時代を対比したり**することも**実践編③**（p.15）で確認しましたね。そして今回のように、**他の人の考え（あるいはよく言われる一般論）と筆者の意見が対立する**、という**対比**もあるのです。

◆対比の4パターン
1　ふたつのものを単純に比較・対立させる
2　文化を比較する（日本と西欧など）
3　近代と他の時代を比較する
4　他の考えかた（一般論）と筆者の考えを比較する

というふうにまとめることもできます。こうしたことも覚えておいてください。

Ⅱ『風の谷のナウシカ』に登場する人物とナウシカのありかた（ℓ26〜ℓ71）

先にも書いたように、この部分は具体例の後に〈まとめ〉があります。筆者が考える「ニヒリズム（ニヒリスト）」と、そうではない人間の態度、とを『風の谷のナウシカ』の登場人物に具体的に当てはめていくところです。簡単にまとめると、

①ナムリス（「皇兄」は兄弟で皇帝になっているが、その兄のほうという意味）…自分の下劣さを自覚しつつ、悪事を行い、終末に向かう世界を見届けようとする人物→現実を見る勇気をもつ点で、「厭世主義」ではあっても、筆者の言う「ニヒリズム」「ニヒリスト」ではない。

②トルメキアの王子たち…小心さと用心深さでその場を切り抜けることだけを考えている。楽器演奏に夢中になり、「血と欲望と争いに満ちた世界」（ℓ47）のことを忘れる→現実を見ようとしない点で、筆者の言う「ニヒリズム」「ニヒリスト」。

もちろんこの両者も、前のページの図のように**対比**されています。

ではナウシカはどうか？　彼女も忍び寄る「虚無」＝「ニヒリズム」、の誘惑に誘われて、トルメキアの王子たちとともに行った「墓所の庭」で、「この庭の外にあるすべてを忘れてしまいそうになる」（ℓ35〜）。だがナウシカは我に返り、この庭から脱出します。ナウシカは「彼女が愛した小さな生き物の名を思い出す」（ℓ51）ことで、現実に帰らなければならないと思います。ナウシカは自分が「ひとつひとつの生命とかかわってしまう」（ℓ57〜）と語ります。その「ひとつ」が小動物の命であり、そうした現実に生きる者たちとのつながりを、あるいは悲惨さをナウシカは見過ごせない人物なのです。ナウシカがこの庭を脱出するのは、自分を誘う「ニヒリズム」が、ナウシカに関わる者たちの生きるこの現実を、見ないようにさせようとするからです。

世界は残酷で、人々は愚かだ、そういう体験を嫌《いや》というほどしてきたナウシカ。ふつうそういう体験をした人は、トルメキアの王子たちのように楽園を探し、嫌なことを記憶から消し去ろうとします。あるいは、現実がこんなにも苦悩や悲惨さに満ちているのは、神のような「救世主」（ℓ65）が人間を助けに来る日が近いことを意味しているのだというような、「人知を超えた意味」（ℓ63〜）を考えて、宗教による救いを求めます。

ナウシカはどちらにもならず、筆者の考える「ニヒリズム」と対決しました。一方トルメキアの王子たちも、こうした形で宗教に向かう人も、ともに現実を見ようとはしません。それらは、筆者の言う「ニヒリズム」です。ここからが〈まとめ〉の部分です。世界の現実を見ず、世界の外部に「楽園」を想定したり、来世という「『意味（＝価値）』をねつ造（＝でっちあげること。「捏造」と書きます）」（ℓ68）したりするのです。そしてそうしたことは、ナウシカが生きた戦争の時代にだけあるのではありません。私たちは日常のなかで、つらい物事から目を背けることで安心して生きていく、それこそが筆者の言う「ニヒリズム」なのです。

Ⅲ 筆者の『風の谷のナウシカ』についての解釈（ℓ72〜ℓ73）

ドイツの哲学者ニーチェは、近代という時代になるにつれて、人々の

心に「ニヒリズム」が生じると述べました。それは神の力が弱まって価値が多様になり、人々が自由になるとともに、社会にも人々のなかにも、絶対これを信じていれば大丈夫、というものがなくなるからです。そして心の支えを失い、人生の空《むな》しさや自分の無意味さから逃れようとします。それがニーチェが言い、筆者が考える「ニヒリズム」です。ここでは筆者の考える「ニヒリズム」とニーチェの考える「ニヒリズム」は同じであり、宮崎駿はそうしたニーチェの考える「ニヒリズム」とその危険さをよく理解して、『風の谷のナウシカ』を作ったのだ、と筆者は述べているのです。そしてナウシカはこの「ニヒリズム」を乗り越えるのですから、『風の谷のナウシカ』は、「ニヒリズムに抗する物語」だというのが、筆者のこの作品に対する解釈なのです。

こうした解釈はあまりふつうの解釈ではないでしょう。ですがこうした解釈をしたくなるような多様な魅力をもつのが、『風の谷のナウシカ』なのでしょう。私も宮崎駿の作品のなかでは一番だと思います。アニメで見た人のほうが多いかもしれませんが、本文に出てくるように、マンガも読んでみてください。背景の描きかたが驚くほど緻密《ちみつ》で、アニメとはまたひと味ちがいます。

設問解説

(一) 3「暴虐」の「虐」や5の「奏」が難しいです。

(二) 前にも書いたように、本文の読解にも選択肢の解釈にも、そしてこうした空欄補充問題でも、**語彙力《ごいりょく》・単語力**は大事です。まず選択肢の語句の意味がわからないと、アウトです。難しい語句の意味を書いておきます。4「遡行《そこう》」=〈さかのぼること〉、7「疲弊《ひへい》」=〈疲れ果てること〉、9「腐心《ふしん》」=〈あることに、あれこれと心を使い、悩むこと=苦心〉。「~に腐心する」というふうに使います。

これらをもとに、各空欄の文脈を見ていきましょう。

ア…［ア］の直前に「生命が~踏みつけられ、犠牲にされ、無残に果てゆく姿を、あまりにも多く見てきた」と書かれています。こうした経験を重ねていけば、心も身体《からだ》も疲れ果てていくことになるでしょう。ですから［ア］には、7**「疲弊」が妥当**です。6「破壊」もイメージに近いですが、「彼女は心身ともに〈破壊〉し」という日本語はおかしいですから、［ア］に6「破壊」は入りません。

イ…［イ］の前に書かれているように、「彼ら」=「厭世主義者や快楽主義者」は「『無意味さ』を進んで受け入れる」「勇気」があります。「無意味さ」を受け入れるということは、無意味だという「事実」をも認めるということです。だから［イ］には、5**「認識」が適切**です。

ウ…トルメキアの王子たちは、「先頭に立つ気概(=強い意志や意気)もなく」、ただただ「その場を切り抜けることだけ」(［ウ］直前)を考えています。つまり心は「その場を切り抜けることだけ」に用いられている。こうした状態を表すには、(二)の解説冒頭に書いた意味からも、9**「腐心」が適当**です。「腐心」は良いことに心を使うときにも、悪いことに心を使うときにも用います。

エ…ナウシカが楽園のような「『庭』からの脱出を［エ］する」、という文脈です。選択肢を見れば、ここは2**「決意」しかない**です。

オ…**ウ**と同じく主語は「トルメキアの王子たち」です。トルメキアの王子たちについては、彼らは「嫌な記憶をすべて消し去ってしまう」(ℓ62)と書かれています。「血と欲望と争いに満ちた世界」(ℓ47)は「嫌な記憶」をもたらすはずです。そして「記憶をすべて消し」てしまうということは、〈忘れる〉ということですから、［オ］には10**「忘却」が適切**です。

今**オ**を解くときに、内容的には同様のことを述べている、離れているところをつないで根拠をつかみました。これも大事な解法でしたね。

三 慣用表現の問題です。G－MARCHレベル、そして早稲田大学などでも、慣用表現・四字熟語などに関する知識問題はよく出ます。ひとつずつ出てきたものを覚えていきましょう。

P…「好き**放**題（＝思うがままに、気ままにすること）」という語句は「快楽主義」にピッタリです。なので**正解は**13。

Q…Q の文脈は、「ナムリス」が、筆者の言う「ニヒリスト」ではない人物の典型的な具体例だという形で紹介される部分です。なので Q には「筆」とつなげて、〈典型（＝ある性質を最もよく表すもの）〉という意味に近い語になる字を考えればよいのです。正解は「筆**頭**」。「筆頭」には〈ある範囲のなかで第一番に挙げられるもの〉という意味があるので、〈典型〉という語の意味にも近いです。だから**正解は**10。

R…R の前後には、「運命」に「巻き込まれる」とあります。「運命」とは逃れがたいものです。ですから R には「否」とつなげて〈どうしようもなく・必然的に〉というような意味の語になる字が入れば、文脈が成立します。すると「否**応**《いやおう》なく」という語句が〈むりやりに〉という意味なので、適切です。**正解は**2になります。

四 筆者の考える「ニヒリズム」の「本質」を説明する部分です。**本文解説**にも書いたように、「ニヒリズム」は〈現実や世界を「**直視しない**」（ℓ68）態度〉だと筆者は考えています。ですから X には「直視しない」ということと同様の意味になる語句が入ればよいのです。**それは**3「**見ないですます**」**です**。他の選択肢には「直視しない」と近い意味のものはありません。5の「幻視（幻《まぼろし》を見る）」も、「直視しない」と近い意味とは言えないし、「浄化（＝清《きよ》めること）」も必要のない語句です。**2**は X の行の上にある「否定することではなく」と×。だからといって、「否定」の反対語である**Ⅰ**の「肯定」を入れると、「世界」を「肯定」することになり、筆者が考える「ニヒリズム」ではなくなってしまいます。

五 「虚無」＝「骸骨」は傍線部**A**にあるように「醜」い。

ではなぜ「虚無」＝「ニヒリズム」は「醜」い姿で現れるのか？　それがこの設問の問うていることです。本文にはその理由が直接書かれていないので、難しい設問です。

でも、空欄を含む文が「その理由を説明した」ものなのですから、この文がヒントになる、と考えられた人はナイスです。

空欄を含む文では、「欲望をもった人間たち」と「人間たちによって汚されていく」という部分から、扱われているのが、「人間」自身と「人間によって汚されていく」もの、大きく言えば「世界」だということがわかります。それは「薄汚い世界」（ℓ43）と書かれていることからも言えることです。

また「醜」いという性質をもち、「骸骨」とつながるのは、「人間」そのものです。第12段落に「人間は醜く愚かで」（ℓ39）と書かれているからです。同じ第12段落には「お前もまた人間として、大地と生き物たちを傷つけ穢《けが》す愚か者のひとり」（ℓ40〜）と書かれています。すると人間によって穢された大地や生き物も「醜」い。「大地や生き物」を「世界」と言い換えれば、「醜」いもの＝「骸骨」＝「人間」＝「世界」となります。

すると**「虚無」は、ナウシカに〈お前という人間も、この世界も、私のように醜いのだ。こんな世界に意味なんかないんだ（だからこんな世界は捨ててしまえ）〉ということを語ろうとしているのだと考えられます。そしてそのとき醜い「骸骨」のような姿で現れるのは、人間と世界の醜さを自らの姿で示すため（a）**でしょう。

こうしたことを理解したうえで、まず I に入る語句を考えましょう。I には「欲望」という語が続くので、第19段落にある「無軌道な（＝常識から外れた行動をとるさま）欲望」（ℓ59）という語句に着目し、字数条件にも合うので、**「無軌道」を正解にすればよい**でしょう。

Ⅱ は少し難しいですが、なぜ醜い姿で現れるのか、という理由が問われている設問だったことを思い出してください。**理由説明問題では傍線部とのつながりが大事**でした。つまり結果（＝傍線部）と理由の間には何らかのつながりが必要だということです。この設問では、Ⅱ のあとの「示す」までひとつの理由、その後の「ともに〜」がもうひとつの理由という形になっていることを考えると、

・人間たちが Ⅱ であるということを示そうとしたから（理由・原因）
↓
・醜い姿で現れた（結果）

という因果関係が成り立たないといけないということです。すると Ⅱ にも〈醜さ〉と関連する語句が入れば、つながりが作れます。そして先に書いた**a**の内容＝人間が醜い、ということとも合致します。そこで Ⅱ には、第12段落にある**「醜く愚か」**（ℓ39）を入れます。そうすれば、「である」という設問文の文にもつながります。

Ⅲ も同様に「醜」いということとつながる内容でなければ理由になりませんが、「汚されて」と書かれており、この表現が「醜」いとつながるので、解答自体には、「醜」いというニュアンスはなくてもいいです。ただし Ⅲ は人間ではなく、**「人間たちによって汚されていく」ものの、先に引用した「大地と生き物たち」**（ℓ40）**やそれらをまとめた「世界」などの様子を表す語句を入れなくてはなりません。**ですから、「世界」などが「汚されて」いった様子を示すような語句が最適です。

そうした観点から、字数条件を考えて解答を本文に探すと、第15段落末尾の**「世界の悲惨」**（ℓ50）が、Ⅲ の直後の「さ」にもつながるので、妥当だと言えます。ℓ59にも「世界の悲惨」という同じ語句があるので、ここから解答をもってきてもいいです。「現実の苦悩」（ℓ63）だと、「苦悩さ」という表現が、日本語として変です。

また「苦悩や悲惨」は、「苦悩」が「汚されていく」ようにも受け取れて日本語として不自然です。「虚無」である「骸骨」自体が「苦悩」すると考えた人もいるかもしれません。でも「骸骨」は、つらい現実の外に人間を連れ出すのだから、そうした「骸骨」が「汚されて」「苦悩」すると考える根拠もない。では何が「汚されていく」のか、「苦悩や悲惨」が答えだと、それがわからない文になってしまいます。

設問文の「空欄**エ**の後の段落以降から」という、探す範囲を忘れずに解いてください。

(六) 「トルメキアの王子たち」に「必要だった」ことが問われています。**本文解説**や(二)の**ウ・オ**で見たように、彼らは現実を直視せず、「血と欲望と争いに満ちた世界を完全に忘却（＝ オ ）してしまう」人間たちです。現実を直視しないということは、筆者の言う「ニヒリズム」に陥《おちい》っているわけですが、傍線部**C**で、筆者は「ニヒリズムは危険すぎる」と述べています。とすれば、「ニヒリズム」からは脱出する「必要」があります。つまり彼らに「必要」だったのは〈ニヒリズム（＝現実逃避）から脱出すること〉なのです。そしてこのことは**a〈現実をしっかり直視すること〉**と**イイカエ**ることができます。

ではこのことに最も近い内容の選択肢はどれでしょう？　**正解は4**ですね。「人間の営みの空しさ」とは「定まった目的」（ℓ23）のない人間の生の「『無意味さ』」（ℓ24）を**イイカエ**たものだと考えられます。

またそれを「受けいれて踏みとどまる」ことは、「ニヒリズム」を拒否したナウシカのように、「『こちらの世界（＝現実）』にとどまる」（ℓ58）ことと同じです。そして「ニヒリストにはない勇気」（ℓ24〜）という表現を見れば、王子たちに必要だったのは、現実を直視する「勇気」をも

ち、「ニヒリスト」であることをやめることだったと言えます。だから「勇気が必要だった」という説明も正しいと言えます。

1…「権力者の命令に逆らう」ことが、「ニヒリズム」から逃れるために「必要」だとは本文に書かれていません。

2…少し迷ったかもしれません。たしかに「最前線に立つ」のは「勇気」のいることであり、「小心」な自分を乗り越えることになるかもしれません。王子たちには「戦いの先頭に立つ気概もな」(ℓ32)いとも書かれています。でもたんに「最前線に立つ」だけでは根本的な解決にはなりません。たとえば「ナムリス」は「世界が終末に至る次第を見届けよう」(ℓ28)としたのですから、「最前線」に立ったと言えるかもしれません。でもそれは彼が自分のしたことの愚劣さもすべてわかっているという、厳しい自己認識や現実認識があったからこそ、意味があったのです。そうしたこと、つまり**a**が行われないまま、たんに「最前線に立つ」だけでは、武将としてはかっこいいかもしれませんが、人間としてはまだダメなのです。よって2は正解ではありません。

3…「世界を正す」という部分が間違い。「世界を正す」のではなく、それよりもまず世界を〈直視〉することが「必要」なのです。

5…「有益な方法」の内容がよくわからないので、選ぶ根拠がない選択肢です。

七 この設問も理由説明問題なので、正解の選択肢は「〜から」→「ニヒリズムは危険」だ、というつながりをもたなくてはなりません。理由説明問題での選択肢を選ぶ基準は〈**傍線部と論理的にスムーズにつながるものを選ぶ**〉ということでした。まず自分で〈理由〉を考えて、それに対応しているものを選ぶ、という選択肢問題の基本を守り、迷ったら右に述べた選びかたで選んでください。

また**〈理由〉は主語の中身にある**のでした。ここでの主語は「ニヒリズム」です。その中身を探りましょう。

まず傍線部**C**が段落冒頭にあることを考えると、傍線部の前の段落とのつながりから「ニヒリズムは危険すぎる」と述べているのではないか、と考えられます。**地固め編⑦の段落と段落とのつながり**ですね。

傍線部の前の段落には、「ニヒリズムとは、この世界が苦しみに満ちていることを〜直視しない」(ℓ67〜)と書かれています。そして「**世界の外側に苦しみの根拠を求め『意味』をねつ造するか、現実を忘却させる楽園に逃げ込む**」(**a** ℓ68〜)かさせる。ある人が、人間が苦しんでいるのは、たとえば神が人間に試練を与えているからだ、だから神の怒りを鎮《しず》めるために祈ろう、などと、苦しみの「根拠」や「意味」を勝手に考えて社会に広めたら、世界は混乱に陥ります。

また、現実を無視して、トルメキアの王子たちのように、自分たちの快楽にふける人が多くなれば、彼ら自身が社会性を失い、そして現実社会はすさんだものになっていくでしょう。

ですから、「ニヒリズム」は個人にとっても社会にとっても「危険」なのです。よって右の**a**に関連した内容の選択肢がひとつの答えと考えられます。これに該当する内容をもつのは2と5です。「一つ選んで」とあるので、両方選んだ人がいるかもしれませんが、実はふたつは同じではないのです。それを見分けるためには、やはり**語彙力**が必要です。

2の選択肢の最後を見てください。「目前の苦悩を昇華させている」と書かれていますね。「昇華」というのはもともとは化学の用語ですが、心理学では〈個人の性的衝動などを芸術などの活動へと変えること〉を指し、そこから一般には〈ものごとがより優れた状態や純粋な状態に高められること〉を意味する言葉です。つまりプラスの意味の言葉です。すると2の後半は「ニヒリズム」がよいことをしてくれている、と説明していることになります。〈よいことをしているから「危険」?〉、実は2は、まったく正しい説明になっていない選択肢なのです。**語彙力**恐るべし！　こういうのをクリアできるようになると、かなり**語彙力**がついてきたということになります。今は2で間違えてもいいのですよ。これから間違えなければ。**語彙力**をつけることは難しくはありません。**語彙力**は知識です。知識はすぐに身につきます。**語彙力**をつけることも努力してください。

なので、先の**aに合致するのは5**です、「別世界」は、「楽園」（ℓ18）や、「世界の外側（外部）」（ℓ68）と言われている場所だと考えればよいでしょう。

もうひとつ答えを出さなければなりませんね。やはり傍線部の前の段落に、「ニヒリズム」は「戦場に特有のもの」ではなく、「日常のあちこち」にある、と書かれています。人間に現実を直視させないようなものが、「日常のあちこち」にあるというのは、やはり「危険」です。なのでこうした内容に合致する**7がもうひとつの正解**になります。「遍在」は〈どこにでもあること〉という意味です。「取りつくさまざまの機会をうかがっている」というのは、「骸骨」になったり、「楽園」の姿をとって現れたりすることと一致します。

〈ふたつ選べ〉という設問は、選択肢をランクづけして、上からふたつ（下からふたつ）、ということも忘れずにいてください。

1…「生物的な均衡（＝バランス）を崩してしまう」という内容が本文にナシ。3…「理性」が「現実を生きていくために必要」だということは、常識では妥当かもしれませんが、本文には書かれていないので、これも正解にはなりません。4…「選択する力を奪い」という説明も本文に書かれていることではありません。6…「生の意味を否定することで」という説明が間違いです。一般の「ニヒリズム」の定義ではそうですが、筆者は「ニヒリズムは〜生の意味を否定する態度ではない」（ℓ21）と述べています。この設問では、設問文にあるように、「筆者」の考えが問われているのですから、一般の考えではなく、筆者の考える「ニヒリズム」の内容に従うべきです。すると6は筆者の考えと×です。一番選んではいけない選択肢です。8…「人々の現実的な関心を高めてしまい」という説明が「ニヒリズムは〜無関心や逃避や安易な意味づけの形で、私たちの心にするりと忍び込む」（ℓ69〜）と書かれていることと×です。これももっともランクの低い選択肢です。付け加えると、8の「逆説的に」は、直前の「一般的な定義と異なって」と対応し、〈常識とは異なるようだが〉という、「逆説」の一般的な意味で使われていると考えてよいと思います。

もういっちょ語句

- ℓ1 **ニヒリズム**…一般には生の意味を否定する考え。虚無主義。
- ℓ7 **刹那的**《せつな》…一瞬の。今この瞬間だけを充実させようとするさま。
- ℓ8 **快楽主義**…快楽を求めようとするありかた。
- ℓ17 **対峙**《たいじ》…ふたつのものや人間が対立して向き合うこと。
- ℓ31 **遁走**《とんそう》…逃げること。
- **疑似**（＝擬似）…本物に似ているけれど違うもの。
- **逆説**…①常識と一見異なるが真理を示している考えかた・表現。
②相反する事柄が同時に同次元に存在すること。

さあ学習院の問題はどうでしたか？　間違えてもしかたがないかなと考えられる正答率の低い設問は、㈠の3・5、㈡の**ウ**、㈢の**R**、㈤の**Ⅱ**と**Ⅲ**（でも両方間違えると厳しい）、㈦の一個、というところでしょう。講のタイトルの下に書いてある**合格点**は、以上のものを間違えたとして、㈤を二個間違えなかった、というラインの点数です。もちろん、他の設問を間違えたけど、**合格点**は超えた、というのでもよいですが、それはまだ読解や解法の仕方に不安定なところがある、ということなので、これからもっと〈現代文〉の力を安定させるために、文章や問題に取り組んでほしいと思います。
そして、少し自信がついてきた人、まだ自信がない人、いろいろな人がいるでしょう。でも時間は十分あります。やはり文章と問題にしっかり取り組んでいってください。現代文ができるようになるためには、本を読むこと、問題をたくさん解くこと、現代文が好きになること、これしかありません。

そしてみんな、**地固め編**からよく頑張ってくれました。僕は**地固め編**の最後（p.56）で、４本の柱をしっかりしたものにして、強い〈現代文〉という名のマイホームを建ててほしいと言いました。

●読解の４本柱●

- **文章のおおまかなテーマを読み取る**
- **指示語・接続語などの細かいつながりに注意**
- **イイカエ・例とまとめ・対比・因果関係という４つの大きな文章の仕組みを探る**
- **語彙力（単語力）をつける**

これらに、**実践編**での設問解法のルールを併《あわ》せて、台風が来てもびくともしない、力強いマイホームを建ててください。現代文の力は他の教科にも、そして言葉で生きる人間にとっても、とても大事な力です。建物だけでなく、みんなが、力強い〈言葉の人〉になっていってくれることを祈っています。